● 다시열다

○ | 홍박승진 | 권두언 - 가짜 보편보다 커다란 바다　　6

○ | 우석영 | 지구의 시학 (1)

　　─ 메리 올리버　　11

○ | 박길수 | 천도교와 한글, 다시개벽의 동반자

　　─ 그 창제정신과 창도정신을 중심으로　　24

● 새글모심

○ | 장수진 | 밀려나는 바다의 주인들과 함께 사는 법

　　─ 남방큰돌고래로 보는, 해양동물들의 삶과

　　　　바다를 지키는 또 다른 방법, 생태법인　　54

○ | 윤상훈 | 제주 바다, 기후위기의 징후들　　64

○ | 채호석 | 우리의 바다, 변화와 고통　　80

● 새말모심

○ | 홍박승진 | 대등한 생극의 토론　　96

○ | 조동일 | 토론 응답과 진행　　111

● 새삶모심

○ | 조명아 | 영 케어러의 등장과 돌봄의 미래　　150

○ | 정규호 | 생명위기 시대, '좀비'가 되지 않기　　160

○ | 이무열 | 실상사 담 밑에 올라온 민들레처럼

　　시방十方으로 탈주하는 정치를 꿈꾸며　　168

● 새길모심
○ | 라명재 | 천도교 수련3
　　― 마음공부의 계단　　　　　　　　　　　182

● 다시읽다
○ | 정혜정 | 김형준의 근대 시민사회 비판과
　　인간원리의 전환　　　　　　　　　　　196
○ | 안태연 | 월남미술인 다시 보기 (3)　　　207
　　― 이상욱(李相昱, 1923-1988)　　　　　207

● 다시잇다
○ | 이쿠다 조코·혼다 미사오 (번역 조성환) |
　　사회개조 팔대사상가 - 4. 톨스토이　　222

○ 편집후기　　　　　　　　　　　　　244

다시 읽다

가짜 보편보다 커다란 바다

홍박승진

이번 2023년 여름호(제11호)부터 새로운 꼭지를 선보인다. 『다시개벽』을 만드는 사람들이 글을 써서 발표하는 꼭지 '다시열다'이다. 제10호까지 특집 주제를 기획하고 그 주제에 맞추어 원고를 청탁하다 보니 여러 가지로 회의감이 쌓였다. 남이 만든 이론(대개는 서유럽 학자들이 만든 이론)을 열심히 받아들이고 퍼뜨리는 자들은, 사실상 자기만의 생각을 만드는 데 소홀하면서, 자기가 '공부'하는 이론이 너무나 인기 있음을 뻐기는 듯하였다. 자기만의 생각을 창조하는 사람에게 원고를 청탁하고 싶었으나, 실정은 황무지와 진배없었다. 자기만의 생각을 창조하는 사람이 왜 이렇게 없냐고 화를 내다가 지쳐서 주저앉으니, 문득 눈앞이 환해졌다. 자기만의 생각을 창조하는 사람이 『다시개벽』에 이미 모여 있기 때문이었다. 이젠 사람 없다는 한탄만 하지 않겠다. 우리가 찾던 사람이 우리임을 보여주겠다.

그 첫걸음으로 지구철학자 우석영은 지구시학의 연재를 시작하며, 본지 발행인 박길수는 동학이 한글이고 한글이 동학이라는 철학을 펼쳐낸다. 우석영의 지구시학은 지구와 예술에 관한 통념을 뒤집는다. 통념적으로 예술은 예술가 개인의 정신이 지구의 극히 일부분인 물질을 조작하는 행위로 여겨진다. 그러나 우석영은 지구 전체가 하나의 예술적 파동이며, 우리가 흔히 예술 작품이라고 부르는 것은 지구라는 예술적 파동의 응결체와 같다고 사유한다.

박길수의 철학은 동학-천도교와 한글의 공통점 속에서 '가장 창조적인 것이 가장 보편적인 것'이라는 진리를 발견한다. 우리의 의식과 무의식 속에는 서유럽 학자들이 만든 이론을 보편타당한 것으로 여기는 습관이 박혀 있다. 그것은 거짓된 보편이다. 고인 물은 썩게 마련이듯이, 고정된 실체로 여겨지고 훈고학의 대상이 되며 우상숭배를 받는 보편은 도그마일 뿐이기 때문이다. 참된 보편은 끊임없는 창조의 과정 속에서만 나타날 수 있다.

특집 기획에 해당하는 '새글모심' 꼭지에서는 지난 호부터 앞으로 줄곧 지구학을 모색하기로 하였다. 지구학은 만물과 만생과 만인의 관계를 근본적으로 새롭게 생각하는 학문이고, 그리하여 개벽의 시대에 긴요한 학문임을 한 번 더 말하고 싶다. 이번 호 지구학의 화두는 '바다'이다. 이 주제를 기획하고 나서, 일본 정부의 후쿠시마 오염수 방류 결정과 그에 대한 윤석열 정권의 방관이 이어졌다. 이것은 그저 신기하기만 한 예감의 실현이나 우연의 일치가 아니었다. 바다의 의미가 머릿속에서 온 지구로 구체화되는 느낌, 더 정확히 말하면 바다의 의미가 온 지구에서 머릿속으로 물질화되어 쏟아지는 느낌이었다. 일본 정부가 후쿠시마 핵 오염수를 방류하면 동해만 오염되는 것이 아니라 지구상의 바다가 다 피폭되는 것이다. 바다는 끊임없이 순환하기 때문이다. 모든 바다가 피폭되면 바닷속에 있는 모든 물질도 피폭된다. 바닷속의 모든 물질이 피폭되면 바다 바깥의 모든 물질이 피폭된다. 바다는 지구 전체를 순환하기 때문이다. 바닷속과 바다 바깥이 서로 다르다는 상식은 보편적인 말 같지만, 그때의 보편성은 가짜 보편성이다. 지구 전체와 순환함으로써 자신이 곧 지구임을 스스로 드러내는 바다는 가짜 보편보다 훨씬 더 넓고 깊다.

이와 관련하여서 해양동물생태보전연구소 대표 장수진은 최근 드라마 〈이상한 변호사 우영우〉를 통해서도 알려진 제주도의 남방큰돌고래 이야기를 중심으로, 해양동물에게 법적 권리를 부여하는 생태법인 개념을 소개한다. 녹색연합에서 활동하는 윤상훈은 제주 바다에 이미 도래한 기후위기의 실상, 그 비상사태의 사이렌을 우리에게 전파한다. 시셰퍼드 코리아에서 활동하는 채호석은 바다의 변화를 일으키는 원인이 근대문명임을 지적하며, 이를 극복하기 위해서는 우주 만물이 서로 연결되어 있고 서로 의존하고 있음을 뼈저리게 인식해야 한다고 말한다.

지난 봄호에 천지를 놀라게 할 철학인 대등생극론이 발표되었던 것을 기억하는가? 그에 관하여 홍박승진이 토론을 벌이고 다시 그 토론에 대하여 대등생극론을 제시한 조동일이 응답하였다. 이 토론-응답의 과정과 내용을 이번 여름호에 싣고, 이번 호의 1차 토론-응답에 관한 2차 토론-응답을 다음 가을호에 실을 것이다. 그 이후로도 응답-토론이 더 이어질 수 있다. 조동일과 홍박승진이 함께 품은 계획은 토론의 새로운 역사를 연다는 목표에까지 미쳐 있기 때문이다. 이번 1차 토론-응답은 1) 철학·언어, 2) 동서·기학·역사·창조, 4) 젠더, 5) 동학의 다섯 가지 주제를 중심으로 이루어졌다. 1939년생 국문학자와 1988년생 국문학자의 허물없는 대화 자체가 흥밋거리처럼 보일지도 모르겠으나, 다만 두 현역 선수가 학문의 경기장을 달리는 모습 자체에 주목해주기를 바란다.

그 밖에도 2023년 여름호는 우리의 사유를 깊게 하는 읽을거리로 넘쳐난다. 충남대학교 사회학과의 조명아는 "고령 또는 장애, 질병 등으로 도움이 필요한 가족구성원에게 간호·간병, 일상생활 관리 또는 그 밖의 도움을 제공하고 있는 9세 이상 34세 이하인 사람"을 가리키는 '영 케어러(young carer)' 개념이 왜 중요한지 이야기한다. 생명학연구회 부회장 정규호의 생명위기 시대에 대한 진단과 모색, 지리산정치학교 운영위원장 이무열의 문명전환 정치에 관한 고민은 우주를 바꾸는 풀뿌리의 목소리들을 전한다. 라명재는 수련에 따라서 마음이 변화하는 단계를 구체적으로 설명한다.

동학 연구자 정혜정은 근대사회의 병폐가 시민사회의 병폐와 무관하지 않으며, 시민사회의 병폐가 '시민'이라는 개념의 병폐와 무관하지 않음을 탁월하게 지적한다. 오늘날의 여러 심각한 문제들은 근대 '시민' 개념이 전제하는 '인간=고립적이고 이성적인 개체'라는 발상과 맞물려 있다는 것이다. 이에 정혜정은 오성 김형준이라는 탁월한 한국 사상가가 어떻게 근대 시민 개념을 비판하고 새로운 인간의 모델을 사유하였는지 보여준다. 한국미술 연구자 안태연은 고향 상실의 슬픔 속에서 사랑의 힘을 발견한 함경남도 출신 월남화가 이상욱의 미술 세계를 고찰한다.

이 다음에 펴낼 2023년 가을호인 제12호부터 『다시개벽』은 몸을 바꾸려 한다. 판형과 멋지음(디자인)을 바꾸려 한다. 기존 판형은 가로와 세로의 길이가 길어서 책의 두께(전체 페이지 수)를 줄일 수 있고, 그리하여 읽기의 부담감을 줄일 수 있다는 장점이 있다. 그러나 가로와 세로의 길이가 긴 판형은 이미지를 많이 제시할 때 더욱 알맞은 것이라는 편집위원회의 의견이 있었다. 『다시개벽』에 실리는 글들 대부분은 이미지가 거의 없으므로 현재 판형이 부적절하다는 것이다. 그보다는 한 손에 쥘 수 있고 어디든지 가볍게 들고 다닐 수 있는 크기의 판형으로 변신해보면 어떨까. 전쟁터에서 읽을 목적으로 만드는 책은 부피가 작아야 한다. 전투를 위한 책은 언제든 전사들의 활동에 도움이 되어야 하는 것이기 때문이고, 언제든 전사들이 가까이해야 하는 것이기 때문이다. 오늘날 지구는 살림과 죽임의 전쟁터이다. 『다시개벽』은 실전용 지침서가 되기를 꿈꾼다.

표지와 내지의 멋지음도 바꾸려 한다. 지금까지 한국의 디자이너인 안마노 님이 『다시개벽』의 멋을 지어주셨다. 혹자는 아무런 이미지의 첨가도 없이 글씨와 글꼴 자체의 아름다움에 집중하는 표지가 딱딱하다고도 하고 메마르다고도 하였다. 그런 의견은 이미지의 힘 뒤에 숨어 글의 힘을 손쉽게 포기하려는 것 같아서 마음에 들지 않는다. 혹자는 쪽 번호 등에 입힌 내지의 멋지음이 지나치게 파격적이라며 고개를 젓기도 하였다. 그런 태도는 다시개벽의 자세와 정반대인 것 같아서 마음에 들지 않는다. 다시개벽은 완전히 새로운 세상을 여는 몸가짐-마음가짐일 것이다. 이 세상에서 그보다 파격적인 몸가짐-마음가짐은 없을 것이다. 다시개벽과 같이 가장 근본적이면서도 파격적인 멋지음의 솜씨와 땀을 그동안 너무 헐값에 빌려왔다. 죄송스러움이 더는 견디기 힘들 만큼 커졌다. 지금까지 신생 잡지에 숨과 피와 뼈와 살을 불어넣으신 안마노 디자이너께, 다시금 진심 어린 감사의 절을 올린다.

10

지구의 시학 (1)
메리 올리버

【1】

지구는 시로 가득 차 있다. 그러나 이렇게 말해도 될까? 이것은 하나의 실효성 있는 문장인가? 예전에 어떤 이가 '시적인 것'과 '시'를 구별했듯, 우리는 **시(poetry)**와 **시작품(poems/poetic works)**을 구별해야 한다. 여기서 '시'란 시작품으로 아직 구현되지는 않은, 그러나 얼마든지 글이라는 꼴로 구현될 수 있는, 시를 쓰려는 자가 접촉하고 경험하고 있는 원형질의 물질/물질과정을 지시한다. 시작품으로 나타날 수 있는 잠재태. 나는 이것을 '시'라고 불러 보겠다.

철학자 릭 돌피언(돌페인, Rick Dolphijn)이 말한 것처럼, 모든 음악의 밑바탕에는 "들리거나/들리지 않는 숱한 소리"가, "중요한/문제되는 소리들"과 "소리 나는 물질들"이 일종의 밑절미로서 은연히, 뭉근히 깔려 있다.[i] 지상에서 살면서 우리가 그간 들은 것들, 즉 무수한 소리들/소리 나는 물질들이라는 그 단단한 토대 위에서만 비로소 한 인간의 작곡이라는 행위가 가능하다. 재즈 음악인인 듀크 엘링턴(Duke Ellington)의 작곡 방식은 돌피언의 논지를 우아하게 뒷받침하는 생생한 한 사례다. 듀크 엘링턴은 석양 무렵 미국 플

---

[i] 릭 돌피언, 우석영 옮김, 『지구와 물질의 철학』, 산현재, 2023, 44.

로리다 어딘가를 지나다가 이름 모를 새소리를 듣고는 놀란다. 그리고 그 새소리를 메모한 후, 그것을 기초 삼아 〈석양과 모킹 버드〉(Sunset & Mocking Bird)라는 작품을 만들어낸다. 지구에서 나는 소리, 지구 안에서 만나게 되는 여러 빛깔과 형태를 채집해 그걸로 음악작품을 빚어내는 엘링턴의 솜씨에 관해 제프 다이어(Geoff Dyer)는 이렇게 정리하고 있다; "봄베이의 불빛, 아라비아 바다 위로 떠 있는 하늘, 실론 섬의 궂은 태풍 … 산, 호수, 거리, 여자, 소녀, (…) 석양, 대양, 호텔에서 바라본 풍경, 밴드의 멤버들, 옛 친구들 … 그는 그가 마주치는 모든 것을 사실상 그의 음악 속에 담을 수 있는 방법을 터득한 지점에 이르렀다…."[2] 한마디로, 제프 다이어의 평가에 따르면, 듀크 엘링턴의 음악은 그만의 "독특한 **지구 지리학**"(강조는 필자)이었다. "그는 소리의 작가였으며, 그가 작업 중 한 것은 거대한 음악적 소설이었다."[3]

음악뿐일까? 릭 돌피언은 지구에, 지구의 물질공간에 이미 춤[무용]의 시원이 깃들어 있다고 본다. 모든 춤의 발원 지점은 에너지가 끊임없이 회전하고 있고, "예기치 않은 진동이 촉발"되는 곳인 물질공간 그 자체라는 것이다.[4] 그러니까 이미 우리가 살아가고 있는 이 세계에, 그 시공에 원형적 춤이 존재하고, 춤은 바로 거기에서, 실이 나오듯 나오고 있다는 것이다. 사실, 이러한 발언은 공격적이다. 왜냐하면 춤의 소재지는 어디까지나 에너지와 진동이 발생하는 곳이지, 무용수라는 특정 인간의 신체 내부가 아님을 역설하는 발언이기 때문이다. 돌피언에 따르면, 사유가 사유하는 인간의 뇌 안에 있다가 밖으로 나오는 것이 아닌 것처럼, 춤도 춤추는 인체 안에서 밖으로 나오는 것이 아니다. 이러한 생각은 분명 공격이다. 예술의, 사유의 소재지가 (인간의) 내부이고 내부일 것이라는 가정/상식을 박살내려 하기 때문이다.

2   제프 다이어, 황덕호 옮김, 『그러나 아름다운』, 올유문화사, 2022, 99–100.
3   제프 다이어, 같은 책, 101.
4   릭 돌피언, 위의 책, 172–173.

자, 이제 우리의 시선을 시작품으로, 시로 돌려보자. 시작품이라는 '언어 그릇'에 최종적으로 담기게 되는 것들의 소재지는 시인의 뇌인가, 시인이 경험한 세계, 물질, 물질과정인가? 그곳이 전자이든 후자이든 그 둘의 접촉면이든, 그것과는 무관하게, 시적 표현은 오직 그것을 가능케 하는 시적 경험이 있었기에 가능한 게 아닌가? 그리고 그 시적 경험은 오직 그것을 가능케 하는, 지구에 산재한 물질들이 있었기에 가능한 게 아닌가? (그러나 그 시적 경험은 오직 인간만의 것인가? 한국어 시 표현 가까이 몽골어 시 표현도 있듯, 비인간의 시적 경험은 인간의 시적 경험 옆에 있는 것은 혹 아닌가?)

그렇다면, 시적 경험을 거쳐 시작품으로 구현될 가능성이 있는, 지구에 산재한 물질들이, 시적 경험과 표현의 인간주체, 즉 시인을 기다리고 있다고 생각해도 될까? 아니, 그 물질들은 그저 시무룩하게 또는 기꺼이 제 '삶'을 살아갈 뿐이다. 그것들은 어딘가에서 어딘가로, 표정을 거느린 채, 느끼며, 무심결에 흘러가며, 각자의 삶을 살아내고 있을 뿐, 누군가의 발견, 채집, 창작행위를 기다리고 있는 것은 아니다. 세계에 관한 진리가, 그것을 알아낸 인간을 기다리고 있는 것이 아니듯. 지구 안의 만물이, 그것을 발견하거나 인식한 인간을 기다리고 있는 것이 아니듯. 메이야수(Quentin Meillassoux)가 말한, 인류 이전에도 인류 이후에도 있을 세계, **거대한 외부(The Great Outdoor)**라는 실재를 생각[사유]하고 알아볼 때, 그 실재를 언어로 더듬어볼 때 시의 차원은 우리에게 열리기 시작한다. 재즈 뮤지션만이 아니라 시인 역시, 천성적으로 지구 지리학자이고, 포스트휴머니스트이다. 시인은 부딪히는 자이며, 자기가 부딪혔다는 사실에 놀라는 자이다.

그러나 이러한 경이에서, 부딪힘에서, 이러한 지구 지리학과 포스트휴머니즘에서 우리는 얼마나 동떨어진 채로 살아가고 있는가! 어떤 오해, 몰이해, 억측, 가정 또는 이것들이 혼재된 덩어리가 지구/물질에 관한 진리에서, 우리의 지구 지리학 여행에서 우리를 멀어지게 한다. 자동화된 지각, 습관으로 눌러 붙어 더는 의식 대상이 되지 못하는 행동, 지구/물질에 관한 고착된 (대부분은 이분법적인) 견해, 도그마, 응시와 무위와 상상적 놀이의 부재 또는 이것들의 혼합물이 우리의 일상에서 시적 응시를, 시적 놀이를, 아울러 사유를 삭제한다. 사유를 억압하는 바로 그것이 시 쓰기도 억압한다. 타인이 만든 신상품에, 주가변동곡선을 보여주는 화면에 자동기계처럼 고정되고, 거기에 포획되고 마는 시간이 **자유인 됨**의, **노는자 됨**의 감각을 마비시킨다. 노동자에게 필요한 건 그저 안전과 노동복지, 합당한 사회적 대우와 높은 임금, 노동이사제 같은 것만은 아니다. 그건 자본가가 누리는 것에 필적하는 사회적 대우나 부(富)만은 아니다. 노동하는 자로서 느끼는 자부감과 기쁨, 그것까지를 인정하는 사회적 인정만도 아니다. 그것들만큼이나, 아니 그것들 이상으로 **자유인 됨의 시간, 노는자 됨의 시간**이, 뭘 해야 할지 모를 남아도는 시간이, 오락과 무위에 투자해도 되는 시간이, 다시 어린이가 되어 놀아도 되는 시간이 노동 대중에게, 만인에게 필요하다.(기본소득의 목표는 기본여가여야만 한다.) 그간 오직 소수만이 누렸던 정신적/심미적 풍요와 여유를 모두에게 허여하는데, 사회구성원 모두가 무위의 시간을 대등하게 누리게 하는 데 관심을 쏟는 새로운 사회를, 꿈꾸자. 노는 자를 (피폭 상태로부터 자기를 복원하는 행위로서의) 폭력행위가 아니라, 관용이 넘치는 풀들에, 매끄러운 아름다움을 뽐내느라 바쁜 소박한 돌들에, 누군가를 매혹하려고 새들이 뽑아내는 원형의 음악과 날갯짓에, 큰 욕심 없이 지내는 지구의 형제자매들, 우리의 동반자들에게 더 가까이 다가서도록 하는, 새로운 사회와 문화를 꿈꾸자.

그렇다, 그간 오로지 운이 좋았던 소수만이(그들이 누구든) 그들 자신을 둘러싼 시의 바다에, 시의 강에, 시의 물기에 눈을 떴고, 눈에 보이는 뻔한 사물들[물질들]이 시의 진정한 거처임을 알아채는 행운을 누렸다. 시는 사실상 도처에 있다는 진리를. 필요한 건 단 한 가지, 부딪힘뿐이라는 진리를.

하지만 그들은 그저 부딪히기만 하는 자들은 아니다. 그들은 지구/물질에 대한 오해, 몰이해, 억측, 가정이라는 분자들로 된 거대한 철문을 (시 쓰기로) 연/여는 자들이다. 하지만 바로 이 열어젖힘 덕에 시 쓰는 자는 시적 진리,

시적 진실에 부딪히고, 가 닿고, 그것에 감싸인다. 돌연 진리가 드러나는 순간, 즉 알레테이아(Aletheia, ἀλήθεια)의 순간이다.

하지만 시 쓰는 자가 그 순간 경험하는 것은 단지 자기 밖에 있는 어떤 진리나 진실이 아니다. 그때, 시 쓰는 자는 자기 자신을 특별하게 경험하게 된다. 시 쓰기 자체가 일종의 해방[풀려남]의 실행이지만, 그 시 쓰기로써 해방되는 것은 (오해/망각되었던) 지구/물질에 관한 진리만이 아니라, 시 쓰는 자 자신에 관한 진리이기도 하다. 더 낮게 말한다면, 그 시 쓰기로써 시 쓰는 자는 자기 자신에게조차 미지의 존재였던 **자기 자신의 실상**에 다가간다. 또는 시 쓰는 자는 언어의 더듬이를 세운 채, 더듬더듬 다가선다―물질의 본래적 무경계성에. 물질의 본래적 유동성에. 자기 자신도 거느리고 있는, 만물의 공통지대에. **만물의 본래적 동일성[하나됨]**에. 다즉일(多卽一)이라는 진리사태에. 삶을 산다는 것은 지구에서/지구와 함께/나 자신만큼이나 지구스러운 것들과 함께 산다는 것이라는, 뒤흔들 수 없는 진리사태에. **외부의 내부화[접힘] 와 내부의 외부화[펼침]**가 동시에 이미 늘 발생하고 있는/있던, 그러나 시적 응시의 시간에 흠뻑 젖어들기 전까지는 잘 보이지 않던, 만물이 겪고 또 겪는 경험의 현장에. 바로 이 다가섬으로, 시 쓰는 자는 자기를 알아차리고[이해하고], 구원된다. 마침내. 순간일 뿐일지라도.(그러니까 인간에게 지구학과 유물론은 자기 이해를 위한 학문일 뿐이다.)

그러나 이 다가섬은, 엄정한 이성적 사유를 매개 삼은 다가섬보다 훨씬, 훨씬 더 살갑다. 시 쓰는 자의 그 다가섬의 결과물도 살갑다. 살을 만질 때 우리의 느낌이 생생하듯, 그 다가섬의 움직임도, 그것의 최종 결과물도 생생하다. 마치 바닷물에 발을 담글 때 우리가 발의 살로 느끼는 바닷물의 느낌과 비슷한, 그런 (언어의) 감촉이다. 그리하여 그 살가운 시작품들은 살의 존재인 우리를, 그 어떤 언어가 거느린 힘보다도 강렬한 언어의 힘으로써, 만물의 실재계에 다가서게 하고, 실재계의 만물을 느끼게 해준다. 오, 이것은 지복(至福, Euphoria)이라 할 만하지 않은가!

【2】

미국 땅에서 자라고 쓴 메리 올리버(Mary Oliver, 1935-2019)의 시작품들도 그렇다. 그러나 이 문장은 지금 곧장 수정되어야 하지 않을까? 메리 올리버 '도'라고 써도 될까? 적도 아래, 남반구에서 노년에 든 파블로 네루다(Pablo Neruda)가 시를 쓰고 있을 때, 적도 위, 북반구에서 젊은 메리 올리버는 네루다의 시 쓰기에 메아리를 보내며 시를 쓰고 있었다. 올리버는 무엇을 쓰고 있었단 말인가? 올리버의 눈에 보인 것, 올리버가 알아챈 것, 올리버가 무위의 시간에 관심 둔 것, 오래도록 응시한 것, 오래도록 머문 것, 그리하여 지면 위에 길어 올린 것은, 내가 보기엔 지구에 다름 아니다.

'자연(Nature)' '생명'이라는 단어만큼이나 '지구(Earth)'라는 단어는 오해의 온상이 아닐까? 자연이란 무엇인가? 자연은 지구라는 마당에 구현된 우주에 다름 아니다. 또는 지구가 자기 스스로 우주의 물질로써 구축해 온 여러 모습들이 바로 자연이다. '자연'이라는 단어로 우리가 지시하는 것은 사실 이것 말고 다른 것은 아니다.(자연의 질서를 곧 우주의 질서라고 말한다면, 자연이 곧 우주라고 말하는 셈이 된다. 하지만 그럴 경우, 말하고자 하는 바를 그저 우주라고 하면 된다.) '대자연'이라는 단어도 우습다. 대자연으로 지칭되는 건 무엇일까? 그건 지구-태양을 지칭하는 온생명이거나 지구일 뿐이다.(또는, 이상하게도, 때로 그건 우주이기도 하다.) 그러니까 '자연'은 부가적으로 사용되면 되는 단어이다.

오늘날 한국어 사용자들 사이에서 '생명'이라는 단어도 펙 오염된 방식으로 사용되고 있어 우려스럽다. 그 이유는 크게 두 가지인데, 하나는 영어 'bio-'나 'life'가 무사고적으로 '생명'으로 번역되고 있기 때문이고, 또 하나는 한국인 특유의 '대충[명철하지 않게] 말하기/쓰기' 문화가 한국대중의 대화/담론 문화에 착근되어 있기 때문이다. bio-든, life든 (영어 사용자들 사이에서) 이것이 지시하는 것은 어디까지나 생물, 생명체, 유기체, 유기물, 살아 있는 상태, 살아 있는 방식, 생존 기간이지, 무생물, 무생명체, 무기체, 무기물, 죽어 있는 것, 죽음을 함의하지는 않는다. 그렇다면 bio-나 life의 번역어[한국어 대체어]로 '생명'이라는 단어가 꼭 필요한 것은 아니다. 생물, 생물 됨, 생물로서 살아감이면 충분하다. 하지만 왜 '생명'이라는 단어를 선호한/선호하는 것일까? 국립국어원 표준국어대사전에 따르면, 생명은 **"사람이 살아서 숨 쉬고 활동할 수 있게 하는 힘"**이다. 어처구니없을 정도로 인간중심적인 정의라는 사실도 경악스럽지만, 이 단어가 지시하는 것이 생물이 아니라 생물의 활동을 가능하게 하는 힘[force, engergy, vis], 일종의 생기(生氣)와 동일한 것임을 알아볼 수 있다.(하지만 bio-나 life는 이런 의미를 거느리지 않는다. 국립국어원을 신뢰한다면, 한국어 '생명'에 해당하는 용어는 'life'가 아니라 'living/life force' 'vitality' 'vigor'여야만 한다.) 자, 그럼 묻겠다. 생명 아닌 것[비생명]은 무엇인가? 생명이라는 범주/단위에는 대기와 강과 바위가 포함되나, 그렇지 않나? 방금 잘라낸 물푸레나무의 몸통에는 생명이 있나 없나? 물푸레나무로 만든, 제작된 지 3일 된 책상에는 생명이 있나 없나? 연필에는? 플루트에는? 도자기에는? 컴퓨터에는? 우리는 이 언설의 문제, 즉 개념화의 문제를 해결해야만 한다. 이것은 단순한 언어놀이, 정의하기놀이가 아니다. '생명' 개념의 이해에 따라 우리의 물질관, 세계관, 지구관, 그에 입각한 우리의 삶이 판연히 달라질 수도 있다는 점을 생각해 봐야 한다.

사실 나는 이 글을 읽는 당신이 내가 이해하는 식과는 다르게 '지구'를 이해하고 있는 것은 아닌지도, 의심스럽다. 지구라고 하면, 우리 모두가 살고 있는 거대한 자연의 집, 행성 지구를 지칭하는 경우가 태반이다. 물론 이러한 이해가 그릇된 것은 아니다. 하지만 잘 생각해 보면 금세 알 수 있지만, 지구는, 지구를 이루고 있는 여러 몸들[신체]과 전혀, 한 찰나도 분리될 수 없다. 그런데 문제는 그 여러 몸들이, 이를테면 인간이나 고양이나 느릅나무나 화강암 같은 것들이 그것들을 이루는 (육안으로는 보이지 않는) 국소적 질서와 전혀, 한 찰나도 분리될 수 없고, 그 국소적 질서는 극한의 국소적 질서와 전혀 분리될 수 없다는 사실이다. 지구는 극한의 국소세계가 덜 극한의 국소세계로, 그것이 또 그것보다는 덜 극한의 국소세계로… 점차 확산해가는 구조, 즉 확산구조로 되어 있다. 지구에서는 국소세계들과 (그것들의 확산이 누적되어 나타난 최종세계로서의) 거시세계가 하나의 덩어리가 되어 있고, 그 하나 된 전체를 우리는 '지구'라고 명명하는 것이다. 현미경으로도 잡히지 않는 극소한 몸들(예컨대, 전자의 운동), 그것들의 관계적 운동으로 이루어진 더 큰, 그러나 다양하기 이를 데 없는 몸[신체]들, 그것들 중 일부의 거대한 운동 과정들(예컨대, 탄소의 흐름, 물의 흐름, 기단의 흐름, 해류의 흐름), 하나의 덩어리-혼융체-공생체-개체로서 태양계 안에서, 태양계와 한덩어리가 되어, 그러나 우리 은하의 질서에 종속된 채로만, 운동하고 있는 운동체—이것들이 모두 다 지구의 얼굴이고 면모인 셈이다. 하지만 우리의 시선은 지구의 특정 얼굴/면모, 즉 지구를 구성하고 있는, 상대적으로 작은 몸들에 먼저 가 닿는 편이 좋겠다. 우리는 통상 그것들을 지구와는 별개의 존재자로 생각하는 실수를 저지르고 있기 때문이다. 그 작은 것들 없이는 지구 자체가 없음에도. 체세포들 없이는 인체가 없듯.

자, 다시 메리 올리버로 시선을 옮겨보자. 화강암과 작약과 개미가 보이는 산계곡. 그리고 거기에서 지금 물소리가 들린다고 상상해 보자. 그리고 그 계곡의 한 곳, 물푸레나무 아래 누군가 버리고 간 플라스틱 병이 널브러져 있다고. 이것은 그저 산의 모습이 아니다. 대자연/자연의 일부라고 해도 딱 맞는 표현은 아니다. 사실, 이것이야말로 지구의 본모습, 진면목, 기본꼴이다. 화강암과 작약과 개미와 물이야말로 지구의 전형적인 몸들 아닌가. 지구를 구성하고 있는 (4대 권역-sphere-인) 광물권(lithosphere)의 광물(화강암), 수권(hydrosphere)의 물, 대기권(atmosphere)의 대기, 생물권(biosphere)의 유기체(작약, 개미)가 지금 저 계곡에 다 모여 있지 않나. 광물권에 녹아든 생물의 사체, 그 변형물인 석유의 변형물인 플라스틱이야말로 오늘의 지구 현실을 웅변하지 않나.

그러니, 메리 올리버는 자기도 모르게 지구에게 다가선다, 고 써도 된다. 올리버는 다가선다. 지구의 여러 손가락과 발가락 또는 세포나 원자들에게. 작약과 개미들에게. 그들이 사는 삶의 현장에, 국소세계에서 일어나고 있는 **살의 경험**에.

> 오늘 아침 작약의 초록 주먹들이
>   내 가슴 때릴 준비를 하고 있어,
>   해가 떠오르면서
>   해가 그 오래된, 그 버터 같은 **손가락들**로 어루만지면
>
> 그 **주먹들** 열리지—
>   하양과 분홍
>   레이스 뭉치들—
>   그리고 온종일 검은 개미들이 그 위로 기어올라,
>
> 달콤한 수액을 갈망하며
>   동그란 꽃봉오리에
>   작고 신비한 구멍을 내지,
>   그 수액을
>
> 그들의 어두운 **지하 도시**로 가져가지—

* 「작약」(민승남 옮김), 부분 (강조는 필자)

메리 올리버는 지구 안, 어느 곳의 국소세계에 잠시 머문다. 작약 꽃봉오리의 수액을 욕망하는 개미들의 일상에. 그러나 보라, 올리버는 작약의 꽃봉오리

가, 초록꽃받침이 열린다고만 말하지 않는다. 개미들이 그 수액을 개미집으로 옮긴다고만 쓰지 않는다. 지금 화자는 손과 도시의 은유를 불러들이고 있고, 식물성(유기체성)의 이미지를 광물성(무기체성)의 이미지에 버무리고 있다. 광물[미네랄] 성분으로 구성된 손가락 뼈를 빼놓고 손가락을 떠올릴 수는 없으므로, 광물 성분으로 이루어진 도로, 건축물의 뼈대와 기둥, 지붕을 빼놓고 도시를 떠올릴 수는 없으므로, 이렇게 말해도 된다.

하지만 여기서 우리는 한 가지 의문에 휩싸인다. 메리 올리버가 여기서 구사한 기법을 **의인화(擬人化, anthropomorphism)**라고 불러도 될까? 작약의 초록 꽃받침을 주먹이라고, 햇빛의 줄기를 손가락이라고, 개미들의 집을 도시라고 표현한 것 말이다. 만일 이것이 의인화라면, 이 시 「작약」에서 메리 올리버는 이 기법을 유려하게 쓴다. 작약 꽃들은 성대한 결혼식에서 춤을 추듯 그 몸을 움직이는 것이다. 3연부터 다시 인용하면 이렇다.

그들의 어두운 지하 도시로 가져가지—
　그리고 온종일 꽃들은
　　종작없는 바람 아래
　　　성대한 결혼식에서 춤추듯

빛나는 **몸** 구부리며
　공중에 향기를 퍼뜨리고,
　　그 모든 수분과 **무모함** 지탱하는
　　　붉은 꽃자루들

기꺼이, 가볍게
　일어나지,
　　그리고 또다시—

용감하고 모범적인 아름다움

눈부시게 열리지.

* 「작약」(민승남 옮김), 부분 (강조는 필자)

말할 것도 없이, 필자가 굵은 글씨로 표시한 부분에서 우리는 **인간의 면모**를 느낀다. 그렇기에 이런 시적 기법을 흔히 '의인화'라고 부른다. 그러나 다시 안색을 바꿔 물어보자—저것들은 과연 인간의 면모일까? 몸을 지닌 것이 인간뿐일까? 용감하거나 무모한 것, 춤추는 것, 손가락과 주먹을 지닌 것, 결혼하는 것, 결혼식을 치르는 것, 도시를 만드는 것이 이 지구 위에서 오직 인간만일까? 이 시적 기법이 의인화라는 규정은 휴머니즘[인본주의]에 매몰된 정신의 실책, 휴머니즘에 구속된 시 이론, 문학 이론의 결정적 실수가 아닐까?

하지만 의인화가 아니라면 대체 뭐라고 해야 한단 말인가? 나는 의인화라는 단어를 치우고 그 빈자리에 **의물화(擬物化)**라는 단어를 넣자고 제안한다. 의물화란 단순한 것이다—하나의 사물을 다른 사물에 빗대어/견주어, 다른 사물을 본떠 말하는 시적 기법. 「작약」에서 메리 올리버는 분명 의인화가 아니라 의물화를 실천하고 있지 않나. 의물화는, 사물과 사물을 서로 이어준다. 아니, 인간의 지평 밖에서, 메이야수가 말한 '거대한 외부'와도 같은 어딘가에서 물(物)과 물(物)이 주고 받는 (미적/시적) 교감과 접촉과 연민을, 우리가 상상할 수 있도록 문을 열어준다.

메리 올리버는 이 시에서, 그것이 인간만의 것이든 또는 비인간물질 대다수가 공유하는 것이든, 마음[정신, mind]의 일에 관해 쓰고 있다. 그러니까 갈망과 무모함과 용감함이, 그리고 열의가, 흔히 그런 것의 빈곤/부재 상태에서 살아간다고 가정되곤 하는 동물과 식물의 일이라고 쓰고 있는 것이다. 특히 식물의 일이라고. 아니, 이렇게 말해선 안 된다. 메리 올리버의 관심은 동물과 식물도 그런 자들이라는 기본적인 사실을 강조하는 것에 가 있지 않다. 그이의 관심은, 작약과 개미가 어떤 식으로 마음을 쓰는지에 가 있다. 이 시의 마지막 연을 읽어보자. (아래, 강조는 필자)

　꿀로 무거운 몸, 그 싱싱한 떨림,
　　영원한 무로 돌아가기 전
　　격렬하고 완벽한 순간을 누리려는
　　　그 열의

메리 올리버는 목사처럼 설교한다. 격렬하고 완벽한 순간을 누리려는 이 열의를 그대들도 배우라고. 이 열의를 느끼라고. 이 열의가 이 세계에 분명 있음을 알아차리라고. 이 열의에 경이를 느끼라고. 이 열의를 닮으라고. 이 열의를 살라고. 이 마지막 연의 앞부분에서 올리버는 다음과 같이 쓰고 있다. 작약과 개미를 바라보던 시선을 돌연 거두고, 이쪽, 지면을 보고 있는 우리를 돌연 쏘아보며 이렇게 막무가내로 설교를 쏟아내는 것이다—"그대는 이 세상을 사랑하는가?/그대의 소박하고 비단결 같은 삶을 소중히 여기는가?/공포를 딛고선 초록 풀을 숭배하는가?" 올리버는 독자의 눈길을 감정과 욕망, 정신이 펼쳐지는 작은 마당인 작약 꽃이 있는 정원으로 끌고 가서는, 이내 독자 자신에게로 향하게 한다.

　이렇게 이 시는 섬광이다. 또는 손아귀다. 우리는 넋 놓고 있다가 이 시에 목덜미를 잡혀서는, 우리에게 텅 비어 있던, 부재했던 응시라는 실천을, 삶을 귀중히 여기는 마음을 반추하게 된다. 우리 자신이었던 우리의 실수를, 무의미했던 시간을, 무지를, 둔감을, 나태를, 타락을, 비참을. 우울과 자기비하와 허무의 원천을. 이것들이 온통 살아 있던, 그리고 우리 자신이었던 어떤 감옥을. 그 감옥에서는 당연하던 폭력을.

우석영

◈ 본지 편집위원. 생태전환·탈근대전환 연구자이자
작가 ◈ 근대를 넘어서는 지구철학과 지구살림에 관심을
두고 있다 ◈ 출판/연구공동체 산현재(기획위원),
동물권연구변호사단체 PNR(전문가회원), 생태문명원
(연구위원) 등에서 활동하고 있다 ◈ 『불타는 지구를
그림이 보여주는 것은 아니지만』, 『걸으면 해결된다 Solvitur
Ambulando』(공저), 『철학이 있는 도시』, 『낱말의 우주』
등을 썼다. 『지구와 물질의 철학』 등을 번역했다

천도교와 한글, 다시개벽의 동반자

박길수

그 창제정신과 창도정신을 중심으로

【한글과 천도교, 『훈민정음해례본』과 『천도교경전』】

한글과 동학(천도교)은 그 창제정신과 창도정신의 유사성, 그리고 오늘날 세계적으로 퍼져나가는 '한류 문화'의 본질적인 DNA를 내포한 점에서 근본적인 동질성이 있다. 그 점을 살펴보는 것은 동학과 한글 양쪽에 모두 이해의 새로운 시각을 제공할 것으로 기대된다.

오늘날 10월 9일로 확정된 한글날은 1926년에 조선어연구회에서 '가갸날'이라는 이름으로, 음력 9월 29일에 기념하기 시작한 것이 효시이다. 1928년에는 '한글날'로 이름을 바꾸었으며, 1940년에 『훈민정음해례본』이 발견된 것을 계기로, 해방된 1945년부터는 훈민정음해례본이 발간된 날인 10월 9일(양11.4)을 한글날로 확정하였다.

한글, 즉 훈민정음(訓民正音)은 '유네스코 세계기록문화유산'이다. 인류의 공유물이며, 세계적으로 보존할 가치를 인정받았다는 뜻이다. 우리나라가 보유한 세계기록문화유

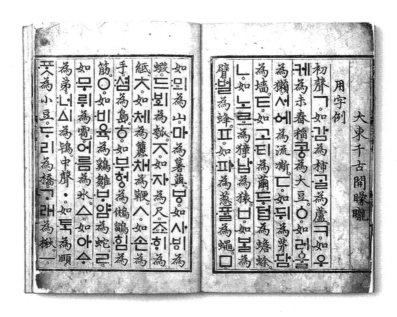

훈민정음해례본 본문 (https://www.heritage.go.kr/unisearch/images/
national_treasure/1611473.jpg, 2022.10.23 검색)

산은 1번이 『훈민정음』이고, 2번이 『조선왕조실록』, 3번이 세계 최초의 금속
활자 인쇄물인 『직지심경』, 그리고 조선왕조의 『승정원일기』, 『고려대장경판』
일명 『팔만대장경』 등으로 이어진다. 하나같이 어마어마(?)한 유산들 중에서
도 그 태두(泰斗)의 자리에 훈민정음이 자리 잡고 있다는 것이, 한글의 위용과
위상을 다시금 생각게 한다.

유네스코 세계기록문화유산으로 등재된 것은 엄밀히 말하면, 가, 나, 다,
라, 아, 야, 어, 여라고 하는 한글 그 자체가 아니라, 한글을 창제한 원리와 그
소릿값을 기록한 『훈민정음해례본』이라고 하는 책자이다.

그 책에는 'ㄱ'부터 'ㅎ'까지 그리고 '아'부터 '이'까지 한글 자음과 모음을
만든 원리와 소리를 내는 법이 꼼꼼히 기록되어 있다. 전 세계 수천 종류의 문
자 가운데 이렇게 창제 목적과 배경, 자음과 모음이 만들어진 원리, 발음하는

법과 활용 방법까지 밝혀서 기록된 것은 한글이 유일무이하다고 알려져 있다. 한글은 그 글자 자체로도 세계에서 가장 뛰어난 글자라고 하지만, 그보다 더 중요한 것은 바로 이 『훈민정음해례본』이 있어서 그 창제 과정과 글자를 구성하는 원리가 세세하게 밝혀져 있다는 점이라 할 수 있다. 사실 우리나라에서 한글에 대한 본격적인 연구가 이루어진 것도 이 해례본이 발견된 1940년 이후부터라고 해도 과언이 아니다.[i]

한글의 역사에서 이 『훈민정음해례본』(이하 '『해례본』')의 의의는 동학(천도교)으로 보면, 수운 최제우 선생이 동학(천도교)을 창도한 이후 『동경대전』의 〈포덕문〉과 〈논학문〉, 〈수덕문〉, 〈불연기연〉의 글들과 『용담유사』의 가사 팔 편을 친히 지어서 창도 과정과 목적, 근본 이치를 밝혀 놓은 것에 비견할 수 있다. 특히 〈논학문〉에는 21자 주문(至氣今至 願爲大降 侍天主 造化定 永世不忘 萬事知)의 의의와 한 글자 한 글자 모두의 깊은 뜻을 세세하게 풀이해 두었다.[2] 그 덕분에 오늘날 동학을 공부하는 사람은 '3.7자 주문'을 무조건 외우기만 하는 것이 아니라, 그 이치를 깊이 헤아려 볼 수 있게 되었으며, 주문(呪文)이 미신적인 글이 아니라 선천개벽에서부터 다시개벽에 이르기까지 우주의 근본적인 이치를 담은 글이라는 것을 편견 없이 말할 수 있게 되었다. 수운 최제우 선생이 동학을 창도하고도 『동경대전』, 『용담유사』가 없었다면 오늘날 동학(천도교)이 존재할 수 없다고 말할 수 있는 것처럼, 세종대왕이 한글을 창제하였더라도 『훈민정음해례본』이라는 책이 없었다면, '한글'은 '화장실에 앉아 있다가 문창살을 보고 만들었다고 조롱을 받거나, '안방(여성)글' '언문' 등의 비칭(卑稱)에 시달리면서 졸아들고 말서, 오늘날 우리가 아는 한글은 통용

i   이 『훈민정음해례본』은 일제강점기 때 우리나라의 문화재를 수호하는 데 엄청난 재산을 투자하였던 간송 전형필 선생이 어렵게 입수하여 해방 직후에 공개함으로써 세상에 알려지게 되었다. 그때까지 한글을 문창살을 보고 만들었다느니, 만주족의 글자를 본 따서 만들었다느니 하는 구구절절한 이설들이 많았지만, 해례본이 발견되면서 그런 잡소리를 싹 들어가 버리고 말았다.

2   알려진 대로 '天'(천) 한 글자는 풀이하지 않았다. 그 이유는 지금 우리가 종교적 상상력으로 추정할 수밖에 없다. 가장 널리 퍼진 상상담(想像談)은 '천(=神)은 인간의 언어로 규정할 수 없기 때문'이라는 것이다.

동학(천도교)의 한글경전 용담유사

되지 않고 있을 것이다. 이 모든 억측이 『해례본』으로 말미암아 설자리를 잃고 말았다. 말하자면, 『해례본』은 '한글의 경전'이라고 말할 수 있으며, 이 덕분에 한글은 세계적으로 문자에 관한 '경전'을 가진 유일한 문자가 된 것이다. 이것은 동학-천도교는 '유교경전'이 아닌 자생적 '경전'을 가진 최초의 한국종교라는 점을 생각하게 한다.[3]

용담유사. 이것은 '목활자본'으로 수효가 많지 않았고, 실제로는 필사본이나, 그보다 더 많게는 구전(암송)으로 전해지는 사례가 더 많았다. 그런 점에서 '한글가사'로서의 '용담유사'는 '한글'가사라는 점보다 한글'가사'(노래체)라는 점을 더 주목할 필요도 있다.

'한글과 천도교'를 비교한다고 하면, 동학을 조금이라도 공부해 본 사람은 수운 선생이 동학을 창도하면서 한문을 모르는 백성들을 위하여 『용담유사』에

---

[3] 조성환, 『한국 근대의 탄생』, 모시는사람들, 2018 참조.

수록된 '한글 가사체'의 팔편 가사를 지은 것을 떠올릴 것이다. 이것은 일찍이 세종대왕께서 한글을 창제하실 때의 그 마음을 그대로 재현한 것이라고 이야기된다. 문자(漢子)를 모르는 일반 백성들을 위하여 쉬운 우리말 경전(가사)를 지었다는 것이다. 세종대왕이 한글을 창제하신 이유, 그 근본 뜻을 담은 글이 앞에서 말씀드린 『해례본』의 서문으로 맨 앞에 실려 있는 〈훈민정음 어제서문〉 즉 "임금이 지은 서문"이라는 글이다. 이 서문은 『해례본』보다는 좀 더 널리 알려져 있다.

> "나라 말씀이 중국과 달라서 문자(=漢字)와 서로 통하지 아니하므로, 우리나라
> 백성들은 말하고자 하는 바가 있어도 제 생각을 온전히 펼치지 못하는 사람이
> 많다. 내가 이를 가엾게 여겨서 새로 스물여덟 자를 만들어 펴니, 날마다 배우고
> 익혀서 쉽고 편하게 쓰기를 바라노라."

이 〈훈민정음 어제서문〉 '우리나라 사람이 쓰는 말은 중국 문자 즉 한자로는 온전히 표현할 수 없어서, 백성들의 삶에서 불편하고 억울한 경우를 많이 겪고 있으므로, 우리말을 그대로 적을 수 있는 문자를 만들어 내니, 모든 사람들이 널리 사용하라'는 뜻이다.

서문에서 보이는 두드러지는 마음결은 '애민정신(愛民精神)'이라고 할 수 있다. 백성을 사랑하는 마음을 '한글 창제'로 표현한 세종대왕의 마음은, 수운 선생이 동학(천도교)을 창도할 당시에 대부분의 사람들이 문자를 알지 못하는 점을 생각하여, 우선 머릿속으로 쉽게 외울 수 있도록 한글 가사로 용담유사 각 편을 지으신 뜻과 그대로 통한다. 이것은 내가 처음 하는 말이 아니다.

이 점은 일찍이 『천도교회월보』 129호(1921.5.15.)에서 유재풍이 〈조선에서 독창적으로 발생한 두 가지 큰 물건〉이라는 글에서 직접적으로 비교하여 제시한 바 있다.(이에 대해서는 다음 절에서 상세히 다룬다)

【천도교의 한글 사랑과 한글 운동】

천도교에서 한글(조선글) 사용을 중시한 글은 일찍부터 보인다. 『천도교회월보』 제122호(1920.10.15)에 돌시내[4]는 〈조선말과 조선글을 연구하라〉는 글을 실었다. 영어가 세계 여러 나라에서 쓰이고 프랑스어가 외교계의 공식언어처럼 쓰이는데 조선글은 그러지 못한 것을 탄식하며, 그 이유가 '조선글이 (표기법이) 통일'되지 못하였기 때문이라 하였다.

> 위선 사람이란 말을 글자로 쓰라 하면 혹은 '사롭'으로 혹은 '스람'이라고 쓰며
> 또는 우리의 성령을 주신 한울님이란 말을 글자로 스라 하면 혹은 '하늘님'
> 혹은 '하ᄂᆞ님' 혹은 '하느님' 혹은 '하날님'이라고 가지각색으로 쓰며 (중략)
> 오늘날까지 조선말 사전이라 책이 업스니 그 무엇을 빙거(憑擧)하야 연구를
> 하랴. 근래와 와서 조선어연구회라는 것이 생겼다 하나 아즉 완전한 귀간이
> 업스니 어대가서 물어 보랴. (중략) 다른 나라 글을 공부하고 다른 나라 말을
> 배와서 남의 문명을 어더들리는 것도 조치 안은 것은 아니지만은 조선정신을
> 가지고 조선글을 통일하고 조선말을 연구하야 우리 이천만이 각각 붓을
> 잡을지라도 한 사람이 쓴 것과 가티 조직이 되고 동서남북 사방의 말이 한입d[서
> 나오는 것과 가티 통일이 되면 말갑세(값에) 못 가던 조선 말도 남의 말과 가티
> 갑어티가 나갈 것이오 글갑세 못 가던 조선글도 남의 글과 가티 갑어치가 나갈
> 터이요 (중략) 이 세상에 조선글을 공부하려는 사람도 만허질 것이오 이 세상에
> 조선말을 배호(우)려는 자사람도 늘어갈지니 오늘 우리는 장래를 생각하여
> 우리(천도교회월보의 필자-필자 주)는 모다 조선말의 학자가 되고 우리가

---

[4] '石溪'라는 호를 한글로 풀어 썼다. 민영순(閔泳純)이다. 경기 가평군 출신으로 천도교 기관지 〈만세보〉를 거쳐, 인쇄소(보문관)에서도 일하고, 정부부처(탁지국 인쇄국, 내각 문헌비고 감인위원) 등을 거쳐 개벽사 영업국장으로 창간 동인이 되었다. 각종 敎職을 거쳤으나, 특히 출판, 인쇄 계통 경력이 두드러지는 이력이고 『천도교회월보』와 『개벽』 등에 많은 글을 썼다.

쓰는 글은 조선말사전이 되게 하야 우리 글이 영국글과 가티 세상에 유행이
되고 우리 말이 불란서 말과 가티 세력이 잇고 보면 우리글로 써 노흔 사람이
한울되는 진리와 우리 말로 설명해 노흥 사람을 한울로 대접하자는 소리가
온세상에 가득하리라.(69-71쪽)

제132호(1921.8.15.) 〈우리 월보에 조선 글의 적음을 한탄함〉에서 고성(孤
星)[5]은 '우리 잡지(『천도교회월보』)'에 국문(國文-우리말)이 적으니, 그 비중
을 더 높여 나가자고 하였다.

　제145호(1921.10.15.) 〈우리의 글을 바르게 씁시다〉에서 한빛(백세명)은
『천도교회월보』에 국문(國文-우리말)이 늘어난 것은 다행이나, 바르게 쓰는
데는 더 정성을 기울여야 한다고 하였다. 또 '우리 (천도)교와 우리글의 관계'
를 다음과 같이 애써 강조하였다.

조선 사람 치고는 누구던지 이 글을 잘 알어야 하겟지만은 우리 교에서 더욱
힘쓰어야 하겟습니다. 웨 그러냐 하면 조선에서 비롯된 우리 교의 진리와 취지는
반듯이 조선글로 적어야 리치에 맞는다 하겟으며 또한 우리 교의 리치를 일반
믿는 이의게 알으킴에는 남자도 알기 쉽고 여자도 알기 쉽고 늙은이도 어린이도
다 알기 쉽은 조선글이 필요합니다. 아조 데일입니다. 또한 우리 교의 집적
선전긔관이 되어 잇는 우리 월보에는 더욱 우리글을 많이 쓰어야 하겟으며 많이
씌되 바르게 쓰어야 하겟습니다.

제243호(1931.03.15.) 〈한글 사용을 주장하노라 – 평이(平易)를 주로 하라
술어(術語)을 빼라〉에서 김영환은 최근 일반 사회는 물론이고 『천도교회월
보』 글 중에도 외래의 '주의' '사상' '철학' 등의 술어(술어)를 남용하거나 한자

5　직암(直菴) 김광준(金光俊)이다. '외별'이라고도 쓴다. 『천도교회월보』나 『신인간』 등에 다수의 글을 남겼다.

를 여전히 많이 쓰는 경향이 있는데, '한글(조선글) 사용'을 위주로 해서 독자들과의 소통을 원활하게 할 것을 주장하였다.

또 1933년 1월호 『신인간』지에 〈천도교의 한글운동〉(목차에는 '한글운동에 대하야')이라는 글에서 '한빛' 백세명(1898-1970)은 한글운동에 관한 한 동학(천도교)가 가장 선구이며 그 효시라고 주장한다. 백세명은 먼저 당시 사회적으로 한창 조선어연구회가 한글 연구에 몰두하고 있는 것을 치하한다. 그러나 사회적으로 주시경, 유길준 씨 등과 기독교를 한글운동의 선구자로 치는 것에 이의를 제기하면서, 조선에서 한글 보급 운동을 가장 먼저 시작한 사람은 '최 수운 선생'으로서 "70여 년 전에 순 한글로써 자기가 창명(創明)한바 그 진리를 가요(歌謠)로 적어서 몇백 만 대중에게 씨 뿌려 둔 그러한 거대한 한글운동의 공로"가 있다고 주장한다.

즉 '수운 선생'이 창도한 동학은 삼불입(三不入: 儒家, 富者, 兩班은 동학에 들어올 수 없음-필자 주)의 정신 하에 오직 하층의 상민(常民) 계급에게 적응(適應)하므로 자기 사상을 선전하는 데는 일반 상민계급이 알지 못하는 한문보다는 한글(당시, 諺文)이 절대 필요한 것을 깨닫고 그것(=遺詞八篇)을 발표하였다는 것이다. 특히 한글일 뿐만 아니라 그것을 '가요체(歌謠體)'로 한 것이 탁월하다고 하였다. 그리고 다음과 같은 진단을 내놓는다.

> 이처럼 天道敎와 한글은 天道敎의 創明 當時부터 必然的 因緣을 가지고
> 나리어왓으며 또한 現在에도 朝鮮民族의 世界的 자랑인 創作品으로 여태껏 남아
> 잇는 것도 오직 文字에 잇서서 한글이오 사상에 잇서서 人乃天이 잇슬 뿐이다.

백세명은, 그러므로 천도교의 한글운동은 다른 단체의 한글운동보다 더 유별한 것이 되어야 한다는 점, 천도교가 한글운동의 중심이 되어야 한다고 주장한다. 또 이 글에서는 천도교 고유의 문제를 개발하고 널리 사용해야만 천도교의 포덕이 본격적인 궤도에 오를 수 있다는 주장도 하였다.

우리 敎會에도 只今은 글 쓰는 사람도 相當히 잇고 刊行物도 相當히 많다. 그러나 글 쓰는 사람마다 文體가 다르고 刊行物마다 文體가 다르다. 그것은 조선 사람들의 쓰는 글이 千差萬別한 것과 맞한(마찬)가지다. 朝鮮사람들이 글을 제가끔 다르게 쓰는 것은 우리 조선에 標準文體가 서지 못해서 그런 것이오 우리 敎會에서 글들을 제가끔 다르게 쓰는 것은 우리 敎會에 標準文體가 서지 못한 까닭이엇다.

백세명은 '표준문체'를 정립하는 데 가장 선행되어야 할 것이 '철자법'의 통일이라고 하면서, 새 철자법의 요체를 소개한다. 이 글은 표준문체로서의 철자법 통일을 주장하는 데서 그치고 있지만, 그것은 '선행조건'일 뿐이고 본론으로는 '천도교의 표준문체'를 정립하는 것임을 암시해 두었다. 이 글 외에도 천도교에서의 한글운동의 중요성, 천도교와 한글의 관계에 관한 글은 여러 편이 있지만, '천도교의 표준문체' 문제를 본격적으로 다루지는 못하고 있다. 이 점은 오늘의 우리에게 남겨진 과제이며, '경전의 현대어 번역'이나 '교리 현대화' 등과 관계되는 문제이다. 또한 '글(간행물)을 통한 포덕의 문제도 그 연장선상에서 논의할 과제이다.[6]

268호(1934.1.29.) 〈새해에는 한글과 포덕에 힘쓰자〉에서 정용증(鄭用增)은 '말과 글'은 우리의 생명이며, 금은보화보다 귀한 것이 한글이고, 사람으로서 사람 노릇하는 긴요한 요체이자 진짜백이 금은보옥이니만큼 천도교인은 모두 한글을 배워서 거지노릇을 면하고 살아가자고 당부하였다.

몇 년 전에 〈말모이〉라는 영화가 크게 흥행한 적이 있다. '말모이'란 '낱말을 모아 놓은 것' 즉 '한글사전'을 말하는 것으로 당시 한글 학자들이 전국적으로 낱말을 수집하고, 표준어 원칙을 정하면서 한글사전('조선말 큰사전')을 편찬하는 과정을 영화화한 것이다. 그 영화의 소재가 된 조선말큰사전은 『훈

---

6 『신인간』지에는 1934년에 당대의 저명한 한글학자인 이윤재의 '한글강화' 관련 글이 4회 연재되었다.

민정음해례본』만큼이나 '한글'이 오늘날 어엿한 우리나라의 문자로서, 세계적인 문자로 알려지는 데 이바지 한 책이다. 그 영화에서 천도교중앙대교당이 중요한 촬영 장소로 제공되었다. 이것이 영화적 장치의 하나로서, 그때 조선어학회에서 한글을 연구하고 사전을 편찬한 일은 중국 땅에서 무장독립운동을 펼친 것과 쌍벽을 이루는 독립운동이기도 했다는 점을 '3.1운동의 성지'인 천도교중앙대교당을 배경으로 하면서 담아낸 것이라고 볼 수도 있다. 한글을 지키고 보급하는 것은 우리 정신을 지키고 보급하는 일이기 때문이며, 한글은 우리 민족의 정신을 담아내고 있는 우리말을 문자로 기록하는 소중한 보물창고와 같은 것이기 때문이다.

또한 이 영화에서도 다루고 있듯이, 이들이 목숨과 바꿔 가며 준비한『조선말 큰사전』원고는 일제강점기 말에 사라졌다가 해방 이후 '기적적'으로 발견되었다. 살아남은 어학회 회원들은 사전 편찬 작업을 서둘러서 1947년 그 첫 번째 책을 발간하였다. 그리고 그 발간 기념식이 천도교중앙대교당에서 개최한다.(조선말 큰사전은 모두 연차적으로 모두 6권으로 1957년에 완간되었다.)

가을비가 시름시름 내리는 9시부터 중앙대교당에서 조선어학회가 주최하는
한글반포 501주년 기념식과 20년간 민족적 사업으로 편찬한『조선말 큰사전』
제1책 반포식을 입추의 여지가 없이 많은 인파가 참석한 가운데 개최되었다.
기념식은 정태진의 개회선언으로 시작되어 애국가 봉창, 장지영의 개회사,
이중화의 훈민정음서문낭독, 최현배의 한글반포 기념사, 김병제의 한글
연혁, 이극로의 사전발행사, 정인승의 사전편찬경과보고, 유억겸과 윤기성의
축사 그리고 각 문화단체에서 보내온 축전과 축문 낭독, 이화여중합창단의
한글노래 등으로 진행되었고 10시 30분에 폐식하였다. 기념식 후에는
연희대학의 김선기와 조선어학회의 신영철의 한글 특별강연이 있었다.

(〈경향신문〉및〈조선일보〉1947.10.10(2면) 〈동아일보〉1947.10.10(2))[7]

특히 한글사전 편찬을 주도한 조선어학회에는 천도교에서도 일찍이 한글소설(신소설) 등을 발표했던 이종린(1883-1950, 천도교 초대 교령(1940))이나, 『개벽』, 『별건곤』 등 개벽사 간행 잡지의 편집책임을 맡았던 차상찬(1887-1946)도 참여하여 중요한 역할을 담당하였다. 그런 점에서 보면 현대 한글의 정립에서도 천도교 또는 천도교인이 중요한 역할을 담당했다는 것을 알 수 있다. 조선표준어사정회 제2독회는 1935는 8월 5일부터 9일까지 5일동안 우이동에 있는 천도교 수도원인 봉황각(鳳凰閣)에서 개최되었는데, 이때 참석한 이종린 외에 조헌영(趙憲泳, 1901-1988, 조지훈 시인의 부친)도 천도교인이다. 한편, 방정환 선생이 창간한 『어린이』는 우리나라에서 '한글'이 널리 보급되고 쓰이게 되는 데에 중요한 역할을 한 잡지로도 유명하고, 방정환 선생은 어린이 사랑 정신뿐만 아니라 고운 우리말을 잘 살려서 동화 구연 등에 활용함으로써 우리나라 한글 사용 발달에 이바지한 사람 중에 손꼽히기도 한다.[8] 이하에서는 한글 창제와 동학 창도의 상관성, 유사성을 질적인 면에서 좀 더 구체적으로 검토해 보자.

【으뜸정신: 우리나라의 글자, 우리나라의 도(道)】

한글 창제와 동학 창도 유사성에서 가장 본질적이고 근본적인 점은 그 정신이 상통한다는 사실이다. 다시 말해 〈훈민정음 어제서문〉의 내용에서 볼 수 있

---

7   개벽라키비움동학천도교사전연구회 기획, 이동초.박길수 편, 『천도교중앙대교당 100년 이야기』(도서출판 모시는사람들) 326-327쪽 재인용.

8   2019년 국립한글박물관이 개관 5주년 특별전으로 '한글의 큰 스승'을 설문조사를 통해 선정하였다. 세종 이외에 '주시경, 윤동주, 허균, 방정환, 성삼문'이 5대 인물로 선정되었다.

는 세종대왕의 한글 창제 정신은 수운 선생이 동학 천도교를 창도한 정신과 본질적으로 닮았다는 점을 알 수 있다.

수운 선생은 〈논학문〉에서, 제자들과 문답을 주고받는 장면에서 동학 창도의 의의를 다음과 같이 기록하였다.

"천령(天靈)이 선생(수운 최제우-필자주)께 내렸다고 하니 어찌 된 일입니까?"

"가고 다시 돌아오지 아니함이 없는 이치를 받았습니다."

"그러면 무슨 도(道)라고 부릅니까?"

"천도(天道)입니다." (중략)

"(서학과) 도는 같고, 운은 하나이지만, 이치는 같지 않습니다."

"받으신 바가 서학과 같은 천도라고 말하면, 선생의 도를 서학이라고 부릅니까?"

"그렇지 않습니다. 내(수운-필자주)가 또한 동에서 나서 동에서 받았으니 도는 천도이지만 학으로는 동학(東學)입니다. 땅이 엄연히 동과 서로 나뉘었는데 서를 어찌 동이라 이르며 동을 어찌 서라고 부르겠습니까. 공자는 노나라에 나시어 추나라에 도를 폈기 때문에 추로의 풍화가 이 세상에 전해 옵니다. 우리 도는 이 땅에서 받아 이 땅에서 폈으니, 어찌 서학이라고 부를 수 있겠습니까."

(번역+밑줄 : 필자)

이 장면은 '동학'이라는 이름의 유래를 보여주는 것으로, 수운은 동학을 창도한 근본 취지가 중국이나 서양과 다른 우리나라의 독창적인 신앙과 사상을 온전히 펼치는 데 있다고 굳이 말한다. 이는 〈훈민정음 어제서문〉의 "우리말이 중국의 문자(=한자)와 서로 통하지 아니하므로 새로 스물여덟 자를 만든다"라고 한 말의 근본정신과 상통한다.

세종대왕 당시는 우리나라와 중국을 대비하여 말씀하셨다면, 수운 선생은 중국에 대한 자주성은 물론이고, 그에 더하여 서세동점의 세계사적 조류 속에서 우리나라와 서양세계를 대비하여 말씀하신 것이다. 세종대왕 때는 중국이 세계 중심 국가였다면, 수운 당시는 서양세계가 세계의 패권을 주름잡고 있던 시대이므로 그 위상은 세종대왕 때의 중국과 매한가지다. 이런 점에서 세종대왕의 한글창제 정신은 그대로 수운의 동학창도 정신에서 재현된다는 것을 알 수 있다.

즉, 훈민정음 서문에 나타나는 세종대왕의 한글 창제의 근본 뜻은 단지 백성들이 일상생활에서 편하게 쓰도록 하는 실용성만이 목적이 아니다. 세종대왕이 처음 한글을 창제하고 반포한 이후 최만리라는 당대 최고의 학자를 비롯한 전국 유생들이 일제히 반대 상소문을 올리고 극렬하게 반대운동을 전개했다. 그들은 여러 가지 논리를 내세웠지만, 가장 중요한 것은 조선은 중국을 섬겨야 하는('事大') 나라인데, '문자'인 중국 한자를 쓰지 않고 독자적인 글자를 만들어서 쓴다는 것은 사대주의에 어긋나는 참람(僭濫)한 짓이라는 논리였다. 한마디로 사대사상에 찌들어 있었던 것이다. 그들이 반대하는 논리를 뒤집어보면 바로 세종대왕이 한글을 창제한 근본정신이 그대로 드러난다. 즉 세종대왕은 중국의 속국으로 치부되는 조선이 아니라 자주적인 나라, 중국보다 더 문화적으로 앞서가는 나라를 만들기 위한 출발점으로서 한글창제를 시도하였다.

이는 수운 선생이 동학 천도교를 창도하면서 '우리나라(東)에서 태어나서 우리나라에서 받았으니' '동학'이라고 해야 한다고 한 뜻에 그대로 이어진다. 또 〈안심가〉에서 "십이제국 다 버리고 아국운수 먼저 하네"라고 하시고 또 "한울님이 내 몸 내서 아국운수 보전하네"라고 하신 대목도 이런 맥락에서 이해한다. 그 밖에도 용담유사 곳곳에는 우리나라가 다시개벽, 후천개벽의 선도적인 국가가 된다는 것, 우리나라를 중심으로 세계사의 흐름을 조망하는 내용들이 곳곳에서 발견된다. 또 '우리 도'(동학)는 천도라는 점은 서학과 같지만, 우리나라에서 태어난 것이므로 동학이라고 불러야 한다고 말한 것도 바로 이러한 자주성과 독창성을 강조하는 의미이다. 한마디로 자주적이며 독창적인 관점에서 동학 천도교를 창도한 것이며, 그대로 한글 창제정신과도 통한다는 것을 알 수 있다.

　수운 선생의 이러한 시도에 대하여 당시의 유생들은 '동학배척통문'을 돌려서 동학이 '좌도난정'(左道亂正)의 사도(邪道)라고 주장하며, 수운을 사지로 내몰았다. 한글은 그 이후로 수백 년을 음지에서나마 그 역할을 다해와서 오늘에 이르렀고, 동학(천도교)도 겨우 160년 역사에서 파란만장한 간난신고를 겪고서 오늘에 이르러 구원의 도, 대안의 사상으로 조명받기 시작했다.

　동학 2대 교조 해월 최시형 선생 시대(재위: 1864-1898)의 일이지만, 우리나라에서 태어난 수운대신사의 저작에 '동경(東經)'이라고 하여 '경(經)'이라는 글자를 붙인 것 자체가, '유교의 나라' 조선에서는 있을 수 없는 일이었다. 경(經)이란 공자(孔子)와 같은 반열의 성인(聖人=유교적)의 저작 이외에서 붙일 수 없는 말이기 때문이다. 이런 면에서 동학은 우리나라가 중국의 '제후국'에서 벗어나 '자주 독립의 국가'임을 선언하는 명실상부한 독립선언이기도 하다. 이것이 또한 세종대왕의 한글창제의 숨은 뜻이기도 하다. 이 때문에 동학을 '자생적 근대화' '자주적 근대화'의 시발점으로 보는 것이며, '개벽파 선언'으로 보는 것이다.[9]

【버금정신: 천-지-인 간의 소통】

〈훈민정음 어제서문〉에서 볼 수 있는 바처럼, 세종대왕이 한글을 창제하면서 염두에 두었던 또 하나의 문제는 "말과 글이 서로 통해야 한다"는 것과 "사람들이 누구나 말하고자 하는 바를 쉽게 글로 써 낼 수 있어야 한다"는 것이다.

　대한민국의 교육열이 세계 최고 수준이라는 것은 어제 오늘의 일이 아니라는 것을 우리 모두 알고 있다. '이상과열'이라고도 할 이 교육열 때문에 오

---

[9]　조성환, 이병한 지음, 『개벽파선언 – 다른 백년 다시 개벽』, 모시는사람들, 2019 참조.

늘날 많은 사회적 문제가 발생하고 있기는 하지만, 이 교육열이 오늘날 우리나라가 세계 유수의 경제적, 문화적 선진국으로 성장한 근본 동력이라는 점도 또한 사실이다. 이 교육의 출발점에 바로 '한글'이 자리매김하고 있다. 오늘날 우리나라 사람들이 누구나 '입신양명'을 꿈꿀 수 있는 것은 누구나 쉽게 배워 익혀 쓸 수 있는 '한글'이 있기 때문이다. 이런 점에서 한글은 (한편에서는 여전히 '한자'로 상징되는 계층 차별의 벽이 도사리고 있지만) 우리 사회의 '평등화'에 크게 이바지하였다.[10]

이는 수운 선생이 동학을 창도한 이유가 첫째, 한울님과 인간이 서로 소통하고, 둘째, 인간과 인간이 서로 소통하며, 셋째, 인간과 세상만물이 소통하게 하려 한 점과 상통한다. 동학 천도교에의 한울님과 인간의 소통은 먼저 한울님이 "나(한울님)도 또한 개벽 이후 노이무공 하다가서 너(수운 최제우)를 만나 성공하니"라는 말에서 볼 수 있듯이 신중심주의도 아니며 인간중심주의도 아닌 천인상여(天人相與), 즉 한울님과 인간이 서로 더불어서 함께 뜻을 이루어간다는 정신에서 볼 수 있다. 인간과 인간의 소통이란 『해월신사법설』〈이천식천〉에서 보이듯이, 동질적 기화(同質的 氣化)의 원리 속에서 인오동포(人吾同胞), 다시 말해 세상 사람은 모두가 천지부모의 한 자식이라는 정신에 입각하여 동귀일체 하는 데서 볼 수 있다. 천도교인들이 서로를 동덕(同德)이라고 부르는 것도 바로 이 의미이다. 나아가 인간과 세상 만물 사이의 소통은 역시 〈이천식천〉에서 보이는 이질적 기화(異質的 氣化)의 원리 속에서 물오동포(物吾同胞), 다시 말해 이 세상 만물도 나와 마찬가지로 천지부모님이 낳아 놓은 형제자매라는 마음으로 살아가는 것을 말한다. 인간이 세상 만물과 소통하는 방법이 바로 경물(敬物)이라고 말할 수 있다.

---

[10] 제도적 차원에서의 교육기회의 보편화와 현실적 차원에서의 교육기회의 불평등 사이의 괴리는 한글 창제 이후의 조선사회나, 현대사회에서 있어서나 명백한 장애요소이다. 한글 창제가 이러한 괴리를 근본적으로나 현실적으로 충분히 해소한 것은 아니다. 동학 창도 이후의 역사 전개도 마찬가지다. 그러나 한글 보급과 동학 창도가 교육에의 접근성 강화, 나(인간)의 본질적 가치에 대한 자각을 확장시키고, 의식의 심화에 이바지함으로써 '革世, 開闢, 立身'의 상상력을 발휘하게 한 것은 '한글 창제' '동학 창도'의 분명한 공덕이라고 여긴다.

또한 한글의 자음과 모음 24글자 중에서도 근본이 되는 획은 세로 작대기, 즉 '이' 자(ㅣ)와 가로 작대기 '으' 자(ㅡ), 그리고 '아래아'라고 부르는 점(·), 이 세 개가 기본자이다. 여기서 아래아(·)는 하늘(天)을 의미하고 세로 작대기(ㅣ)는 사람(人)을 그리고 가로 작대기(ㅡ)는 땅(地)을 의미한다. 또는 우리말의 소리는 초성-중성-종성으로 구성된 것으로 보고, 초성(初聲)은 천, 중성(中聲)은 사람, 종성(終聲)은 땅을 의미한다고 설명하기도 한다. 초성은 소리가 처음 생겨나는 곳이므로 하늘을, 종성은 소리가 끝맺음을 하며 완성되므로 땅을, 중성은 하늘과 땅을 이어서 소리를 현실화하므로 사람을 의미한다는 것이다. 다시 말해 한글은 천지인이라고 하는 세 구성요소를 근간으로 하여 글자를 만들어 나간다. 그런데 천지인삼재 사상은 동학 천도교에서도 근본적인 출발점이 된다. 그래서 경천(敬天), 경인(敬人), 경물(敬物)이라고 하는 삼경(三敬)사상이 나오고, 천지부모사상이 나오며, "하늘과 땅 사이에 사람이 가장 신령한 존재"라는 말씀도 하게 되는 것이다. 이처럼 한글 창제와 동학 천도교 창도 사이에는 근원적인 유사성이 존재한다.

수운 선생의 이러한 정신은 해월 최시형 선생에게로 계승되어, 해월 선생은 교리 문답을 당시의 민중들에게 친숙한 일상적인 언어(우리말)와 일상어(口語)를 사용하여 진행하였으며, 특히 〈내칙〉과 〈내수도문〉을 우리말로 직접 저술하여 부인들이 널리 암송할 수 있도록 하였다.

의암 선생 시기(천도교 시대)에는 이러한 수운 선생과 해월 선생의 유훈을 근간으로 하고, 의암 손병희의 말씀을 받들어 다음과 같이 '언문(한글)' 보급에 힘쓸 것을 종령(宗令)으로 반포한다.

종령 제16호(제58호)
우리의 좋은 자격과 큰 권리는 한울이 일반에게 주신 바라 어찌 남녀의 분간이 있으리오. 그러나 우리나라 부인은 자격과 권리를 능히 지키지 못하여 좋은 사업을 이루지 못하니 어찌 한울의 근심하실 바 아니리오. 이는 학문을 연구치

아니한 연고라. 대개 학문은 도덕과 지혜를 얻는 근본이니 학문이 아니면 신사의

유훈과 성사의 말씀 기록한 것을 어찌 알리오. 신사의 유훈과 성사의 말씀은

우리로 하여금 한울의 주신 자격과 권리를 지키어 좋은 사업을 이루게 하심이라

어찌 힘쓰지 않으리오. 언문은 우리나라 글이라 배우기 쉽고 알기 쉬우니 우리

교가의 부인은 힘써 공부하여 신사의 유훈과 성사의 말씀을 잘 배워 도덕과

지혜를 넓혀 한울이 주신 우리의 자격과 권리를 잃지 말아 이 세상에 좋은

사업을 이룰지어다.

우는 현기사장 서리 윤구영을 자하야 전칙함.

포덕 오십일년(1910) 칠월 십륙일 / 천도교대도주(장)[ii] (밑줄 필자)

여기서 부인은 "자격과 권리를 능히 지키지 못하여 좋은 사업을 이루지 못"하는 경우가 많은데, 이는 "학문을 연구치 아니한 연고"라고 하시고, "학문은 도덕과 지혜를 얻는 근본"으로서 신사(해월 최시형)의 유훈과 성사(의암 손병희)의 말씀을 아는 것도 이 학문으로부터 말미암는 것이므로, 학문의 기초가 되는 언문, 즉 한글을 힘써 공부하라고 당부한다.

　이에 앞서 천도교에서는 1905년 전후부터 '교리강습소' 등에서도 한글 강좌를 계속하였고, 이 시기에 간행되는 많은 교서도 '한문본' 외에 '한글 번역본'을 내거나, '한글본'으로 간행되는 경우가 많았다. 또한 1910년에 창간된 『천도교회월보』도 처음 1년은 한문 위주로 간행되었으나, 1911년경부터는 '언문부'를 특설하여 한글판을 확장시켜 나갔고 1920년대 이후에는 거의 한글 중심으로 편집 간행함으로써 한글 보급과 교리 대중화에 이바지하였다. 1920년 이후 천도교청년회나 각 지방교구의 특별강좌에도 '조선어' 또는 '언문' 강좌는 빠지지 않은 학과목으로 설치 운영되어, 한글보급과 계몽에 이바지하였다.

[ii]　이동초 편저, 『천도교회종령존안(天道敎會 宗令存案)』, 모시는사람들, 2005, 163쪽.

【한글이 동학이고, 동학이 한글이다】

『천도교회월보』 129호(1921.5.15)에 실린 〈조선에서 독창적으로 발생한 두 가지 큰 물건〉이라는 글(권두논문)은 동학(천도교)와 한글의 관계를 최절정의 수준에서 비교한다. 글을 쓴 분은 '유재풍'으로 『천도교회월보』 발행인을 역임하고, 수십 편의 글을 게재하며 활발히 문필 활동을 했다.

유재풍이 '조선에서 독창적으로 발생한 두 가지 큰 물건'이라고 지칭한 것은 한 가지는 '조선글'(한글)이고 한 가지는 천도교이다. 이 글이 1921년의 글이라는 점을 보면, '조선글'이 조선에서 발생한, 세계적으로 독창적인 문자라는 의식은 대단히 선구적이라고 할 수 있다. 이때는 아직 앞서 말한 『훈민정음 해례본』이 발굴되기도 전이어서 한글을 '가갸글'이라고 하거나 '언문'이라고 부르는 게 일반적이었음에도, 한글의 가치와 특성을 애써 강조하였다는 점, 그리고 한글과 더불어 동학 천도교도 세계적으로 독창적인 사상이며 종교라고 대비해서 보았다는 점은 놀라운 통찰이라고 할 수 있다.

유재풍의 글은 첫 단락에서 이 우주 만물은 '성품'이라고도 부르고, '상제'라고도 부르고, '한울'이라고도 부르고, '이치'라고도 부르는 우주의 근원으로부터 생겨나는 것이라고 말한다. 이어서 이러한 만물 가운데 가장 신령한 것이 사람이고, 사람들이 각기 사는 곳과 혈통에 따라서 국가와 민족을 형성하게 되었다고 말한다. 그러므로 각 나라나 민족마다 독창적인 말과 사상이 있는 바, 한글은 우리 겨레의 정신을 그대로 담아 그대로 표현할 수 있는 글이며 천도교는 우리 민족의 독창적인 세계관과 우주관을 담아 그대로 실현한 종교사상이라는 점에서 그 가치가 동등하다고 말한다. 동학과 한글의 의의를 '우주 근원'으로부터 연역하여 국가와 민족에 이르는 원대(遠大)하고 장구(長久)한 지평에서 이해하고 설명하는 안목이 색다르다.

다음으로 이 글에서는 사람은 이렇게 생겨난 만물 가운데 가장 신령한 존재라는 것을 말하고, 이 사람이 각각 자기 사는 곳을 중심으로 국가라는 틀을 만들고 살아가게 되었는데, 그중에 아시아 대륙 동쪽 끝에 조선이라는 나라에서 조선말을 쓰는 민족이 생겨났음을 말한다. 그런데, (1921년 기준) 475년 전에 세종 임금이 이 땅의 사람들이 쓰는 말을 기준으로 하여 훈민정음을 지었는데, 이 글은 "글자는 간략하고 소리로만 배우면 금방 따라 쓸 수 있으며, 무엇보다 사람의 생각과 뜻을 소리로 발표하고 글로 기록함에 우리가 쓰는 말과 일치한 정신이 그대로 표현되는 특징을 가지고 있다"고 말한다.

> 이제로부터 사백칠십오년전 셰종죠(世宗朝) 대에 이 따의 소래를 의지하야
> 글을 지으시니 이것이 곳 언문이라. 텬연뎍으로 발하는 말을 긔록하는
> 특색의 글이오 독창뎍의 글이라 하노라. 그런 고로 뎡인지씨(鄭麟趾氏)가
> 훈민정음(訓民正音)의 서문을 지어 갈오대 텬디 자연의 소래가 있은즉 반닷이
> 텬디 자연의 글이 잇다 하였나니라. 이 글은 글자도 간략하고 음뿐으로 배오기도
> 쉽고 쓰기도 편리하야 사람의 생각과 뜻을 소래로 발표하고 글로 긔록함애 말과
> 글의 일치한 정신이 녁사의 참 면목과 습관의 실상 뜻을 가히 증거하겟도다.
> 아름답지 아니하며 문화의 가장 큰 것이 안인가.

다음으로 천도교에 대해서는 '땅에 따라서 나라가 다르고 민족이 다른 것처럼 그 민족에 고유한 독창적인 종교가 있게 마련'이라고 하면서, '우리나라, 우리 민족 고유의 독창성을 기반으로 한 종교가 천도교'라고 말한다. 그런데 우리 땅과 우리 민족은 수천 년 전부터 있었지만, 우리 민족 고유의 종교는 천도교가 생기기 전까지 없었던 것을 '수운대신사'(최제우)가 유불선을 아우르면서도 유교도 아니요 불교도 아니요, 선교도 아닌 독창적인 무극대도를 깨달아서 펴내게 되었다고 말한다.

> (조선에도 종교가 있었지만) 독창뎍은 아니다. 독창뎍이 아니면 남에게 비려온
> 것이다. 죠션의 민족이 아무리 젹고 디방이 아무리 좁다 할지라도 특별한 새

종교가 잇을 것이다. 과연인져. 유도불도 누쳔년에 운이 역시 다하엿던가.
반도강산 경쥬 구미산 아래에셔 수운대신사가 나섯더니라. 쳔셩산에 긔도하고
룡담졍에셔 수련하신 결과 무극대도를 깨달으시니 그의 참 리치는 사람이 곳
한울이라 한다. 이것이 죠션에 독창뎍이다. 아니 세계에 독창뎍이라 하겟다.
리치도 가장 놉고 목뎍도 가장 크지 안인가. 거룩하다 우리의 죵교여.

계속해서 우리에게 이러한 독창적인 한글과 독창적인 천도교가 있음에도 불구하고, 우리 민족은 오랫동안 우리글을 버리고 한자를 숭상해 왔고, 우리 천도교를 버리고 유도, 불도, 선도, 그리고 최근 들어서는 기독교라고 하는 외래 종교에 빠져서 살아왔다고 지적하고 지금부터라도 조선글을 살려서 쓰고, 조선에서 유래한 천도교를 신앙하자고 당부한다.

이 우에 말삼한 것과 한가지로 죠션에도 독창뎍 글이 잇지마는 예로부터 한문을
숭배하던 풍속이 고질이 되어서 (중략) 텬도교도 죠션에서 독창한 죵교이언마는
모든 사람이 남의 물건에 미혹하야 내 물건을 비방하며 싀긔하다가 두 분
스승의 엇던 참혹한 변을 당하엿는가. 지나간 일은 물론하고 죠션 독창뎍 글을
발뎐하고 독창뎍 죵교를 신앙할지어다. 우리 민죡이여!

이 글에서 특별하게 주목하는 점은 '독창적'이라는 표현이다. 이 독창성이야말로 오늘날 우리가 한류(韓流)라고 부르고, K-팝, K-드라마, K-영화라고 부르는, 전 세계서 수천만 명의 팬들이 열광하는 한국문화의 세계와의 근본적인 출발점, 샘의 근원, 나무의 뿌리가 된다는 점에서다. 즉 여기서 독창적이라는 말은 조선, 즉 한국을 최고로 여긴다는 말도 아니요, 우리나라에서만 통용될 수 있는 것이라는 뜻도 아니요, 우리 민족에서부터 시작하여 세계로 나아가서, 세상 사람들에게 이바지할 수 있는 문자요 사상이라는 의미를 담고 있다. 그리고 그 점에서 우리 조선, 대한민국에서 내세울 수 있는 유이한 독창적

인 물건이 바로 한글과 천도교라고 말하는 것이다. 동학-천도교는 "아국운수"를 "먼저 하"는 것일 뿐, 결국은 "십이제국(=온세상)의 괴질운수"를 "다시개벽"하는 것처럼, 한글창제와 동학창도는 모두 우리나라 사람만을 위한 것이 아니라 전 세계 사람을 위한 것이며, 사람만을 위한 것이 아니라 만물까지 위하는 것이며, 결국은 "나(=한울님)"를 위한 것이라는 점을 여기서 다시 생각하게 된다.

'한글과 동학'이 "우리나라에서 만들어진 유이(唯二)하게 독창적인 큰 물건"이라는 말은 100년 전의 말이지만, 지금도 유효한 말이다. 한글 즉 우리말을 표현하는 문자란 곧 우리 한국인의 생각을 담아내는 도구이다. 사람들은 생각을 먼저 하고 그것을 말이나 글로써 표현한다고 생각하기 쉽지만, 사실은 말이 있기 때문에 그 속에 생각을 담아낼 수 있다. 이것은 다수의 언어학자들이 제기하는 인간의 생각이 작동하는 본질적인 방식이다. 그런 점에서 우리말은 동학 천도교를 떠날 수 없고, 동학 천도교는 우리말을 떠날 수 없다고 말할수 있다. 우리말은 동학 천도교의 언어적 표현이요, 천도교는 우리말과 생각의 사상적, 종교적, 철학적 표현이라고 말할 수도 있다.

【한글과 동학은 우리 생명의 근원이다】

이 점을 실증한 사례가 또 있다. 몇 년 전에 이극로(1893-1978)라고 하는 한글학자가 1928년 5월 15일에 프랑스 소르본느 대학에서 육성으로 녹음한 자료가 발굴되었다. 이극로는 당시 32세의 언어학자로서 경남 의령 출신이다. 중국에서 9년간 머물다가, 이 녹음을 할 당시에는 독일에서 6년째 머물고 있던 중이었다. 프랑스 소르본느 대학에서 세계 각국의 언어를 수집(구술 아카이브)하는 과정에 한글도 그 대상이 된 것이다. 아니면 이극로 선생이 이 프로그램을 알고, 한글을 포함시키자고 주장했을 수도 있다. 이극로는 한국의 '남

동쪽'(오늘날 '영남지역') 지역의 방언을 사용한다는 기록도 남겨져 있다. 이 자료는 프랑스 국립도서관에 두 종류가 남아 있는데, 하나는 한글 자모 28글자의 소릿값을 설명한 것이고, 하나는 동학사상을 설명한 것이다. 이 자료는 "한국인이 한국어로 녹음한 것으로는 가장 오래된 자료"로서, 약 100년 전 한국인의 발음을 이해하는 아주 귀중한 국가적 자료이다. 다른 한편으로는, 현재까지 알려진 바로는, 동학-천도교가 서구사회에 소개된 최초의 사례, 일본과 중국 이외의 국가에 소개된 최초의 사례라는 사실도 중요하다. 또 이 내용을 소개한 이극로가 우리나라 최초의 한글(조선글) 대사전인 '조선말 큰사전' 편찬 책임자라는 점에서 그가 소개하는 내용의 의의는 예사로운 것이 아니라고 할 수 있다.

우리가 여기서 새삼스럽게 주목하게 되는 것은 그 자료의 양대 콘텐츠가 바로 '한글'과 '천도교(동학)' 사상이라는 것이다. 우연 치고는 참으로 오묘하다고 하지 않을 수 없다. 이 사실, 바로 한글과 동학-천도교가 한국인이 세계에 내세울 유이한 문화적, 사상적, 철학적 소재라는 것을 그때 이미 깨닫고 있었음을 말해준다는 점만은 분명하다.

우선 "조선 글씨와 조선 말소리"라는 내용은 "이제(현재=당시-필자주) 쓰는 조선 글씨는 조선 임금 세종이 서력 1443년에 대궐 안에 '정음궁'을 열고 여러 학자로 더불어 연구하신 끝에 온전히 과학적으로 새로 지으신 글씨인데, 서력 1446년에 반포케 되었습니다. 이 글씨는 홀소리 11자와 닿소리 17자로 모다(모두) 28자올시다"라는 말로 시작한다. 이어 각 닿소리와 홀소리의 소리를 하나하나 소개하고, 그 소리의 예를 단어를 통해 소개한다.

그리고 3분 분량으로 녹음된 천도교에 관한 내용은 다음과 같다.(녹음 내용을 원문 그대로 녹취함)

"천도교리. 사람을 한울님과 같이 섬길 일. 한울님은 천지만물 가운데 아니 있는 곳이 없습니다. 그리하여, 우리는 천지 만물이 한 몸인 것[物吾同胞-필자 주]을 알았습니다. 그리고 보면 천지만물을 내 몸과 같이 공경하는 동시에 우선 사람 자기의 동포를 하늘과 같이 알고[人吾同胞-필자주] 공경하기를 하늘같이 하여야 합니다.[敬人-필자주] 세상 사람들은 한울님을 공경할 줄을 알되[敬天] 사람은 공경할 줄을 알지 못합니다. 이것은 대단히 그릇된 생각입니다. 한울님이 다른 데 있지 아니하고, 사람의 마음속에 있을 바에는 사람을 바리고, 다시 어데서 한울님을 공경할 수 있겠습니까. 지금까지의 사람들은 한울님과 사람을 따로 떼어 보았는 고로, 한울님은 높다 하고 사람은 천하다 하였습니다. 그래서 사람 보기를 금수와 같이 하였습니다. 얼마나 까꾸로 된 생각입니까. 남양(南洋)에 있는 어떤 야만인들이 사람을 잡아서 귀신한테 제사 지내는 데가 있다는 말을 들었습니다. 이것이 사람은 천히 알고 귀신은 높게 아는 버릇에서 나온 것입니다. 소위 문명(文明)하였다는 우리들 중에도 아즉까지 이런 버릇을 깨지 못하고 사는 셈입니다. 역사를 보면, 종교전쟁이라는 것이 있습니다. 종교전쟁은, 네가 믿는 귀신이 옳으냐 내가 믿는 귀신이 옳으냐 하야 사람을 몰아 전쟁에 죽게 하든 것이올시다. 이것이 얼마나 못된 버릇입니까? 이것은 도대체 사람을 한울인 줄을 모르는 데서 나온 못된 행실입니다. 천도교는 이것을 배격한 것입니다. 사람을 높이고 사람을 공경하는 도가 천도교입니다."

오늘날의 관점에서 보아도 더 이상 깔끔할 수 없게 간소하면서도 천도교 사상의 핵심 요체를 잘 소개하고 있다. 특히 최근 문제가 된 '한울/하늘'과 관련하여 최소한 이 기록에는 '한울'이라는 발음이 명확하게 제시되고 있다는 점도 주목할 만하다.

  이 글을 통해서 알 수 있는 바는, 이극로는 세계 사람들에게 '한국적인 것'을 소개함에 있어서 '한글'과 '천도교' 이외에 다른 것은 모두 외래적 요소가 더 강하거나, 그 고유성을 오롯이 하기에 부적절하다고 판단한 것으로 보인다는 점이다. 물론 문화란 '오직 나만의 것'이란 존재하지 않고 상호 교류, 교섭, 교통하는 것이다. 그러므로 순수 무결한 우리 것이란 없다. 그러나 한편으로

46

'외부'를 받아들여 내부화하고 그것으로 몸을 이루며 살아가는 것이 '살아 있는' 모든 것의 활동이다. 우리 몸을 이루는 것은 모두 외부(음식, 공기 등)으로부터 온 것이지만(이를 동학의 언어로 하면 外有氣化라 한다), 사람들이 각자의 몸을 '내 몸'이라고 하는 것처럼 문화에도 '내 것'이 있게 마련이다. 사람이 외부로부터 온 것을 내 것으로 만드는 것이 곧 생명활동이며, 문화에서도 외부로부터 온 것을 '내(우리) 것'으로 만들어 주는 '생명의 근원'과도 같은 것은 있는 법이다. 위의 사례(유재풍의 글과 이극로의 구술)는 우리말(한글-훈민정음)과 우리 생각(동학 천도교)이 바로 우리(민족)의 생명의 근원이라는 점을 알려주는 것이다.

이극로는 조선어학회 연구자로서 1939년 1월 16에는 천도교중앙총부를 방문하여 그 전에 요청하여 조기간 등이 모아들인 "천도교전문술어" 받아서 돌아갔다. 이 시점이 오늘날 '한울' 등을 '천도교 고유용어'로 사전에 등재하게 된 시발점이 아닌가 추측된다. 조선어학회와 천도교의 관계는 그 외에도 간헐적으로 계속되었다. 천덕송 개정판 발행 작업에서도 천도교는 조선어학회의 도움을 받았다.

> 총부 교화관에서 천덕송 개정판을 발행하다. 1941년 9월 19일 천덕송 작곡자
> 현제명(玄濟明)을 청하여 시련(試鍊)한 후 9월 24일 원고를 조선어학회에서
> 한글로 교정하고, 10월 4일 천덕송 곡조 전부를 안기영(安基永)에게 시련(試鍊)
> 위임하여 11월 15일 천덕송 곡조 작함(作函)을 권영달(權寧達)에게 이임하였다.
> (〈총부일지〉 및 〈신인간〉)[12]

이처럼 동학(천도교)와 한글은 내용적으로나 그 발달사에서 긴밀한 상관관

---

[12] 개벽라키비움-동학천도교사전연구회 기획, 이동초 편저, 『동학천도교편년사(증보판)』(미간행, 모시는사람들), 509쪽 재인용.

계가 적지 않음을 알 수 있다. 한 걸음 더 나아가, 필자는 오늘날 한국의 대중음악이나 영화, 소설 등이 세계적으로 퍼져나가는 것은, 일정 정도 그것 자체로 동학 천도교가 퍼져나가는 것과 진배없다고 생각한다. 동학(천도교)과 한글 모두 '우리말과 우리 생각(사상)'의 뿌리가 된다는 점에서도 그러하고 그 역사적 인연의 측면에서도 그러하다. 혹은 오늘날 한류 문화가 세계적으로 퍼져 나가는 것은 머지않아 전개될, 동학 천도교의 세계화의 징후, 예비적 단계라고 이해해도 좋다.

다만 여기에는 한 가지 전제가 있다. 이때 말하는 천도교는 수운, 해월, 의암, 춘암(春菴 朴寅浩, 1855-1940) 선생이 도즉천도 학즉동학(道則天道 德則天德)이며, 도수천도 학즉동학(道雖天道 學卽東學)이라고 하고, 무극대도(無極大道) 받아내었다고 말씀하신 그 천도, 동학, 무극대도로서의 천도교라는 점이다. 이 무극대도로서의 천도교는 학(學)과 교(教)와 도(道)의 어느 하나에 갇히지도 않고, 그렇다고 어느 하나도 배제하지 않는 다즉일 일즉다(多卽一 一卽多)의 우주적인 원리로 분합(分合)을 무상하게 전개하는 것임을 알고, 거기에 순응하여 일동일정(一動一靜)을 경천명(敬天命) 순천리(順天理)로 일관하는 삶의 태도가 필수적이라는 것이다.

【다시개벽, 개벽파의 시대에 동학(천도교)와 한글】

해방 후 첫 '한글날' 그리고 10월 9일로 확정된 첫 번째 한글날 기념식(제499주년)이 천도교중앙대교당에서 개최되었다. 당시 신문기사(《경향신문》, 1946.10.9)에는 1만여 명이 참석하여 성황을 이루었다고 하였다. 그 밖에 여러 신문에서 예고, 또한 동정 기사로 이를 다루었다.

〈한글 記念式 擧行 : 十月九日 天道教堂에서〉

淸進町 朝鮮語學會에서는 檀君紀元四二七三(昭和十五年)(1940-필자주) 녀름에
새로 發見된 訓民正音 原本(解例本-필자주)에 依하여 한글 法을 十月九日에
始作함과 同時에 이 記念式을 慶雲町 天道敎會堂에서 擧行하기로 되었으며
入場은 招待券을 가진 사람에 限한다.
(《新朝鮮報》1945.10.5 〈2면〉, 밑줄 필자)

〈조선어학회 주관으로 제499회 한글날 기념식 거행〉
세종대왕께서 한글을 반포하신 지 499년만인 10월 9일을 기하여 이 민족적
기념일을 축하하기 위하여 朝鮮語學會에서는 오전 10시 반부터 시내
天道敎會堂에서 李克魯 사회로 '한글날'기념식이 거행되었다.(略) (《자유신문》
1945. 10. 10)

(略)먼저 태극기를 향하여 일동 경례를 하고 애국가를 합창한 후 張志暎이
나아가 삼가 '훈민정음'의 문으로 되어 있는 세종대왕의 칙어를 봉독하고
이어서 이극로로부터 "한글이 반포된 지 반천년 동안 한글의 발전은 험난한
가시밭길을 걸어 왔었다. 초기에는 대왕께서 만드시고 정치의 권리로서 이를
펼쳐 완성하였지만 중간에 침체되기 여러 번 겨우 그 명맥만을 보존하기에도
곤란한 적이 많았다. 최근 5,60년 동안에는 신교육의 발전이 있었으나 불행히도
언문박멸 정책아래 한글날이란 역사적 기념일을 잊지 않을 수 없게 되었다.
그러나 오늘은 새로운 광명에서 이 날을 기념하게 된 것은 다 같이 조선민족의
행복이요 감격이다. 한글의 생명은 오늘부터 새로운 약동을 시작하고 새로운
역사의 출발을 하는 것이다. 이 말이 글을 쓰는 조선 사람들이 이에 협력하여
갈 것을 거룩한 오늘 약속하기 바란다. 앞으로는 오로지 기쁨과 웃음이 있을
뿐이다."라는 뜻의 기념 식사를 하였다. 이어서 鄭寅承으로부터 '한글날'을
지켜 오게 된 유래를 말하고 내빈 축사에 들어가 權東鎭, 兪億兼과 일반 군중
가운데서 宋秉幾, 趙憲泳이가 차례로 등단하여, "조선 사람에게 조선말을

가르치지 못하고 한글을 가르치지 못해 온 설움의 날은 영원히 가고 이제는 이처럼 오래간만에 조선 사람끼리의 모임을 하니 우리도 살아 있는 보람을 느끼고 새로운 힘을 깨닫는다. 우리는 488년 전의 옛 어른에게 감사함을 올리는 동시에 우리 조선민족의 모진 폭풍우 속에서도 끊임없이 붙들어 주신 조선어학회 제 선생 어른들께 참으로 감사하여 마지않는다. 민족의 말은 정치로써 깨뜨릴 수는 없다. 그것은 天意를 반역하는 것이므로 반드시 천벌이 있는 법이다. 우리 귀여운 어린 것들이 어미에게서 배운 우리말을 못하고 부자연한 뜻에 없는 노래를 할 때 우리들의 번민은 얼마나 컸던가. 이제는 한글이 세계에 활갯짓할 날은 오고야 만 것이다." 하는 뜻의 축하의 말을 하자 말하는 자 듣는 군중은 모두 손수건으로 눈물을 씻으며 감격에 흐느끼는 극적 장면을 빚어내었다. 끝으로 우리 독립만세를 이극로의 선창으로 울음 섞인 목소리로 높여 힘차게 삼창하고 식을 마치었다. (《매일신보》, 1945.10.10)[13]

한글날은 1946년 제500주년 기념식전(덕수궁에서 개최)부터는 공휴일이 되었고, 이후 수차례 번복(국경일+휴일⇔일반기념일)을 거쳐, 2006년에 다시 국경일로 지정되어 오늘에 이르고 있다.

그러나 6.25를 거치며 남북 분단이 고착화되고, 대한민국이 서구 편향, 기독교 편향, 근대주의(개화파) 편향 사회로 고착화되어 가면서, 한글과 천도교 사이의 긴밀한 관계는 끊어지다시피 하였다. 그러는 사이에 한국은 세계 10대 경제대국으로 성장하였고, 문화적으로도 빈 구석을 메워가고 있다. 그러나 속내를 들여야 보면 토대는 허술하기 짝이 없다. 그것은 그전 일제 치하에서의 민족정신 말살책의 연장선상에서 지난 70여 년 동안 쇠잔해져 온 동학과 한글의 마음과 기운이 여전히 충분한 원기 회복을 하지 못하였기 때문이다.

다행한 것은, 지금 이 시점에서, 일찍이 수운 선생이 "이 세상 운수도 다 이

---

[13] 『자료대한민국사』 제1권 재인용(한국사데이터베이스).

도에 돌아온다"고 하신 것처럼 세상이 동학을 필요로 하고 한글이라는 이름으로 대표되는 한국의 문화에 열광하기 시작했다는 점이다.[14] 한글 즉 한류도 그러하고 동학 천도교도 그러하고, 지금까지보다 앞으로가 더욱 희망차고 크나큰 가능성의 세계로 열려 있다. 이것이야말로 '다시개벽'의 재생이며, '개벽파'의 부활의 계기이다. 그 계기를 오늘의 천도교, 오늘의 '동학하는 사람들'이 어떻게 현실화하고 살아가야 할지를 깨닫고 실천해 나가기를 간절히 기원한다.

박길수
◈ <다시개벽> 발행인이며, 도서출판 모시는사람들
대표이고, 개벽파, 개벽학의 플랫폼을 지향하는
<개벽라키비움>의 코디네이터이다. 개벽라키비움에는
'개벽강독회' '천도교회월보연구회' '해월문집편찬연구회'
'천도교철학용어사전연구회' '도담다담회' '인공지능연구회'
등의 특별위원회와 '방정환도서관' '개벽학연구간행실' 등의
기관이 포진해 있다. <다시개벽>이 '다시개벽'의 마중물이자
텃밭이 되며, 등대이자 항구가 되고, 마침내 만물이
조화롭게 피어나는 정원이 되기를 기도한다.

---

[14] 이처럼 '거시적인 관점'에서 보면 한글과 동학-천도교의 현재와 미래는 성운이 돌아오고 있지만, '미시적인 관점'에서 보면 외래어의 범람이라든지, 동학-천도교의 과거와 현재와 미래를 열어나가야 할 동학 진영의 기둥으로서의 천도교단의 현재 모습은 안타까운 것도 사실이다.

밀려나는 바다의 주인들과
함께 사는 법

장
수
진

남방큰돌고래로 보는,
해양동물들의 삶과 바다를 지키는
또 다른 방법, 생태법인

【1】

제주 서쪽 고산리는 제주도에서 드물게 낮고 평평한 평야 지대가 펼쳐진 지역이다. 1987년 이 지역에서는 지역 주민의 신고로 선사시대 유물로 보이는 토기와 찌르개, 석촉 등이 발견되었다. 확인 결과 고산리 유적에서 출토된 유물은 신석기 시대의 것으로 밝혀졌다. 우리나라 최초(最初), 최고(最古)의 신석기 시대 유적이자, 구석기 말기에서 신석기 시대로 넘어가는 과정을 보여주는 이 중요한 유적은 이미 약 1만여 년 전, 인간이 제주에서 생활하고 있었음을 보여준다. 그리고 그 이전, 이미 제주 바다를 제 집으로 삼고 있던 동물들이 있었다. 남방큰돌고래도 그들에 속한다.

우리나라에서는 제주에서만 발견되는 남방큰돌고래는 제주 연안, 주로 수심 30미터 이내의 해역에 서식하는 이빨고래류의 동물이다. 이들은 일반적으로 사람들이 '돌고래'를 떠올렸을 때 가장 흔히 연상하는 형태를 띠고 있다. 회색 몸뚱이는 최대 2.5-2.7미터까지 자라고, 몸무게는 250킬로그램에 달한다. 우리나라에는 제주에서만 발견되지만 아프리카, 중동, 동남아시아, 일본, 호주 등 인도양과 태평양의 연안 지역에 걸쳐 여러 개체군이 분포한다.

남방큰돌고래는 큰돌고래Tursiops속(屬)의 큰돌고래와 생김새가 매우 유사하다. 비슷한 형태, 비슷한 크기, 눈에 띄는 무늬가 없는 회색의 몸뚱어리까지, 바다에서 얼핏 보면 구별하기 어려울 정도로 유사하다. 외형상 큰돌고래는 남방큰돌고래에 비해 주둥이가 약간 짧고, 몸이 조금 더 두텁다. 남방큰돌고래는 나이가 들면 배 부분에 검은색 반점이 생기지만, 수면 아래에서 빠르게 지나가는 돌고래의 배 부분을 눈여겨보기는 쉽지 않다. 이런 이유로 제주 바다에서 발견되는 돌고래들은 2009년까지 줄곧 큰돌고래로 여겨지다 2009년이 되어서야 두개골의 형태학적 분석을 통해 남방큰돌고래임이 확인되었다[1].

큰돌고래와 남방큰돌고래는 외형은 유사하지만, 생태적으로는 조금 차이가 있다. 남방큰돌고래가 연안 해역에 머물러 생활하는 정주성 동물인 반면, 큰돌고래는 열대와 온대 해역 대부분의 바다를 서식지로 사용하며 남방큰돌고래와 달리 수심이 깊은 해역에서도 발견된다. 큰돌고래들은 상당히 먼 거리를 먹이를 따라 이동하며 살아가지만, 남방큰돌고래는 일정 해역을 벗어나지 않는다. 이 두 종은 약 100만 년에서 260만 년 전에 서로 다른 종으로 갈라져 나왔을 것으로 추정된다.[2] 인간을 포함한 많은 육상동물이 아프리카 지역에서 유래한 것과는 달리, 남방큰돌고래는 호주 지역에서 시작하여 아시아와 중동, 아프리카 방면으로 뻗어나간 것으로 추정된다.[3] 신나게 바다를 누비고 다녔을 이 두 종은 빙하기를 맞으며 해수면이 낮아지면서 서로 다른 처지에 놓인다. 65,000여 년 전 인도양과 태평양 사이의 연결이 끊어지고, 15,000여 년 전 마지막 빙하기에 빙하가 확장되었다. 먼 바다까지를 서식지로 활용하는 큰돌

[1] Kim, H. W., Choi, S. G., Kim, Z. G., An, Y. R., & Moon, D. Y. (2010). First record of the Indo-Pacific bottlenose dolphin, Tursiops aduncus, in Korean waters. Animal cells and systems, 14(3), 213-219.

[2] Moura, A. E., Shreves, K., Pilot, M., Andrews, K. R., Moore, D. M., Kishida, T., Möller, L., Natoli, A., Gaspari, S., McGowen, M. & Hoelzel, A. R. (2020). Phylogenomics of the genus Tursiops and closely related Delphininae reveals extensive reticulation among lineages and provides inference about eco-evolutionary drivers. Molecular phylogenetics and evolution, 146, 106756.

[3] Prasitwiset, W., Wongfu, C., Poommouang, A., Buddhachat, K., Brown, J. L., Chomdej, S., Kampuansai, J., Kaewmong, P., Kittiwattanawong, K., Nganvongpanit, K. & Piboon, P. (2022). Genetic Diversity and Maternal Lineage of Indo-Pacific Bottlenose Dolphin (Tursiops aduncus) in the Andaman Sea of Thailand. Diversity, 14(12), 1093.

고래는 범고래나 상어 같은 포식자가 감소하며 오히려 그 세력을 확장했으나, 남방큰돌고래는 연안 서식지가 줄어들며 개체수가 감소했다.[4] 그러나 그 수가 감소했을지언정, 당시 제주에는 남방큰돌고래가 들어와 살고 있었을 것으로 보인다. 인간이 제주에 발을 딛기 전부터, 제주 바다 주변의 최상위 포식자로서 자리 잡았을 것이다.

【2】

그러나 수만 년을 이 바다에서 살아왔을 이 터줏대감은 이제 그 설 자리를 조금씩 잃어가고 있는 것처럼 보인다. 연안이라는 공간이 인간이 활발하게 활동하는 영역이기 때문이다. 인간이 바다를 적극적으로 활용할수록, 이들은 조금씩 밀려난다. 상상해 보자. 조상 대대로 비슷한 방식으로 살아오던 사람들이 있다. 어느 날 옆 마을에 새로운 사람들이 이사를 왔다. 뭘 하는지 모르겠지만, 매일같이 뚝딱거리며 공사를 한다. 온종일 시끄러운 소리가 들려오고, 옆 마을에서 흘러나오는 오·폐수가 우리 집 마당을 지나간다. 온갖 쓰레기들이 날아들어 와 집 여기저기 널브러지는 게 예사다. 심지어는 이 동네에서 오래 산 사람들은 그간 어떻게 살아왔는지 궁금하다면서 옆 마을에서 온 사람들이 이 동네 식구들을 졸졸 따라다니며 구경한다. 항의했더니, 억울하면 법으로 따지거나 이사를 하란다. 다른 지역에 가서도 못 사는 건 아니지 않냐며. 기가 차서 말문이 막힐 노릇이다.

제주의 남방큰돌고래가 처한 상황도 이와 비슷하다. 이들의 삶의 방식은 과거에 비해 크게 달라지지 않았다. 그러나 인간이 바다를 이용하는 방식은

---

[4] Vijay, N., Park, C., Oh, J., Jin, S., Kern, E., Kim, H. W., Zhang, J. & Park, J. K. (2018). Population genomic analysis reveals contrasting demographic changes of two closely related dolphin species in the last glacial. Molecular Biology and Evolution, 35(8), 2026-2033.

급변했다. 인간은 물자를 수송하기 위해 큰 항구를 짓고, 경치 좋은 곳을 관광지로 개발한다. 섬에 살거나 섬을 방문한 사람들이 사용한 오·폐수나 쓰레기들이 바다로 흘러 들어간다. 제주 주변을 왕복하는 온갖 종류의 선박은 끝도 없이 늘어나고, 거대한 그물을 사용해서 물고기를 대량으로 잡아들인다. 돌고래 관광을 하는 사람들이 하루에도 십여 차례 돌고래를 구경하기 위해 배를 타고 돌고래들에게 접근한다. 이들을 어획물을 놓고 경쟁하는 대상으로 여겨 적대감을 느끼는 인간도 있다.

【3】

그런데 이런 문제들이 정말로 남방큰돌고래에게 피해를 입히는지, 얼마나 입히는지를 확인하는 것은 쉬운 일이 아니다. 오랜 시간 관찰과 조사가 필요한 일이기도 하다. 수중 생활을 하는 돌고래를 내내 따라다닐 수 없는 인간은 수면 위에서나 잠시 그들을 관찰한다. 잠수 장비를 메고 수중에서 돌고래를 만나거나 드론을 사용하기도 하지만, 그 경우에도 관찰할 수 있는 시간과 활동 공간은 한정적이다. 수중에서 대부분의 시간을 보내고 숨을 쉬러 수면 가까이 올라오는 그 잠깐의 순간에 확보할 수 있는 자료가 우리가 그들의 삶을, 변화하는 해양환경에 어떻게 적응하며 살아가는지를 잠시나마 볼 수 있는 순간이다. 그리고 그 순간을 오래도록 차곡차곡 쌓아가는 것만이, 한 지역에 사는 돌고래 개체군이 어떻게 살아가는지를 추정해 볼 수 있는 가장 전통적이고, 지금도 가장 많은 연구에서 쓰이는 방법이기도 하다.

어떤 개체들이 있는지, 언제 새로운 상처가 생기는지, 누가 누구와 함께 다니는지, 누가 언제 새끼를 낳는지, 어디에서 발견되는지, 발견되는 곳에서는 어떤 행동을 하며 얼마나 오랜 시간을 보내는지, 선박이 접근하면 행동이 어떻게 바뀌고, 평소에 어떤 소리를 내고 소음이 발생하면 소리를 어떻게 바꾸는지,

무엇을 먹고 무엇을 가지고 노는지는 흥미로운 연구 대상인 동시에 인간이 어떻게 이 생물과 함께 살 수 있을지 알려줄 정보원이기도 하다(물론 해석에는 시간이 필요하지만). 이런 자료를 모으고 분석하는 과정은 건조하고 객관적인 시선으로 연구 대상 종을 알아가는 시간이기도 하지만, 동시에 이 생물이 인간과 다를 바 없이 독립적이고 복잡한 개체라는 사실을 깨닫는 시간이기도 하다.

남방큰돌고래는 사회적인 동물이다. 제주에는 현재 약 110-120여 개체가 살고 있는데,[5] 이들은 언제나 다 함께 다니지는 않는다. 먹이를 먹을지, 휴식을 취할지, 새끼를 돌볼지 등 목적에 따라 무리의 구성은 끊임없이 변한다. 친분이나 혈연, 나이나 성별에 따라서 무리의 구성이 바뀌기도 한다. 많은 돌고래와 활발한 교류를 지속하는 개체가 있는가 하면, 가까운 관계를 유지하는 개체와 좀 더 밀도 높은 관계를 선호하는 개체도 있다. 먹이를 먹거나 짝짓기를 할 때, 놀이를 할 때는 서로 협력하지만, 협력관계가 틀어지면 이후 장기적으로 관계를 바꾸기도 한다. 가까운 개체가 죽으면 몇 시간에서 며칠에 걸쳐 그 주변을 떠나지 않고 애도하는 모습을 보이기도 한다. '남방큰돌고래'라는 단어를 '인간'으로 바꿔도 전혀 어색하지 않다.

그러나 이들은 인간과 다른 점이 있다. 환경이 이들의 삶에 적합하지 않게 변한다고 해서 인간처럼 살던 곳을 떠나서 다른 곳으로 쉬이 이사할 수 없다는 점이다. 연안 정착성 동물인 남방큰돌고래의 서식지는 앞서 언급한 것처럼 수심이 얕은 연안이다. 오래도록 이 지역에서 살아가도록 진화해 온 이들은 서식 환경이 적합하지 않게 변한다고 깊은 바다를 건너 다른 지역으로 이동하지는 않는다. 하룻밤 사이에 제주도 동쪽에서 서쪽까지 쉬이 이동할 정도로 이동 능력이 뛰어나고, 몇 미터나 되는 바다의 거친 파도도 미끄럼틀 타듯 타고 놀 수 있는 유연하고 강인한 몸을 지니고 있지만 오랫동안 연안에 적응하

5   Song, K. J. (2014). Status of Indo-Pacific Bottlenose Dolphins (Tursiops aduncus) around Jeju Island, Korea. Pacific Science, 68(4), 555-562.

며 얻은 생태적 특성을 단번에 벗어던질 수는 없는 것이다.

　남방큰돌고래의 수명은 약 40여 년이다. 어미가 12개월가량 품고 있다 낳은 새끼는 1년 반에서 2년 정도 젖을 먹으며 어미를 따라다닌다. 어미로부터 완전히 독립할 때까지는 2-6년 정도가 걸리는데, 이 기간에 새끼는 어미를 통해 독립해서 살아가는 데 필요한 다양한 정보를 습득한다. 여러 먹이를 어떻게 사냥하고 먹는지, 넓은 서식지 중 어떤 곳에서 어떤 먹이를 찾을 수 있는지를 배운다. 새끼를 가진 암컷들은 무리를 이루기도 하는데, 이 무리에서 만난 비슷한 나이의 어린 새끼들끼리 장난치고 노는 행동 또한 이후에 다른 돌고래와 어떻게 관계를 맺고 협력할지, 먹이를 어떻게 다루어야 할지와 관련되는 중요한 훈련 과정이기도 하다. 그리고 이러한 정보들은 이들이 살아온 이 지역에서는 의미가 있다. 다른 지역으로 이동하면, 찾을 수 있는 먹이의 종류도, 사냥하는 방법도 달라진다. 언제 어디로 가야 먹이를 찾고 다른 개체를 만날 수 있을지에 관해, 그간 익히고 배워 왔던 것들이 소용없어지는 것이다. 이런 이유로 동물들의 생존은 서식지와 분리해서 생각할 수 없다. 동물과 동물을 아우르고 있는 공간적 특징이 그 동물의 생존과 개체군의 지속가능성을 보장하는 것이다.

　그런데 그들이 적응해서 살고 있는 이 공간-연안해의 특성이 인간의 활동으로 인해 급격하게 변하고 있다. 인간이 바다로 흘려보내는 각종 오염물질이 바다를 황폐화하는가 하면, 기후변화로 인해 수온이 높아지면서 해양 환경이 급변하고 있는 것이다. 그 영향으로 오랜 시간에 걸쳐 유지되던 바다의 기초 생태계가 해조류부터 주요 어종에 이르기까지 전면적으로 변화하고 있다. 돌고래의 주요 먹이에 변화가 생길 수 있는 것이다. 연안에서 이루어지는 건설 활동은 이들이 기존에 사용하던 먹이터를 황무지로 만든다. 돌고래들은 과거에 활발하게 이용하던 먹이터 하나를 잃고 다른 먹이터를 이용해야 하는 것이다. 해양 소음이 증가하며 돌고래들이 내던 소리 또한 조금씩 바뀌고 있다. 돌고래들은 더 크고 단조로운 소리를 내어 의사소통한다. 그마저도 가까이에서 시끄러운 소리가 들리면 불가능하다. 선박이 가까이 접근하면 먹이를 먹거나 쉬다 말고 선박에서 멀어지는 회피 행동을 보인다. 그러나 선박이 없는 장소로 멀리 이동하기 보다는 크게 위협을 느끼지 않는 정도의 거리로 슬쩍 피하는 경우가 많다. 관광 선박은 이렇게 살짝 멀어진 돌고래를 가까이에서 보기 위해 또 접근하고, 돌고래는 다시 하던 행동을 멈추고 슬쩍 거리를 둔다. 이러한 변화들 각각의 영향은 개별적으로는 치명적이지 않을 수도 있다. 그러나 문제는 이러한 변화가 제주 곳곳에서, 쉼 없이 일어나고 있다는 점이다. 일시적이고 단발성으로 나타나는 것이 아니라 수년 이상 지속되는 것이다. 먹이터는 점점 줄어들고, 조각조각 나뉘어 좁아진다. 먹이를 먹거나 새끼를 돌보고 휴식을 하는 등 생존에 필수적인 행동들이 수시로 방해받는다. 잠시 봐서는 별것 아닌 것처럼 보이는 이런 부정적 영향들이 오랜 시간 누적되면, 어리고 약한 개체들부터 문제점을 드러낸다. 몸이 마르고, 질병에 취약해지며 사망률이 높아진다. 새끼의 출생률도 낮아진다.

그런데 이런 현상이 나타나기 시작했을 때는 이미 늦다. 40여 년의 수명, 한 번에 한 마리의 새끼를 낳아 기르는 해양 포유류는 인간과 유사한 점이 있다. 기후변화로 인해 여름에 더 덥고 겨울에 더 춥다고, 꽃이 좀 더 빨리 피거나 벌레가 예상치 못한 시점에 대량 발생한다고, 미세먼지가 좀 더 많아지거나 미세플라스틱을 좀 더 섭취한다 해서 인간이 당장 목숨에 위협을 느낄 만큼 심각한 문제에 직면하지는 않는다. 그러나 어느 시점에는 인간의 생존 조건은 벼랑 끝에 내몰리거나, 그 정도가 아니더라도 특정 질병에 좀 더 취약해지거나 체내에 농축된 화학물질로 인한 문제가 생길 수도 있다. 그렇다고 그 원인을 하나로 특정할 수 있는 것도 아니다. 수많은 인명을 살상한 가습기 살균제나 화학 공장에서의 부작용을 확인하기 위해 우리는 얼마나 오랫동안 어려움을 겪어야 했는가. 비슷한 상황을 바다의 돌고래에서 확인하기란 더욱 어려운 일이다. 그러다 보니 이미 문제가 외부로 뚜렷하게 드러난 시점에는 수습하기보다 더 악화하는 것을 막는 것만도 쉽지 않은 것이다.

【4】

미디어에서 야생동물보전 문제를 다룰 때마다 대체로 해당 동물이 인간에게 얼마나 도움이 되는지, 왜 우리가 이들을 보호해야 하는지 그 이유를 찾는다. 돌고래는 해양 환경이 어떻게 변화하고 있고, 그 변화가 인간에게 어떤 영향을 미칠지를 미리 보여주는 지표종이다. 또한 상위포식자로서 생태계를 건강하게 유지시켜 주는 역할을 한다. 바다의 물질 순환에도 기여한다. 그런데 우리는 꼭 이런 이유가 있어야만 돌고래를 보전하기 위해 움직일 수 있는 것일까? 돌고래 생존이 위협을 받게 된 것은 사실 거의 전적으로 인간 활동의 결과이다. 우리는 이들의 안정적인 생존을 오래도록 위협해 왔고, 여전히 위협하고 있는 존재로서 그에 대해 책임을 져야 하는 것이 아닐까?

'생태법인' 개념은 이런 고민과 맞닿아 있다. 생태법인은 인간중심적인 시각에서 자연의 구성요소를 인간이 활용할 수 있는 대상으로 취급하는 것이 아니라, 인간이 아닌 자연환경이나 동식물에도 법적 권리를 부여함으로써 자연물 또한 그 내재적 가치를 스스로 보전할 수 있도록 하자는 것이다. 인간이 아닌 자연물, 즉 비인간 존재를 법적으로 인간과 동등한 주체로 인정하고, 좀 더 실질적인 차원에서 비인간 존재의 생존과 생활을 보장하는 개념이다.

국내에서는 2020년부터 남방큰돌고래를 대상으로 생태법인 제도를 도입하자는 주장이 처음 제기되어 제주도 차원에서 논의가 이루어지기 시작했다. 하지만, 전 세계적으로 볼 때 이는 한발 늦은 주장이다. 에콰도르에서는 2008년 새로운 헌법을 제정할 때 지속가능한, 더 좋은 삶을 위해 '자연의 권리'를 명문화하는 시도를 했고 이는 인간과 자연의 조화를 위한 최초의 법적 시도이기도 하다.

뉴질랜드에서는 2017년 마우리족의 터전인 '황거누이 강'에 법인격을 부여했고, 스페인에서는 2022년 '석호'에 법적 지위를 부여한 바 있다. 남방큰돌고래의 경우 생태법인으로 인정된다면 하루 일과를 과도하게 방해하는 관광

행위가 발생했을 때, 또는 풍력발전기 등 해상에 설치되는 재생에너지 설비가 서식지를 파괴했을 때와 같이 실질적 피해를 입을 상황이 발생했을 때, 그에 대한 손해 배상을 청구할 수 있는 것이다. 생태법인 개념은 개발 등으로 자연에 훼손이 발생할 때 기존과 같은 경제성 논리를 앞세우지 않는다. 인간의 이익과 편의를 위해 자연물에 부담을 지우기보다는 자연 요소들을 유지하고 생태계 내의 구성요소들 각각의 다양성과 고유성을 유지하는 것에 가치를 부여하자는 것이다. 다만 자연물이 직접 소송을 걸거나 항의를 하는 등 침해된 권리에 대해 스스로 구제를 요청할 수 없는 만큼, 자연물이 처한 상황을 지속적으로 파악하고 공익적인 관점에서 그들의 권리를 대변할 대리인 또는 후원자가 필요하다.

이런 점에서 생태법인을 제도적으로 실현하기까지는 아직도 넘어야 할 산이 많다. 제대로 제도화되고 법률적으로 기능하기 위해서는 권리의 범주를 결정하는 과정에서 이해관계자를 비롯하여 광범위한 사회구성원의 합의가 필요할 것이다. 생태법인 대상의 평가는 어떻게 수행되는 것이 좋으며 어떤 대리인을 내세워야 할지도 고민 지점이다. 지속적인 관리와 파악이 필요하지만, 특정 단체나 기관이 이를 진행하는 것이 좋을지, 정치 논리에 좌우되지 않는 독립적 기구를 만들어 이를 실행할지에 관해서도 논의가 필요하다

그럼에도 이러한 논의가 진행되고 확장되는 것만으로도 자연 보전의 의미와 가치를 다시 생각해 볼 수 있게 된다. 그렇게 해서 인간적 관점의 경제적 논리나 감성적 접근이 아닌, 피해를 입는 자연의 입장에서 좀 더 실질적으로, 장기적으로 유효한 보전이 가능하게 된다. 모쪼록 남방큰돌고래를 대상으로 시작된 이 생태법인 논의가 더 많은 생물과 자연으로 확장될 수 있기를 바란다.

장수진

◈ 연구를 중심으로 보전 및 과학문화 확산
활동을 하고 있는 해양동물연구단체인
해양동물생태보전연구소(Marine Animal Research and
Conservation, MARC) 창립자이자 대표이다
◈ 해양포유류와 바다거북을 연구하며 얻은 학술적 지식을
해양동물보전에 활용하고자 힘쓰고 있다 ◈ MARC를
통해 연구 및 캠페인, 시민참여과학 등 다양한 활동을
전개하고 있다 ◈ MARC는 그 활동을 바탕으로 2020년
10월 해양보호생물 보호·보전 유공장관 표창을 수상했다
◈ 『저희, 곰새기』(아이들은 자연이다)의 저자이자
『생명의 기억』(반니)의 역자이기도 하다

제주 바다, 기후위기의 징후들 　　윤상훈

【들어가며 : 기후위기의 '맨 앞' 제주도】

한반도 기후위기의 징후는 한라산과 제주 바다에 가장 먼저 감지된다. 한라산 등산로인 성판악이나 영실 코스를 따라 올라보라. 성판악 진달래 대피소를 지나 1,100미터 고지 이상으로 오르면 한라산의 대표적 고산 침엽수인 구상나무 군락지를 만날 수 있다. 한라산 남벽을 마주하는 영실 코스로 윗세오름으로 가는 길도 마찬가지다. 그런데 이곳의 구상나무는 껍질이 벗겨져 속살이 드러나고 큰 가지는 뚝뚝 부러져 있고 아예 뿌리째 뽑힌 나무도 보인다. '살아 천 년, 죽어 천 년' 산다는 멋있는 고목이 아니다. 한라산부터 지리산, 덕유산, 태백산, 설악산의 백두대간 한대성 고산 침엽수가 일시에 멸종의 길로 접어들었다. 구상나무뿐 아니라 분비나무, 가문비나무의 집단 멸종도 감지되고 있다. 무엇 때문일까. 논란의 여지없는, 전 지구적인 기후변화가 불러온 한반도 기온상승과 이상기후 때문이다.

　제주지방기상청은 기상, 기후 전문가들이 모여 합의한 제주 지역 기후변화의 사례로 다음 몇 가지를 발표하였다. 첫째, 해수면 상승인데, 최근 100년간 전 지구적으로는 10-25센티미터 상승한 데 비해 제주의 해수면은 1970년에서 2007년까지 지난 38년 동안 22.6센티미터 상승했다. 제주의 해수면 상승은 전 지구뿐 아니라 우리나라의 남해(3.2mm/년), 동해(2.2mm/년), 서해(1.3mm/년)에 비해서도 5.7mm/년으로 상당히 빠르다. 둘째, 한라산 생태변화인데, 한라산의 한대성 구상나무숲이 사라지고 소나무 등 온대 수종 침엽수는 한라산 1,400미터 고지까지 수직 이동하였다. 셋째, 해양생태계 변화인데, 열대지방 어종 출현, 열대 독성 해파리 발생, 갯녹음 현상 발생 등은 기후변화의 영향이라고 확인하였다. 넷째, 농업 과수의 북상과 열대작물 재배인데, 감귤, 한라봉 등 과수류의 재배지는 북상하였고 패션프룻과 애플망고 등 아열대, 열대작물의 재배는 확대되었다.

기후변화에 따른 온도 상승과 수온 상승은 자연발생적 현상이 아니다. 최근의 기후변화는 지금까지 인간과 자연이 경험하지 못한 방향으로 치닫는데, 이는 위기 징후를 넘어 재난과 멸종의 현실화로 향하고 있다. 아래 기술할 내용은 제주 바다에서 확인되는 기후위기의 징후에 관한 이야기다. 지난 1년 동안, 제주 바다와 관련한 기후위기 증인들을 직접 만나고 기록하였다. 제주 서귀포 어촌계 선장, 해조류나 서민생활사 연구자, 자연 다큐멘터리 감독, 물고기를 기록하는 다이버, 생태예술가, 국립수산과학원과 한국해양과학기술원과 국립해양생물자원관 등 해양 관련 연구자, 제주지방기상청 기후변화 담당자, 해양 NGO 활동가를 만났다. 녹색연합 활동가들이 발로 뛰고 만나고 기록한 내용이며, 공기통을 메고 서귀포 바닷속에 직접 들어가 사진과 영상을 찍었다.

제주도, 특히 서귀포 남쪽 바다는 태평양으로 향하는 최일선이다. 남태평양 쿠로시로 난류가 가장 먼저 닿는 지역이며 기후변화에 따른 수온 상승의 영향을 가장 먼저 받는다. 육상과 대륙의 관점에서 보면 제주도는 변방 중에서도 변방이지만, 해양과 태평양 그리고 기후위기의 관점에서 보자면 제주도는 혁명적 변화를 겪는 기후위기의 '맨 앞'이다. 제주 바다의 기후위기 징후는 어떤 방식으로 나타날까.

【봄·여름·가을 뿐. 겨울이 사라진 제주도】

제주지방기상청이 보도한 2022년 '제주의 기상'은 매번 역대급이었다. 지난해 8월 10일 제주 일최고기온은 37.5℃를 기록했는데 제주 기상관측 100년 역사 중 가장 높은 온도였다. 2022년의 평균기온, 평균 최고기온, 평균 최저기온은 모두 역대 1위였다. 평년보다 비가 적게 내려 건조했고, 때 이른 폭염과 열대야 일수는 역대 최고였다. 제주의 기상과 기후는 매년 '역대급'을 갱신하는 것이 일상이 되었다. 이 글을 쓰는 2023년 4월 18일, 지금 제주에는 초속 20미터가 넘는 태풍급 강풍이 불고 있다. 특히 이날 낮, 조천읍 대흘리에서 측정된 31.2℃는 100년 기상 관측 역사를 통틀어 가장 높은 4월 낮 최고기온이다. 이러한 이상 고온 현상은 비단 2022년과 2023년 만의 일이 아니다.

　제주도 기후변화 현황을 보면, 과거 10년 대비 최근 10년 동안 연평균 기온은 1.9℃ 상승하였다. 최고기온은 1.3℃, 최저기온은 2.4℃ 올랐고, 모든 월에서 기온이 상승하였다. 강수 강도는 0.23mm/일로 증가 추세이다. 열대야 일수 18.7일, 폭염 일수 5.4일 등 고온 극한지수는 증가하고 서리 일수 6.8일, 결빙 일수 7.3일로 저온 극한지수는 감소 추세이다. 특히 과거 30년 대비 최근 30년에서 여름은 23일이나 길어졌는데, 겨울은 없어졌다. 겨울은 천문학적 관점에서 동지부터 춘분까지의 시기를 말한다. 기후학적으로는 1일 평균기온이 5℃ 이하인 날이 9일 이상 지속되는 첫 번째 날을 겨울의 시작으로 정의한다. 과거 30년 45일이었던 제주의 겨울은 최근 30년 0일로 완전히 사라진 것이다.

　제주도 육상의 기후는 온대를 넘어 아열대 기후대로 진입하였다. 한라산의 한대성 구상나무가 고사하는 것도 겨울이 없는 제주에서 살아남기 어려웠기 때문이다. 아열대 기후는 연평균 기온이 18℃ 이하이면서 연중 8-12개월의 월평균 기온이 10℃ 이상인 기후대이다. 지금 여기, 제주도는 봄·여름·가을·겨울의 4계절이 뚜렷한 온대 기후가 아니라, 아열대 기후대에 들어섰다. 그렇다면 제주 바다는 어떨까. 물질을 갓 마친 제주 해녀를 만났는데, '낭떠러지 같은 변화'를 겪고 있다며 긴 한숨을 내쉬었다.

【일본 오키나와 같은 해양환경이 될 것】

2022년 제주도 표층수온 일 최곳값은 8월 7일 마라도와 8월 15일 서귀포에서 기록된 30.0℃이었다. 당시, 8월 평균수온은 제주시 용담 28.9℃, 조천읍 김녕 28.2℃, 우도면 27.6℃, 성산읍 신산 27.5℃, 서귀포 중문 26.6℃, 대정읍 가파도 28.1℃, 대정읍 영락 27.8℃, 한림읍 협재 28.4℃로 확인되었다. 2010년 전후, 제주도 주요 측정지점의 8월 평균수온은 대략 22-24℃ 전후였다. 최근 10년 동안, 제주 바다의 수온이 가마솥처럼 들끓고 있는 것이다. 국립해양조사원 수온 통계자료를 참고해 가파도 평균수온을 살펴보니, 2018년 24.9℃, 2019년 25.4℃, 2020년 26.1℃, 2021년 27.9℃, 2022년 28.1℃로 4년 동안 3℃ 이상 올랐다.

　　제주 바다의 고수온 현상은 2010년 이후 뚜렷이 나타나는데, 최근 기후변화에 따라 아열대 해역의 열을 수송하는 대마난류의 세기가 유난히 강해졌기 때문이다. 대마난류의 주축이 흐르는 남해와 동해남부, 제주도 해역은 평년에 비해 높은 수온을 유지하고 있다. 국립수산과학원의 전망에 따르면, "기후변화에 따라 우리나라 해역은 1968년에서 2021년까지 지난 54년간 약 1.35℃ 수온이 상승하여 해양 온난화가 심화하고 있으며, 이상 수온이 빈번하게 발생하고, 독성 해파리 및 아열대성 어종의 출현이 증가하며, 패류 독소의 출현 시기가 앞당겨지고 있는 것으로 확인되었다." 현재와 같은 추세라면, 우리나라 연근해 수온은 현재 대비 2050년경 약 1-2℃, 2100년경 약 2-4℃ 상승할 것이며, 제주 주변은 오키나와와 같은 해양환경이 될 것이다.

　　2022년 제주 북부 도두항의 난대성 수산물인 한치와 갈치 조업선은 2021년보다 20일이나 일찍 바다로 나갔다. 조업선의 어군 탐지기에는 고등어, 전

갱이, 한치, 갈치 등 난대성 어종이 가득 찍혔다고 한다. 동해 전역에 명태는 사라지고 고등어와 참다랑어 어장이 새롭게 형성되고 있다. 자리물회, 자리강회로 쓰이는 제주 자리돔은 울릉도와 독도로 서식 범위를 넓힌다. 마라도 특산 '겨울 방어'는 가파도와 마라도 물골에서보다 동해안 울진 앞 왕돌초 주변의 어획량이 더 많다. 작년에는 제주 주변 해역에서 참다랑어 어린 물고기가 처음으로 발견되었다. 제주 바다가 참다랑어의 산란장 및 생육장으로 될 정도로 아열대화된 것이다.

【마라도 미역 실종사건, 딱 1개체만 봤다】

천연기념물 제421호로 지정된 서귀포 문섬은 본섬과 새끼섬으로 이뤄졌는데, 그 사이 수심 15미터 전후의 골짜기 지형에는 예전부터 모자반숲, 제주 말로 '물망'이 가득한 곳이다. 현지 다이버가 2017년 촬영한 영상을 보면, 가을부터 이듬해 봄까지 잘 자란 모자반은 15미터 바닥부터 수면까지 쭉쭉 뻗어 있었다. 그런데 문섬 모자반이 어느 날 갑자기 사라졌다. 작년과 올해 같은 시기, 같은 지점을 촬영한 영상은 참담했다. 모자반숲은 찾을 수 없었고, 그나마 한두 가닥 있던 모자반도 생육을 멈춘 모습이었다. 문섬과 범섬은 제주도 본섬에 비해 농약, 비료, 분뇨, 계면활성제 등 육상오염원의 영향을 덜 받는 곳이다. 문섬 모자반 실종사건의 첫 번째 범인으로 기후변화에 의한 수온 상승이 지목되었다. 모자반 실종사건이 일어나던 바로 그 시기에, 대한민국 최남단 마라도 미역이 일시에 사라졌는데, 제주대학교 해조류 연구자는 다음과 같이 증언하였다.

　　2018년도에 멸종위기 해조류를 찾으러 마라도에 갔을 때를 기억해요. 그때
　　조간대에 톳이 많았지요. 그런데 2020년도에 같은 자리에 다시 들어갔는데

톳이 갑자기 없어졌더라고요. … 미역도 마찬가지입니다. 확실히 말할 수 있는 한 가지는, 마라도에서 미역이 사라진 것은 기후변화 때문입니다. 미역은 겨울에 싹이 나고 봄에 자라나 미역귀에서 포자를 만들어서 뿌려요. 그러면 그 포자가 바위에 붙어서 가느다란 실, 현미경으로 볼 수 있는 크기의 사상체(絲狀體)를 형성해 여름, 가을을 나죠. 가을이 지나 알, 정자를 만들어 수정하면 다시 미역이 됩니다. 그런데 이 사상체가 25℃ 이상의 고수온에 장기간 노출되면 죽어 버려요. 서귀포 수온 자료를 찾아보니 2020년 며칠 동안 26-27℃ 고수온이 유지되었더라고요. 한참 사상체들이 세포 분열을 하며 알을 만들어야 할 시기인데 그러지 못했어요. 저도 이번 겨울에 마라도 미역을 딱 1개체만 봤어요.

만 3년 만에 톳, 미역이 마라도에서 사라진 것은 매우 이례적이다. 2017년과 2018년 사이에 8월 평균수온은 25℃ 이상으로 올랐고, 이 시기에 해조류 실종사건이 서귀포 전역으로 확산한 것으로 추정된다. 제주 바다의 수온이 비정상적으로 오르면서 제주 조하대를 형성했던 미역, 감태와 같은 대형 갈조류는 점차 사라지고 그 자리에 고수온에 강한 소형 홍조류가 자리를 차지하고 있다. 서귀포 범섬 본섬에는 소형 홍조류의 일종인 집게가지가 감태 서식지를 대체하고 있다. 이러한 현상이 기후변화의 영향인지는 구체적인 정밀 조사를 통해 밝힐 일이다. 최근에 만나본 가파도 어촌계장의 말에 따르면, 가파도에 일본 오키나와 특산물인 바다포도인 '우미부도'가 발견되었다고 한다. 톳 대신에 바다포도를 채취할 날도 머지않은 듯하다.

【제주 조간대 전체가 갯녹음 '심각'】

기후변화가 초래한, 제주 바다의 최대 위기는 갯녹음 현상이다. 갯녹음이란 얕은 바닷가를 의미하는 '갯'과 해조류가 죽거나 유실되는 현상인 '녹음'이 더해진 순우리말 표현이다. 기후변화, 과도한 개발과 오염, 해조류를 먹는 조식동물의 증가 등으로 연안 암반에 사는 미역, 감태, 모자반 등 대형 해조류가 사라지고 탄산칼슘이 많은 석회조류 중 가지가 없는 '무절석회조류'가 암반을 뒤덮어 분홍색이나 흰색으로 보이는 현상이다. 무절석회조류는 살아 있을 때는 분홍색을 띠지만, 죽고 나면 흰색으로 보이므로 갯녹음을 '백화현상'이라고도 부른다. 연안 해양생물의 먹이, 산란장, 은신처인 해조류 군집이 사라지면 해양생물도 살 수 없어 자취를 감추기에 '바다 사막화' 현상이라는 표현도 사용한다.

한국수산자원공단의 조사에 따르면, 제주 조하대 기준 갯녹음 발생 면적은 1998년 20.2%에서 2019년 33.3%로 확산하였다. 제주도 해역 1만 5,323.8ha의 33.3%인 5,102.9ha에서 갯녹음이 발생했고, 연안 어장이 황폐해진 것이다. 녹색연합은 2021년에 제주 연안 조간대 전체인 97개 해안마을의 200곳 조사지점에서 갯녹음을 직접 조사했는데, 결과는 충격적이었다. 전체 조사지점 200곳 중 갯녹음이 확인된 지점은 198곳이었고, 제주도 97개 해안마을 전체 조간대 암반 지대에 갯녹음이 폭넓게 확인된 것이다. 조간대 암반을 뒤덮은 석회조류는 대부분 조사지역에서 하얗게 죽은 상태였다. 해조류 전문가에 따르면, "갯녹음 현상이 발생하면 5미터 이내 수심에서 미역, 모자반 등 해조류가 먼저 사라지고, 연이어 수심 5-10미터 이하의 감태, 다시마 등 대형 갈조류가, 마지막에 조간대의 톳 등이 사라지는 경향"이 있다고 한다. 갯녹음 현상이 조간대 암반 지대로까지 확산한 것은 갯녹음 심각 단계, 말기 징후이다.

제주의 조간대와 얕은 바다는 해양 생명의 터전이다. 제주 해녀는 대부분 제주 바다의 조간대와 조하대 5미터 이내의 얕은 바다에서 물질을 하며 톳, 모자반, 우뭇가사리를 캐고 소라, 전복을 잡는다. 녹색연합의 조간대 조사에서 해조류가 발견된 지점은 200곳 중 30곳이며, 97개 해안마을 중 18곳에 불과했다. 특히 서귀포시 권역은 안덕면 사계리에서 유일하게 조간대 해조류가 발견되었다. 제주도 조간대는 해조류 '멸종 단계'로 진입한 상황이었다. 익명의 한 해양 연구자는 "제주 바다 조간대는 생태적 회복력을 완전히 상실한 상태, 즉 생태적 임계점을 넘었다"고 말한다. 제주 바다 갯녹음의 가장 결정적인 원인은 기후변화에 의한 수온 상승과 육상 오염원의 연안 유입으로 볼 수 있다. 특히 서귀포 권역의 갯녹음이 크게 확산한 것은 기후변화의 영향이 분명해 보인다.

국회 농림축산식품해양수산위원회 위성곤 의원이 통계청으로부터 제출받은 자료에 따르면 제주도의 우뭇가사리 생산량은 2011년 4,830톤에서 지난해 350톤으로 89.8퍼센트 급감했다. 미역류는 2011년 205톤에서 2022년 59톤으로 65퍼센트, 모자반류는 2011년 260톤에서 2022년 13톤으로 95퍼센트, 톳은 2011년 1,518톤에서 2022년 29톤으로 무려 98.1퍼센트나 줄었다. 제주 해녀는 '바다 숲이 사라져 소라, 전복잡이도 내 세대가 마지막'이라고 증언하였다. 아마도 제주도의 멸종위기 제1호는 제주 바다와 더불어 제주 해녀가 될 듯하다.

【천연기념물 '연산호'의 위기 상황】

연산호는 영어로 'soft coral'로 석회질의 딱딱한 집이 없는 몸통이 부드러운 산호이다. 제주 바다의 대표적인 연산호는 분홍바다맨드라미, 큰수지맨드라미, 밤수지맨드라미, 자색수지맨드라미, 가시수지맨드라미 등을 꼽을 수 있다. 아시아태평양 지역의 주요 산호 군락지가 돌산호 중심의 경산호, 즉 'hard coral'인 데 반해서 서귀포 문섬과 범섬 등 제주 남부 연안은 경산호보다 연산호 군락지가 독보적이다. 연산호는 제주도 해양생태계 보전의 깃대종이라 할 수 있다. 이에 따라 문화재청은 2004년에 제주 남단의 92,640,149제곱미터에 해당하는 광범위한 연산호 서식지를 천연기념물 제442호 '제주연안연산호

ⓒ녹색연합

군락'으로 지정하였다. 섶섬, 문섬, 범섬 등 서귀포 해역과 형제섬 일대의 송악산 해역 등 제주 남쪽 바다 대부분을 연산호 보호를 위한 해양보호구역으로 지정한 셈이다.

최근 바닷속에서 확인한 것은 제주 바다의 천연기념물인 연산호 생태계가 기후변화에 따라 빠르게 변하고 있었다는 사실이다. 필자는 서귀포 범섬과 문섬 바닷속에서 빛단풍돌산호가 연산호의 바위 부착 부분을 파고들며 서식지를 침범하는 상황을 상당수 확인하기도 했다. 지금까지의 제주 바다 산호 생태계는 연산호와 경산호가 공존하는 방식인데, 차츰 경산호가 서식 범위를 넓히고 있는 것이다. 거품돌산호, 빛단풍돌산호, 그물코돌산호, 별빛돌산호 등 경산호의 일종인 돌산호류는 바닷속 바위를 넓게 덮으면서 다른 해양생물과 공간 점유 경쟁에서 우위를 차지하고 있다. 국립수산과학원 제주수산연구소는 아열대 지표종인 그물코돌산호의 성장 패턴을 추적했는데, 연평균 4센티미터 이상 성장하는 것으로 파악하였다.

20년 전부터 제주 산호를 연구한 한 대학교수는 기후변화와 제주 산호의 관계를 다음과 같이 증언하였다; "산호 중 몇몇은 기후변화에 따른 수온 상승에 아주 취약합니다. 밤수지맨드라미 유생은 1-2℃의 수온 상승에도 생존 불가능합니다. 빨강해면맨드라미는 27-28℃에서 하루 이틀 만에 죽기도 해요. 반면 제주 서귀포에서 서식하는 분홍바다맨드라미는 수온 내성이 강해서 그보다 1-2℃ 높아도, 수온 30℃에도 적응하고 살아남습니다. … 전체 면적당 산호 면적을 나타내는 '피도'는 거의 비슷한데 생물다양성은 줄고 있는 것으로 확인됩니다. 예전에는 다양한 산호가 군락을 이루었으나 지금은 특정 산호를 중심으로 개체수가 확산하는 경향이 있어요."

서귀포 문섬과 범섬 바닷속은 기후변화 각축장으로 산호 사이에서 서식지 경쟁이 치열한 곳이다. 수온 상승에 내성이 강한 산호는 한반도 남해안으로 서식지를 이동하거나 서식 범위를 넓힐 수 있지만, 이와 반대로 수온 상승에 민감한 산호는 멸종될 것이다. 제주 바다가 아열대 해역이 되었다고 해서 각종 물고기, 해조류, 산호가 풍부해지거나 일시에 사라지는 것이 아니다. 기후변화에 적응하는 유전자는 버티고 아니면 멸종하는, 생과 사의 갈림길에 선 것이다.

【아열대 해양생물이 점령한 제주 바다】

제주 남쪽 바다는 연중 수온 14-30℃를 유지하는 한반도에서 가장 수온이 높은 곳이며 계절에 따른 수온 변화는 가파른 곳이다. 2022년 마라도 연평균 수온은 21℃를 넘었는데, 이는 기상학적인 아열대 해역의 연평균 수온 18-20℃보다 높은 것이다. 제주 남쪽 바다는 아열대화되는 것이 아니라 이미 아열대 해역이다. 국립수산과학원 제주수산연구소의 보도자료에 따르면, 제주 연안 아열대 어종 출현 빈도는 해마다 증가해 2015년 52.0퍼센트였던 것이 2020년 68.8퍼센트까지 늘었고, 지금은 80퍼센트를 넘어서고 있다. 녹색연합 현장 조사에서도 가다랑어, 황놀래기, 가시복, 갈전쟁이, 거북복, 나비고기, 독가시치, 두줄촉수, 범돔, 벤자리, 두동가리돔, 쏠배감펭, 쏠종개, 아홉동가리, 주걱치, 줄도화돔, 청줄돔, 파랑돔 등 아열대 어종을 쉽게 확인할 수 있었다. 이들은 1990년 이전에는 제주 바다에 서식하지 않았던 어종이다.

한편, 맹독성 해양생물의 출현도 잦아지고, 출현 지역도 확대되고 있다. 매년 여름철이 다가오면 맹독성 해파리인 노무라입깃해파리가 범섬과 문섬 등지에서 발견되고 제주와 한반도 전역으로 확산된다. 해양수산부 해파리정보시스템에 따르면, 5-8월 제주도와 남해에는 맹독성 작은부레관해파리, 야광원양해파리가 출현한다. 6-9월까지 제주도 일대에 작은상자해파리가 출현하며, 7-8월 한여름이 되면 푸른우산관해파리가 제주 도내 해수욕장에서 쉽게 발견된다. 맹독성 파란선문어는 2012년 제주 연안에서 처음 발견된 후 부산, 울산, 남해, 거제, 여수 등지로 출현 지역이 확대되고 있다. 맹독성 넓은띠

ⓒ녹색연합

큰바다뱀도 2017년 서귀포 연안에서 처음 포획되었고, 얼룩바다뱀, 먹대가리 바다뱀, 바다뱀 등 맹독성 바다뱀류의 출현도 보고된 바 있다.

녹색연합은 2022년, 서귀포 문섬 수중 조사 때 '대왕범바리'를 확인하기도 했다. 대왕범바리는 수컷 대왕바리(자이언트 그루퍼 Epinephelus lanceolatus)와 암컷 범바리(타이거 그루퍼 Epinephelus fuscoguttatus)를 교배시켜 만든 아열대성 교배종이다. 국립수산과학원 서해수산연구소에 따르면, 대왕범바리는 수온 25-35℃에 빠르게 성장하는 특성이 있고 질병에도 매우 강하다. 30℃ 이상의 고수온에도 폐사가 거의 없는 것으로 알려진 어종이다. 말레이시아 사바대학교 연구실에서 만들어졌다고 해서 '사바 그루퍼'라고 부른다. 그런데 문섬 앞바다에 대왕범바리가 어떻게 나타났을까? 자연 상태에서 대왕범바리가 국내 바다에서 발견된 적은 단 한 번도 없다. 국내 양식장에서 바다로 유출되었거나, 혹은 태풍이나 조류를 타고 동남아시아에서 제주도로 유입되었을 가능성을 생각할 수 있다. 어떤 경로로 유입되었건 분명한 사실은, 제주도 문섬 앞바다가 대왕범바리의 야생 생존에 적합한 고수온 해역으로 변했다는 것이다.

【나가며 : 예측하기 힘든 재난과 멸종 상황】

2018년 한국 송도에서 채택된 IPCC(유엔 기후변화에 관한 정부 간 협의체, Intergovernmental Panel on Climate Change) 1.5℃ 특별보고서를 보면, 해양의 산호초의 경우 지구 온도가 1.5℃ 상승할 경우 약 70%, 2℃ 상승할 경우 99%가 위험에 처한다. 여름철 북극 해빙은 1.5℃ 상승할 경우 완전 해빙되는 것이 100년에 한 번 정도여서 복원이 가능하지만, 2℃ 상승할 경우 10년에 한 번꼴로 완전히 사라져서 복원이 불가능하다. 2019년 모나코에서 채택된 IPCC '해양 및 빙권 특별보고서'의 해양 관련 내용은 더 구체적이다. 1993년

이래 해양 온난화 속도는 두 배 이상 증가하였다. 해양은 더 많은 이산화탄소를 흡수하면서 해양 표면의 해수가 급속히 산성화되었다. 이번 세기 중에 해양 온도 상승, 유례없이 높은 수준의 산성화, 해양 내 산소량 감소와 같은 현상이 발생하였고, 이런 현상이 가속화되면 해양 생물종이 멸종하고 해양 생태계가 극단적으로 변할 것이라고 경고한다. 한편, 해양 생물종의 변화는 어민과 어업국에 식량 안보 문제를 일으킬 개연성이 높다.

사이클론, 홍수, 해일 등 100년에 한 번씩 발생하던 해안 도시의 극한 현상은 2050년부터는 매년 발생한다. 지속적인 빙하 해빙과 해양 평균온도 상승은 해수 팽창으로 해수면 상승을 일으키고, 연안 지대 특히 해발 고도가 아주 낮은 소규모 섬 국가는 치명적인 피해를 본다. 기후변화에 적응하는 일부 선진국은 건재할 수 있지만, 대부분의 기후변화 취약 마을, 국가, 국민의 존폐는 벼랑 끝에 있다.

바로 지금, 기후위기는 우리의 삶을 송두리째 뒤바꾸고 있다. 기후위기는 현재 진행형이다. 다가올 가까운 미래의 이야기가 아니다. 기후위기 대응은 좋으면 하고 싫으면 안 해도 되는 선택 사항이 아니다. 현재 추세라면 지구 온도는 빠르면 2030년에 산업화 직전 대비 1.5℃ 이상 올라갈 것이다. 지난 100년 동안 지구 평균 온도는 0.86℃, 대략 1℃ 상승했다. 10년에 약 0.1℃씩 오른 셈이다. 상승 곡선은 산업화가 집중될수록 가파르기에, 기후위기 대응을 전혀 하지 않는다면, 앞으로 10년이면 0.5℃ 이상 상승할 것이다. 온도 상승 1.5℃를 막는 것은 IPCC 특별위원회가 합의한 인류 생존의 마지노선이다. 그렇기에 2015년 파리 신기후 체제는 2030년, 2050년 탄소중립 시나리오를 강하게 요구하는 것이다. 한국 역시 그 책임을 다해야 한다.

최근 기상청은 제주 지역에 '기상 해일'을 예보하였다. 한 시간에 5.1헥토파스칼(hPa)의 기압 변동이 전남 가거도에서 관측되었는데, 바닷물을 누르는 공기의 압력이 갑작스럽게 변화하면서 '해일'이 발생한 것이다. 가거도에서 기압 변동이 관측된 지 3시간 뒤, 제주 모슬포에 7분 동안 1미터가 넘는 큰 출렁

임이 관측되었다. 보통 한 시간에 3헥토파스칼 이상의 기압 변동이 발생하면 기상 해일이 발생할 가능성이 있다. 앞으로 '기상 해일'은 기후변화에 따른 해수면 상승, 만조로 인한 해수면이 높은 상황에서 더 큰 재앙을 순식간에 일으킬 수 있다. 수온 상승은 참다랑어의 기회만 가져오는 것이 아니라, 태풍, 지진, 가뭄, 해일, 식량 안보, 인권 침해, 국가 포기 등 재난의 재앙으로 동시에 우리에게 온다.

　　제주 바다는 풍전등화와 같다. 훅, 하며 큰 바람이 한번 불면 영원히 꺼질 듯 위태롭다. '청정' 바다에서 해녀의 숨비소리가 아스라이 퍼지고 붉은 석양에 아이들이 깔깔거리는 낭만의 바다, 풍요의 바다는 앞으로 없다. 이대로 가다가는 향후 10년이면 제주 바다는 끝장날 판이다. 제주 바다에서 만난 해녀 할망은 바다가 완전히 하얗게 변했고, 바다 풀이 싹 사라져 버렸다며 '낭떠러지 같은 변화'라고 한탄하였다. 자연스럽지 않고 인위적인, 혁명적인 제주 바다의 변화는 기후변화와 육상오염원의 유입 때문이다. 제주 바다에 대한 대대적인 해양 환경영향평가를 실시할 필요가 있다. 제주 바다, 나아가 전 지구적인 해양과 빙권에 닥친 기후위기의 징후를 하나하나 기록하고 지역, 국가, 지구적 차원의 협업과 대응 방안을 모색해야 한다. 지금 준비하지 않는다면 우리의 삶과 제주의 바다는 해녀 할망의 한숨과 함께 돌이킬 수 없는 레테의 강을 건널 것이다.

윤상훈

◈ 대학원에서 미학을 전공했고 자연미에 관심이 많았다 ◈ 20년 전, 미술관을 그만두고 녹색연합에 들어와 해양생태 보전활동을 주로 했다 ◈ 새만금 갯벌, 백령도 점박이물범, 제주 연산호 군락 등 바다의 무한과 두려움, 아름다움을 보았다 ◈ 지금은 제주 서귀포에서 기후위기, 생물다양성, 해양보호구역, 산호 등을 기록하는 시민과학자 플랫폼, 해양시민과학센터 〈파란〉을 준비 중이다 ◈ '이제는 바다의 시간이다'

우리의 바다, 변화와 고통

채 호 석

【들어가며: 인간과 바다】

우리는 정도의 차이는 있지만 바다에 대한 그리움과 동경을 품고 산다. 푸른 파도가 넘실대는 바다는 누군가에게는 가족, 연인과 함께하는 낭만의 쉼터이자, 누군가에겐 신비한 생명을 만날 수 있는 흥분 가득한 모험의 세계이고, 누군가에겐 가족을 부양할 수 있는 삶의 터전이다. 멀게는 지구에 사는 모든 생명이 시작된 곳이고, 가깝게는 인류의 역사, 문명과 함께했던 교역로이자 소중한 식량의 보고이다.

바다는 지구의 모든 생명이 숨쉬는 산소의 70%를 생산해 왔으며 인류가 배출한 이산화탄소의 30%와 이로 인해 발생하는 열의 상당 부분을 흡수하고 있다. 열대우림이 수많은 나무와 숲으로 덮여 있어도 산소의 20%밖에 생산하지 못하는 것을 보면, 우리의 생존에 바다가 얼마나 중요한 역할을 하는지 알 수 있다.

그러나 지금 우리 지구의 바다는 커다란 위기에 봉착해 있다. 바다는 어머니와 같이, 영원히 지구의 생명을 풍족하게 해주리라 생각됐지만, 인간의 산업활동에 의해 크게 고통 받고 있으며, 확실한 규제와 개선이 이루어지지 않는다면 이 고통은 수천수만 배가 되어 인간에게 돌아올 것이다.

【1. 바다가 끓고 있다】

지구 온난화의 심각성은 이제 구태여 언급하지 않아도 될 정도로 일반 상식이 되었다. 가파른 지구 온도 상승은 바다가 더 이상 많은 열을 흡수할 수 없기 때문이기도 하다. 바다는 이미 1970년 이후 지구에서 발생한 열의 90% 이상을 흡수했다. 대기와 육지는 4%밖에 흡수하지 못했다는 것을 보면 놀라운 차이다. 1980년대 중반 이후 바다의 평균 수온은 이전 상승폭에 비해 4.5배나 올랐는데, 이는 히로시마 원자폭탄을 1초에 4개씩, 총 36억 개를 바다에 떨어뜨린 것이나 다름없다고 한다.[1]

바다 수온 상승으로 인한 가장 직접적인 결과는 바로 해수면 상승이다. 이미 상당량의 북극 빙하가 녹아서 2050년쯤이면 북극에서 여름철에 해빙을 볼 수 없다는 예측이 나오고 있고, 그간 영향이 적었던 남극 빙하가 녹기 시작해, 최근 10년 동안 남극 빙하가 녹는 속도가 지난 10년에 비해 3배 빨라졌다고 한다.[2]

이렇게 빙하가 녹고 바다의 수온이 높아져서 해수면이 상승하면 태평양상의 섬나라들(피지, 통가, 투발루, 키리바시, 몰디브 등)은 30년 내에 국가의 일부 또는 전체가 수몰될 것으로 예측되고 있다. 이들뿐 아니라 모든 나라의 해안 저지대에 거주하는 약 6억 명의 인구가 해수면 상승의 영향을 받는다. 해수면이 높아지면서 해안 경계가 무너지고, 삶의 터전이 물에 잠기는 것은 물론, 잦은 해일과 폭풍의 영향에 위험스럽게 노출된다.[3] 수많은 국제 난민과 이재민이 발생하고, 국가 재난 선포가 일상적인 일이 될 것이며, 경제 시스템이 붕괴되는 등 집을 잃은 거주민뿐만 아니라 내륙 도시에 사는 시민들도 막대한

---

[1] 《조선일보》, 《CNN》 & 《대기과학지(AAS)》 인용, 2020.7.16
[2] 《BBC News 코리아》, 2022.11.19
[3] 기후변화에 관한 정부간 협의체(IPCC), "IPCC 제6차 평가보고서(AR6) 제1실무그룹 보고서", 2021.7

피해를 입을 것으로 예상된다.

바다가 더 이상 육지의 열을 흡수하지 못하면 지구에서 발생하는 열의 상당수는 결국 육지가 부담해야 한다. 폭염, 산불, 폭우와 홍수 등의 기상 재난은 바다가 더 이상 열을 흡수할 수 없기 때문에 점점 더 심해지고 있다. 2022년 여름 기온이 40도 넘게 오르면서 유럽에서는 대형 산불이 자주 발생했고, 미국 북동부도 전례 없는 폭염으로 비상사태가 선포되었다. 국내도 예외는 아니어서 그해에 동해안에 대형 산불이 발생해 서울시 면적의 1/4에 해당하는 넓이의 산림이 피해를 입었다. 계절풍의 비구름은 고온의 바다를 건너오다 수증기 함량이 지나치게 높아져 육지에 폭우를 쏟아 붓고 홍수를 일으키고 있다. 2022년 몬순기후로 인한 기록적 폭우로 파키스탄에서는 1,300여 명이 사망하는 피해가 발생하기도 했다.

【2. 죽음과 싸우는 산호】

바다가 뜨거워지면서 해양 생태계의 근간이 흔들리고 있다. 열대 바다에 가본 이들은 에메랄드빛의 바다 밑에서 자라는 형형색색 아름다운 산호들을 보았을 것이다. 제주에만 가도 서귀포 앞바다에 붉은색부터 보라색, 오렌지색의 아름다운 산호가 서식하고 있다.

산호는 바위나 식물이 아니라 촉수를 가진 아주 작은 동물들이 군체를 이룬 생명체로서, 수많은 해양생물에게 집을 제공해 준다. 산호는 열대를 중심으로 서식하는데, 총 바다 면적의 0.2%만을 차지하지만 전체 해양생물종 25%에게 서식지를 제공하는 중요한 생태계 기반이다.[4] 4억 5천만 년 전부터 바다 생명을 지켜 온 산호는 4천 종이 넘는 어류, 조개류, 연체류, 갑각류, 해

[4] United States Environmental Protection Agency, "Basic Information about Coral Reefs", 2022.6.1

양포유류, 해양파충류들이 살아가는 서식지로서, 단위 면적당 생물종다양성의 밀도가 아마존 열대우림보다 훨씬 높은 곳이다.

산호는 먼바다에서 밀려오는 쓰나미나 폭풍, 해일로부터 해안을 지키는 천연 방파제 역할도 해준다. 동시에 산호와 공생하는 조류세포의 광합성을 통해 막대한 양의 이산화탄소를 흡수하는가 하면, 산호에서 나오는 성분은 현대인이 고통 받는 불치병의 치료약으로도 활용되고 있다. 전 세계에서 어업과 관광업을 비롯하여 다양한 경로로 5억 명이 넘는 사람들이 산호에 기대어 살아가고 있다. 산호의 가치를 경제적 수치로 환산하면 약 8,500조 원에 달하는 것으로 추산된다.[5]

그러나 끓어오르는 바다는 산호에게 치명적이다. 상승한 수온 때문에 스트레스를 받은 황록공생조류가 산호를 떠나고, 그에 따라 산호의 고유한 색상이 탈색되는 '백화 현상'이 발생하면서 산호는 죽어 가고 있다. 1950년 이후 기후위기로 인한 수온상승과 과도한 어업으로 전 세계 절반이 넘는 산호가 사라졌고.[6] 최근 10년간 서울 면적의 20배에 달하는 11,700제곱킬로미터의 산호가 사멸했다.[7] 산호가 사라지면 이를 서식지로 삼는 많은 해양생물종이 연쇄적으로 사라질 것이며, 산호와 해양 생물에 의지해 살아가는 사람들에게도 재앙이 될 것이다.

【3. 해양 동물 대멸종의 위기】

오늘날 수많은 해양 동물들이 멸종의 문턱에 서 있다. 전 세계 동식물의 멸종

[5] Natural History Museum, "Coral Reef – Secret City of the Sea", 2015
[6] Natural History Museum, "Over half of coral reef cover across the world has been lost since 1950", 2021.9.26.
[7] 《YTN사이언스》, "열대바다 속 사라지는 산호… 10년 뒤 멸종위기", 2022.3.15.

위기 현황을 진단하는 국제기구인 세계자연보전연맹(IUCN, International Union for Conservation of Nature)에 따르면, 17,903종의 해양 동식물 가운데 9퍼센트인 1,550종 이상이 멸종위기에 처해 있다. 그중에서도 특히 바다 먹이사슬에서 상위를 차지하는 포식종이 더 큰 위기에 직면해 있는데, 상어와 가오리 종은 최소 37퍼센트, 고래, 돌고래, 바다사자 등 해양포유류는 26퍼센트, 바다거북 등 해양파충류는 21퍼센트가 멸종위기 상태에 처해 있다(해양 파충류의 대표격인 바다거북은 전 세계 7종 중 6종이 모두 멸종위기 상태이다).[8]

해양동물의 멸종은 기후변화, 산호 서식지 붕괴 같은 문제뿐만 아니라 인간이 무차별적으로 벌이는 상업어업에도 큰 원인이 있다. 상업어업은 효율적으로 상업용 수산물을 확보할 목적으로 어탐기와 대형 어업 선단을 동원, 막대한 길이와 규모의 어구를 사용하여 어류를 포획한다. 이는 필연적으로 '남획(Overfishing)'으로 연결될 수밖에 없다. 남획이란 해양생물종이 자연적인 번식을 통해 개체수를 유지하는 것보다 더 빠르게 포획하는 것이며, 이는 목표 어종의 개체수 감소를 불러오고 이 상태가 계속 되면 결국 멸종에 이르게 된다. UN 식량농업기구(FAO)에 따르면, 이미 전 세계의 34퍼센트에 달하는 어류들이 남획으로 인한 개체 수 급감 상태에 도달했다.[9]

남획에 의해 멸종위기에 놓인 대표적 어종은 참치다. 회와 통조림으로 우리나라뿐만 아니라 전 세계인이 즐겨 먹는 참치는 남획으로 인해 멸종위기에 처해 있다. 원양 참치잡이 어선이 사용하는 그물을 '선망(旋網, Purse-seine)'이라고 하는데, 이 그물은 길이가 2500미터, 깊이가 300미터 가량 되는, 축구장 60개 면적에 달하는 대형 그물이다. 이 그물을 이용해서 한 번에

8 《연합뉴스》, "해양생물9%, 1천550여종 멸종위기", 2022.12.11.
   《뉴스펭귄》, "2023년 멸종위기 벼랑 끝에 선 해양생물", 2023.2.26.

9 Food & Agriculture Organization of the United Nations, "The state of world fisheries & aquaculture 2020", 2020.

수백 톤 이상의 참치를, 성어뿐만 아니라 치어까지 모조리 포획하고 있다. '연승 그물(延繩그물, Longlines)'이라고 하는 3,000여 개 이상의 낚시 바늘이 달린, 줄의 길이가 100킬로미터 이상 되는 그물을 사용하기도 한다.[10] 최근 참치 개체수가 증가세로 돌아섰다고는 하나, 가장 인기가 좋은 남방참다랑어(Southern Bluefin Tuna)는 여전히 멸종위기를 벗어나지 못했다. 참치 어업에 대해 확실한 규제가 가해지지 않는다면 다른 종들도 다시 멸종의 수렁으로 빠지게 되는 것은 명약관화하다.

효율성과 규모의 경제를 추구하는 상업어업의 남획 능력은 필연적으로 '혼획(또는 부수어획, By-catch)'이라는 심각한 이슈를 불러온다. 혼획이란 대형 그물에 의한 어업으로 목표어종이 아닌 다른 어종도 함께 잡는 것을 의미한다. 참치 잡이 선망어업의 경우, 그물에 눈이 달려 있는 것도 아니고 해양생물들이 종별로 거리를 두고 다니는 것도 아니기 때문에 목표어종인 참치 뿐 아니라 목표하지 않은 보호종인 상어, 가오리, 고래, 돌고래, 바다거북, 심지어 바다새까지, 주변의 어종(동물) 전체를 무차별적으로 잡아들인다. 고래, 돌고래, 바다거북, 바다새는 모두 허파 호흡을 하기 때문에 거대한 그물에 걸려 몇 시간 동안 호흡을 하지 못하면 결국 익사하게 되며, 대다수의 상어종 역시 헤엄을 쳐야만 아가미로 호흡을 할 수 있기 때문에 그물에 걸리면 질식사하거나 수백 톤의 어류 무게에 짓눌려서 죽게 된다. 이렇게 혼획은 해양포유류와 상어, 가오리 종의 심각한 멸종위기 원인으로 지목되고 있다. 이는 선망어업뿐만 아니라 연승 어업, 저인망(底引網)어업, 유자망(流刺網)어업 등 모든 대형 상업어업에 공통적으로 발생하는 이슈이다. 세계자연기금(WWF)은 이미 2009년에, 혼획으로 인해서 매년 상어는 약 5천만 마리, 고래 및 돌고래는 약 30만 마리, 바다거북은 25만 마리, 알바트로스를 포함한 바다새는 30만 마리가 죽어 가고 있으며, 전 세계 어획량의 40% 또는 3,800만 톤이 혼획에 의한 것이라는

---

[10] 그린피스, "참치 캔 안에 든 건 참치뿐일까요?", 2016.1.5.

충격적인 통계를 발표했다.[11]

혼획 문제는 우리나라 어업에서도 매우 심각하다. 2013년부터 2019년까지 국내 고래류 혼획 연간 평균치는 1,647마리에 달한다.[12] 포경을 허용하는 일본의 혼획이 1년에 100여 건밖에 되지 않으며, 그 밖의 나라들은 한해 평균 20여 마리에 지나지 않는다는 점에 견주어 보면 우리나라의 고래류 혼획은 아무리 우연이라고 해도 거의 학살 수준에 가까운 규모이다. 드라마 〈이상한 변호사 우영우〉가 인기를 끈 후로 수족관 돌고래에 대한 관심은 증가했지만, 매년 상업어업에 의해 죽어 가는 1,500여 마리의 고래에 대해서는 모두가 침묵하고 있다.

혼획된 고래류 중 약 60퍼센트 이상은 토종 돌고래라고 불리는 '상괭이'이다. '웃는 돌고래'라는 별명이 있는 멸종위기종이며 국가에서 법으로 지정한 보호종이다. 상괭이 혼획의 90퍼센트 이상을 차지하는 대표적 주범은 바로 '안강망(鮟鱇網)'이라고 하는 그물로서, 우리나라 서남해 어업에서 가장 많이 사용되고 있다. 문제는 국립수산연구원에서 상괭이 탈출 장치를 개발하여 안강망에 설치하도록 홍보, 보급하고 있으나 어민들의 거부로 상괭이의 죽음이 계속되고 있다는 점이다. 국가가 법으로 보호하겠다고 지정한 멸종위기종을 살릴 수 있는 방법이 있는데도 이를 거부하는 어민들, 어민들이 거부한다고 상괭이의 죽음을 방관하고 있는 정부, 그저 값싼 해산물에 만족해서 매년 1000여 마리씩 죽어 가는 돌고래를 무시하는 시민들의 무관심은 우리나라의 해양 동물 보전 노력의 수준을 알려주는 슬픈 자화상이다.

밍크 고래 역시 현재 법제도가 혼획된 고래를 판매할 수 있도록 허용하기 때문에 어부들은 작살 흔적이 없고 그물에 걸려 죽은 밍크 고래를 판매해서 적게는 수천만 원에서 많게는 1억 원이 넘는 수익을 얻고 있다. 밍크 고래가

11   세계자연기금(WWF: World Wildlife Fund), "Bycatch Fact Sheet", 2009.6.15.
12   중앙일보, "지난해 희생된 고래 1960마리… 혼획 줄기이 서둘러야", 2020.2.13.

다니는 길목에 그물을 놓아 고래가 걸려 죽도록 방치하는 의도적 혼획이 의심되는 이유이다. 우리나라는 포경 금지 국가이지만 해양생태계와 탄소순환에 지대한 영향을 미치는 고래에 대한 보호 의식이 거의 없다고 볼 수 있다.

2019년 IMF의 연구 결과에 따르면, 고래는 긴 생애 동안 탄소를 거대한 몸통에 직접 축적하고, 죽고 나면 심해에 가라앉아 심해 깊숙이 탄소를 가두고 심해 해양생태계의 양분이 되어 준다. 대형고래 한 마리가 평생 동안 직접 포집하는 탄소의 규모는 약 33톤에 달하는데, 이는 거대한 숲이 흡수하는 탄소량과 비슷한 규모이다. 또한 고래는 어마어마한 양의 배설물을 통해 식물성 플랑크톤이 필요로 하는 철분과 질소를 공급해 플랑크톤의 성장에 크게 기여한다. 식물성 플랑크톤이 1%만 증가해도 매년 수백만 톤의 이산화탄소를 추가로 흡수할 수 있는데, 이는 2조 그루의 나무를 추가로 보유하는 것과 같은 효과이다.[13] 우리는 기후위기를 해결하기 위해 숲을 조성하겠다고 호들갑을 떨고 막대한 국민의 세금을 탄소배출 감축에] 투자하고 있지만, 정작 바다의 생명 활동을 통한 자연적 해법에 대해서는 아예 눈을 감고 무시하고 있는 셈이다.

【4. 바다에 물살이보다 플라스틱이 더 많다고?】

상업어업과 함께 지구의 바다를 오염시키는 또 하나의 주범은 바로 플라스틱이다. 인간이 쓰다 버린 플라스틱 폐기물은 수백 년이 지나도 분해되지 않고 강을 따라 바다로 흘러들어가 파도에 의해 잘게 부서져 해양동물들을 괴롭힌다. 수면에 떠 있는 플랑크톤이나 작은 어류를 먹는 해양동물들이 특히 폐플라스틱에 의해 죽임을 당한다. 하지만 고래, 고래상어, 만타레이, 바다거북,

---

[13] IMF, "Nature's Solution to Climate Change", 2019.12.

바다새 역시 위장이 플라스틱으로 가득 차 죽는 경우가 많다. 국내의 경우만 하더라도 2017년부터 연근해에서 폐사한 바다거북 44마리를 부검한 결과 그 중 20마리가 플라스틱을 삼키고 죽은 것으로 밝혀졌다.[14]

바다를 오염시키는 플라스틱은 인간이 버린 일회용 플라스틱만은 아니다. 엄청난 파괴력을 가진 플라스틱 폐기물은 다름 아닌 유령어구(Ghost-net)다. 유령어구는 어업에 사용된 도구들이 바다에 버려지거나 유실되어 파도와 조류에 의해 유령처럼 떠돌아다니며 해양동물을 사냥한다는 뜻에서 붙여진 이름이다. 상업어업이 사용하는 그물과 밧줄은 수십 킬로미터에 달할 정도로 엄청난 크기인데, 특정 해역에 설치했다가 풍랑 때문에 쓸려가서 잃어버리기도 하고, 암초에 걸려 끊어져 유실되기도 하며, 허가받지 않은 어구를 불법으로 사용하다 적발과 처벌이 두려워 일부러 폐기하기도 해서 매년 엄청난 양의 폐어구가 바다에 버려지고 있다.

세계자연기금의 발표에 따르면, 매년 50만 톤에서 100만 톤 규모의 그물, 밧줄, 통발 등이 바다에 버려지거나 유실되고 있으며, 태평양의 거대 폐기물 지대(Great Pacific Garbage Patch)의 약 46퍼센트가 폐어구로 구성되어 있다.[15] 영국의 〈가디언〉 지는 〈사이언스 에드벤시스〉(Science Advances) 저널에 실린 연구결과를 인용하며, 매년 78,000제곱킬로미터의 선망과 자망, 215k제곱킬로미터의 저인망, 74만킬로미터에 달하는 연승 그물, 130억 개의 연승 낚시 바늘, 2,500만 개의 통발이 바다에 버려지고 있으며, 이 그물과 밧줄을 모두 연결하면 지구를 14바퀴나 돌 수 있을 정도의 길이라고 했다.[16]

폐어구의 가장 무서운 점은 바로 해양생물을 가둬서 죽음에 이르게 한다는 것이다. 통계에 따르면, 전 세계 어획량의 약 10퍼센트에 달하는 해양생물

---

[14] 그린피스, "일회용의 유혹, 플라스틱 대한민국", 2019.12.31.
[15] 세계자연기금(WWF), "Ghost fishing gear", 2020.10.20.
[16] Guardian, "New study reveals 'staggering' scale of lost fishing gear drifting in Earth's oceans", 2022.10.15.

이 유령어구에 의해 죽음을 당하는 것으로 나타났다. 멕시코의 바다에 서식하는, 판다를 닮은 '바키타(Vaquita)' 돌고래는 버려진 유자망에 걸려 떼죽음을 당했다. 많은 환경단체들이 힘을 합쳐 60톤 이상의 폐자망을 건져냈지만 이미 8마리밖에는 개체수가 남지 않아 멸종을 눈앞에 두고 있다.[17] 국제기구인 NRDC(Natural Resources Defense Council)의 연구에 따르면, 매년 65만 마리의 해양생물들이 폐어구에 의해 죽임을 당하고 있는가 하면, 세계자연보전연맹(IUCN)에서 발표하는 멸종위기 해양포유류의 약 45퍼센트가 특히 폐어구에 의해 큰 피해를 입고 있다.[18]

　한편, 〈워싱턴포스트〉 지는 세계경제포럼(World Economic Forum)에 제출된 어느 비영리단체의 연구결과를 인용하며, 인류가 지금처럼 플라스틱을 계속 사용한다면 2050년에는 해양생물의 총 무게보다 폐플라스틱의 총 무게가 더 무거울 것이라고 보도했다.[19]

【나가며: 무엇을 해야 할까】

바다가 병들어 가는 사태를 조금이라도 늦추기 위한 꽤 많은 제도적 방법들이 제안되고 있다. 해양보호구역, 해양포유류 보호법, 해산물 쿼터제, 어구실명제, 그물 길이 제한 등 이미 일부 국가에서는 조금씩 실천하고 있는 방법들이다. 최근 UN에서도 국제해양보호조약 합의를 중심으로 실천적인 방안을 회원국들에게 제시하고 있다. 그러나 이 모든 제도적 장치는 사회/국가 구성

---

[17]　세계자연기금(WWF), "Stopping Ghost Gear", 2022.

[18]　Natural Resources Defense Council, "A Single Discarded Fishing Net Can Keep Killing for Centuries", 2018.5.17.

[19]　Washington Post, "By 2050, there will be more plastic than fish in the world's oceans, study says", 2016.1.20.

원들의 인식이 근본적으로 바뀌지 않는 한, 경제성장률 수치가 조금 내려가거나 정권이 바뀌는 순간 바로 무효로 돌아가 버릴 가능성이 크다.

국립수산과학원에서 제작한 '상괭이 혼획 저감장치 소개' 영상에는 어민들이 토종 돌고래 상괭이에 대해 다음과 같이 언급하는 내용이 나온다.[20]

"상괭이가 꼭 바다에 있어야 할, 그런 어종은 아니라고 생각하거든요."
"아무 짝에도 소용없고 필요없다고 생각하는데. 못 먹는 생선이잖아요, 그거."

멸종위기 상괭이의 생사여탈권을 쥔 우리나라 어민들이 가진 인식은 어쩌면 우리 모두가 공유하는 생각일지도 모른다. 우리가 먹을 수 없고 입을 수 없는 동물은 자연에 존재할 필요가 없다는 생각 말이다. 근대화 이후 지구의 모든 생명은 우리 인간에게 번영과 발전, 식도락의 도구에 지나지 않았다. 우리는 더 많은 돈을 벌기 위해, 더 맛있는 음식을 즐기기 위해 인간을 제외한 지구의 모든 생명을 착취하는 행위를 당연하게 생각해 왔다.

지구에 현존하는 포유류 중 96퍼센트는 인간과 인간이 사육하는 가축이며, 야생 포유류는 4퍼센트에 지나지 않는다. 인류는 문명의 이름으로 인류가 먹을 수 있고 이용할 수 있는 동물만을 가축화하여 사육해 왔고, 그 외 다른 야생동물들을 대부분 멸종시켰다. 육지의 야생을 대부분 말살한 인류는 이제 바다에서도 '실용주의'로 포장된 인간중심주의적 개발과 착취의 손길을 통해 대멸종을 일으키고 있다. 값싼 해산물, 편리한 플라스틱에 취한 채, 인간이 만들어낸 환상, 즉 다른 생물종 없이도 인류는 생존하고 번영할 수 있다는 상업적 이데올로기에 취한 채 우리는 산업적 대멸종에 함께 참여하고 있다.

지구상의 인구는 이제 80억 명을 넘어섰다. 수많은 참치 중 한 마리쯤이야, 고래 한 마리쯤이야 하는 그 안일한 사고방식이 산업적 이해관계와 맞물려

---

[20] 국립수산과학원, "상괭이 보호를 위한 혼획 저감장치 소개", 2022.1.21, Youtube 영상

해양생물을 매년 수십 억 마리씩 없애고 있다. 인류가 현대 문명을 건설한 그 잠깐 의 시간 동안 육지의 야생이 멸종위기에 이르렀던 속도를 돌아볼 때, 지구 생명에 대한 도구주의적인 인식을 전환하지 않는다면 바다는 순식간에 텅 비어버릴 것이다.

지구상의 어떤 생물종도 독자적으로 살아갈 수 없다. 모든 생물종은 자기 아닌 다른 생물종들에 의존하며 생존하고 진화해 왔고, 오직 그런 식으로만 현재를 살아가고 있다. 인간도 마찬가지다. 다양한 생물종 간의 의존과 협력이 없는 자연은 존재할 수 없다. 지구의 모든 생명과의 공존! 지구의 모든 생명은 인간 생존을 위한 수단으로서 존재하는 것이 아니라, 서로 연결되어 함께 지구 생태계를 이루고 있으며, 따라서 이들의 생명을 존중하고 감사하는 인식을 갖고 행동하지 않으면 인류 대멸종과 생물 대멸종은 피할 수 없을 것이다. 지구는 불타오르는 별이 되어 인간과 인간이 만든 문명을 모두 파괴하고 말 것이다. 참치 어획량을 정하는 쿼터제도 중요하지만, 그보다 더 근본적으로는 우리가 지구의 생물들과 관계 맺고 서로 의존하여 살아가는 시스템을 재검토하고 어떻게 그들과 함께 공존할 것인지 고민해야 한다. 바다에서 헤엄치는, 멸종에 직면한 고래와 바다거북이 우리와 연결되어 있고, 서로 의지하고 함께 살아가야만 한다는 뼈저린 인식이 없는 한, 우리는 닥쳐올 환경 지옥에서 벗어날 수 없을 것이다. 지구 생태계를 보전하며 공존하는 새로운 삶의 세계는 바로 이러한 인식 위에서 출발해야 한다.

채호석
◈ IT 기업의 직장인, 스쿠버다이빙 강사, 시셰퍼드 코리아
활동가 ◈ 스쿠버다이빙 강사로서 다이빙을 가르치고
바다를 여행하다 바다의 위기를 알게 되어 2019년
해양환경보호단체 시셰퍼드 코리아에 가입, 다양한

해양보호 캠페인에 참여해 왔다 ◈ 2020년부터 시셰퍼드
활동가들에게 다이빙을 가르치고 다이빙 팀을 조직하여
매월 동해 바다에서 폐어구를 수거하는 수중정화 활동을
진행하고 있다 ◈ 환경과 동물을 존중하여 비건 지향 생활
방식을 실천 중이다

ひみつ

대등한 생극의 토론

홍박승진

【1. 시작하는 말】

조동일의 『대등생극론』은 만인과 만생과 만물에 관하여 종래와는 전혀 다른 관점을 창조한 사례라 할 수 있다. 따라서 그 중요함을 올바르게 짚으며 그 타당함을 꼼꼼하게 살피는 토론 과정이 필요할 것이다. 이에 1) 철학·언어, 2) 동서·기학·역사·창조, 4) 젠더, 5) 동학이라는 대주제를 중심으로 토론문을 엮어보았다. 각 대주제에서 펼친 세부 물음은 굵은 글씨로 나타낸 소주제에 따라서 다시 묶었다.

나의 토론문 초고에 대한 응답문을 받아보고 나서는 한동안 자책과 낭패감에 빠졌다. 『대등생극론』 본문 원고를 읽으며 궁금하였던 점을 토론문 초고에서 꼬치꼬치 캐물었더니, "토론자는 의문 제기에 그치지 않고, 의문 해결을 위한 자기 견해를 제시"해야 한다는 조언이 돌아왔다. 토론은 일방적으로 가르치는 자와 배우는 자의 관계가 아니라 서로 자신만의 관점을 창조하려는 자들 사이의 관계임을 이제야 깨닫는다고 자책하였다. 역사 전체를 돌아보아도, 새롭고 커다란 발상을 제시하는 사람이 한 명 나오면, 그 발상 중에서 사소하고 부차적인 요소들만 시비하는 자들이 여럿 나오지 않았던가. 새로운 발상을 제시하는 사람은 스스로 주인공이 되는 셈이며, 그 발상의 세부 사항에 자질구레하게 매달리는 자들은 주인공의 들러리가 되는 셈이다.

　이 점을 깨우쳐주기 위하여, 첫 토론문에 대한 첫 응답문은 각론에 하나하나 응답해서는 총론을 이룰 수 없음을 다시금 강조하였다. 총론에 관한 의문이나 시비와 같은 각론들도 어디까지나 총론으로써만 풀 수 있다는 전략이 첫 응답문에서 효과적으로 펼쳐졌다. 이와 같은 첫 응답문의 행간에서는 다음과 같은 '선배 선수'의 조언이 들리는 듯하였다. 세세한 사항들에 집착하지 말고 새로운 사유를 창조하는 일에 더 힘쓰자고. 내가 나의 관점을 창조하듯이 너도 너의 관점을 창조하라고.

　첫 응답문은 각론을 종합적으로 해결하는 총론을 펼치는데, 첫 토론문은 총론이 모자라고 각론이 넘쳐나니, 낭패였다. 그렇다고 응답문에 맞춰서 토론문을 고치는 식의 사후 조작을 저지를 수 없으니, 더욱 큰 낭패였다. 모자람은 모자람대로 반면교사 노릇을 하리라고 두 눈을 질끈 감으며, 각론이 주를 이루는 상태로 첫 토론문을 놓아둔다. 그나마 위안이 되는 일은 제1차 토론-응답에 이어 제2차 토론-응답이 이루어질 것이고, 제2차 토론-응답에 관하여 제n차 토론-응답을 펼칠 것이라는 점이다. 두 번째 토론문에서부터는 나도 관중이나 해설가가 아니라 선수로서, 각론을 붙들기보다 새로운 사유를 만드는 일에 더 애써보겠다고 다짐하며 신발 끈을 다시 묶는다.

【2. 철학·언어】

2-1

철학이라는 낱말이 서양철학만을 가리키는 현 상황은 큰 문제이다. 그럼에도 철학이라는 말을 계속 써야 하는가의 문제는 남지 않을까 한다. 첫째로 철학의 '철'이 『시경』의 '철인'에서 비롯하였는데, 『시경』의 유래에 담긴 뜻이 좋기는 하나 충분하지는 않다고 생각한다. 남에게서 유익한 말을 듣고 실행하려는 자세를 강조하였으나 자기가 직접 유익한 말을 창조하여 남에게 들려주는 측면은 빼놓았기 때문이다. 남의 창조물에 열려 있으면서도 나의 창조에 소홀하지 않아야 참으로 대등한 창조주권을 실현하는 학문이라 할 수 있다. 둘째로, 철학은 분과 학문의 이름으로 굳어져 있어 그 이름에 얽힌 선입견과 통념 또한 단단하고 깊을 수 있다. 통념과 싸우는 데 너무 많은 힘과 시간을 소모하는 일은 낭비일 우려가 있으므로, 총론을 구성하는 과업을 새로운 이름으로 산뜻하게 시작하는 편이 더 낫지 않을까 한다.

2-2

과학의 영역과 철학의 영역을 합치는 작업을 과학의 각론이 맡아서 할 수 없으니 철학의 총론이 주도해야 한다는 견해에는 크게 동의한다. 왜냐하면 과학의 하인 노릇을 맡아 온 철학의 폐단이 그동안 적지 않았기 때문이다. 하지만 철학을 중간에 놓고 과학을 합친다고 하면 또 다른 폐단이 생길 수 있지 않을까 한다. "같은 점은 아주 소중하게 여기고, 다른 점도 같다고 하는 무리한 논의를 펴지는 말아야 한다."라는 대목도 중요하다고 생각한다. 이와 관련하여 두 가지 논점을 제기한다.

첫째, 과학은 철저하게 사실의 영역만 말하는데, 철학은 당위의 영역까지 말해야 할 책임이 있다. 사실의 영역과 당위의 영역을 뒤섞을 때는 부작용이 일어나기도 한다. 예를 들어 기독교 문명과 유교 문명의 여러 큰 폐단은 사실의 영역과 당위의 영역을 구분하지 않은 데에서 비롯하였다. 사실의 영역을 당위의 영역에 꿰맞출 때는 천동설과 같은 과학의 오류가 나타났고, 당위의 영역을 사실의 영역에 꿰맞출 때는 여남 차등론과 같은 철학의 오류가 나타났다. 사실의 영역과 당위의 영역이 하나인 데에서 생기는 문제를 해결하고자 두 영역을 구분하는 것이 근대의 큰 과제이자 업적이 되었다. 중세의 부정인 근대를 다시 부정하여 새로운 철학을 찾아야 할지라도, 사실의 영역과 당위의 영역을 구분한 근대의 성취를 손쉽게 폐기하기는 어렵지 않을까.

둘째로, 철학이 아무리 바람직한 총론을 제시하더라도 자신과 하나가 되라고 과학을 설득할 수 있을지 의문이다. 양자역학과 상대성원리의 발견은 그것을 뒷받침하는 철학이 먼저 있어서 그에 따라 이루어진 것이 아니다. 과학이 대등생극론 같은 철학이 없이도 지금까지 진실을 잘 밝혀왔으니 철학은 별 필요가 없다고 뽐낸다면, 그런 과학을 어떻게 설득할 수 있을까?

2-3

유가, 불가, 도가에 부족한 방법론을 안민영의 시조 〈높으락 낮으락 하며-〉로써 보충할 수 있다는 통찰은 놀랍고도 유의미하다. 유가에서는 "정명(正名)", 불가에서는 "가명(假名)", 도가에서는 "무명(無名)과 유명(有名)"이라는 체언으로써 철학을 하였는데, 안민영의 시조는 용언으로써 일상생활을 벗어나지 않되 여러 의미를 나타내어 충격을 주는 철학을 펼쳤다. 유가, 불가, 도가의 방법론에 한계가 있다는 사실은 세 철학의 원칙론에 이미 한계가 있음을 나타낸다고 생각한다. 세 철학의 내용 자체가 체언으로 표현하기에 더 알맞은 것이므로 용언 대신 체언으로써 철학하는 방법을 택한 것이라 보아야 타당하다.

올바른 방법론까지 낳을 수 있어야 올바른 원칙론일 것이다. 더 나아가 말하면, 좋은 방법론은 이미 그 속에 좋은 원칙론의 씨앗을 품고 있다고도 할 수 있지 않을까? 그렇다면 앞서 언급한 시조는 유가, 불가, 도가보다 더 좋은 원칙론을 마련해두고 있다고 하겠다. 시조에 담긴 철학의 내용이 유가, 불가, 도교의 철학 내용을 넘어서는 바가 있기에 시조는 체언 대신 용언으로써 철학을 드러낸다는 말이다.

일반적으로 시조는 문학이고 유가, 불가, 도가는 철학이라 규정된다. 그렇다면 문학이라 불리는 것이 철학이라 불리는 것보다 철학하기를 더욱 잘할 수도 있지 않을까? 철학은 체언에 사로잡히는 경향이 있다면, 문학은 용언을 활용하는 경향이 있지 않을까? 의미를 고정시키지 않고 놀라운 표현을 가능케 하는 작업은 체언 중심의 사유보다 용언 중심의 사유가 더 잘할 수 있지 않을까?

과학은 수식의 언어에 발이 묶였지만, 달관하는 철학은 시의 언어를 활용할 수 있다는 견해에 기쁘게 동의할 수 있다. 달관하는 철학은 고정된 수식이나 기성 논리에 갇히지 않는 새로운 측면을 보여준다는 특징이 있기 때문이다. 달관하는 철학의 언어가 시에 가까운 까닭도 그 때문일 것이다. 그렇다면 시 또는 서정이라는 갈래의 본질은 달관하는 철학의 본질을 통하여 새롭게 밝혀져야 하지 않을까? 예컨대 서정 갈래의 본질은 고정된 논리를 벗어나는 말을 하는 데 있다고 설명될 수 있지 않을까?

또한 한편으로는 철학이 시와 같은 작업을 조금 다르게 해야 한다고 말하면서도, 다른 한편으로는 유한과 무한을 시가 맡아 하나로 해야 한다고 말하였다. 유한과 무한의 합일이 시의 과제인 까닭을 어떻게 이해할 수 있을지 질문하고 싶다. 유한과 무한을 하나로 하는 일을 철학이 아니라 시가 맡아야 한다고 언급한 까닭도 궁금하다.

2-4

"동아시아의 『시경』에 대응하는 유럽문학의 원조는 『일리아드』"라고 언급하였다. 동아시아에서는 병법이 발달하였는데 유럽에서는 그러하지 않았다는 점이 두 문학 전통의 차이를 만들어내었다고도 지적하였다. 병법이 없어서 전쟁 이야기에 양념을 치느라 『일리아드』처럼 장황하게 말하였다는 점은 잘 이해가 되었다. 그런데 병법이 발달하였다는 사실과 말을 적게 하는 문학 사이에는 어떠한 인과 관계가 있는지는 쉽게 이해하기 어려웠다. 이에 관한 보충 설명을 부탁드린다.

2-5

학문에서는 "잘못 알고 그릇되게 말하고 엉뚱하게 알아듣는 실수를 하는 것이 예사라고" 여겨야 한다는 발상이 신선하게 다가왔다. 그럼에도 "오해의 여지를 줄이려고 애" 쓰는 일 또한 중요하다고 생각한다. 오해의 여지를 줄이는 방식으로 말을 하면 말이 길어지지 않을 수 없다. 한 개의 낱말이 한 줄의 그물이라면, 두 개의 낱말은 두 줄의 그물이라고 할 수 있기 때문이다. 잡기 힘든 물고기를 잡으려면 그물을 촘촘하게 엮어야 하듯이, 전달하려는 내용이 복잡하거나 미세하거나 오해할 위험이 클 때는 말을 촘촘하게 겹쳐야 하지 않을까 한다.

"길게 쓰면 복잡하게 되고, 복잡하게 되면 난해하게 된다"는 논지에도 동의할 수 있다. 그러나 전달할 내용이 복잡할 때는 그것을 전달할 말이 복잡해야만 할 때도 있지 않을까? 복잡한 내용을 간명한 말로 하면, 듣는 사람들에게 제대로 전달되지 않거나 설득력을 잃을 위험이 있지 않은가? 예컨대 유교에서 『논어』의 간명한 말이 불교의 심오한 내용에 대적하기 어려울 때는 주희(朱熹) 같은 인물이 나타나서 훨씬 더 길고 복잡한 말을 한 것도 그 때문이라 할 수 있지 않을까?

"말은 아무리 세밀하게 해도 유한"하며, 따라서 "말은 그물이 아니고 날개여야 소중하다"는 주장은 위의 물음에 대한 좋은 답변이 된다. 그물의 비유는 말이 생각을 정확하게 붙잡는 측면을 나타낸다면, 날개의 비유는 말이 생각을 고정시키지 않고 자유롭게 확장하거나 변화시키는 측면을 나타낼 것이다. "이치를 크게 휘어잡아 대강 말하"면 생각에 날개를 달아줄 수 있기 때문이다. 그러나 날개는 올바른 쪽으로 날아갈 수도 있고 엉뚱한 쪽으로 날아갈 수도 있다. 말이 생각의 날개가 될 때 이런 문제가 생길 수도 있지 않은가?

서양 철학이 쓸데없이 말을 길고 어렵게 하여 유식과 무식의 차등을 강화하는 폐단을 되풀이해서는 안 될 것이다. 하지만 간명하게만 말하는 방법도 유식과 무식의 차등을 깨뜨리기 어렵다고 생각한다. 유식한 자가 간명하게 말하는 데만 그치면 듣는 이들에게 어려운 수수께끼를 던져놓고 마는 꼴이 될 수 있기 때문이다. 무식한 자가 간명하게 말하는 데만 만족하면 그 말에 담을 생각이 간명해도 괜찮다는 데 만족하여 자기 생각을 더욱 새롭게 할 의욕이 생기지 않을 위험이 있다. 말을 간명하게 하느냐 복잡하게 하느냐보다 더 중요한 점은 새로운 내용을 사람들에게 정확하고 설득력 있게 전달할 수 있는 말로 하느냐가 아닐까 한다. 그래야 달관하는 철학의 말이 "시와 함께 올라" 설 수 있지 않을까?

【3. 동서·기학·역사·창조】

3-1

동쪽에서는 홍대용, 박지원, 최한기 등이 만생차등론을 공격하였고, 서쪽에서는 과학으로써 만물차등론을 공격하였다는 통찰은 흥미롭고 설득력이 있다. 동쪽의 공격과 서쪽의 공격은 모두 중세에서 근대로의 이행기에 일어나기 시작한 일이라고 할 수 있다. 차등론에 반전이 일어나는 움직임이 인류사 중에서도 중세에서 근대로의 이행기에 이르러서야 일어난 까닭은 무엇일까? 이는 "근대는 고대 자기중심주의 부정의 부정이듯이, 다음 시대는 중세 보편주의의 부정의 부정으로 이루어진다"는 통찰과 연관되는가? 그렇다면 중세 보편주의는 차등론과 밀접하게 연관되고, 근대 자기중심주의는 (대등론으로 나아가기 이전 단계라 할 만한) 평등론과 밀접하게 연관된다고 볼 수 있을까? 보편주의가 강하던 시대에는 왜 차등론이 강하였고, 자기중심주의가 강하던 시대에는 왜 평등론이 강하였을까? 대등생극론이라는 총론을 역사철학이라는 각론에 적용하려다 보니 이처럼 여러 가지 흥미로운 탐구 주제가 떠오른다.

3-2

"'이치'는 '앎' '기운'은 '있음'이라고 해도 오래 키운 뜻을 담는 날이 올 수도 있다"는 언급은 이후에 펼쳐진 있음, 삶, 앎에 관한 논의와 연관된다고 보인다. 이에 관하여 오래 키워 온 생각을 조금이라도 미리 설명해주면 좋겠다. 있음을 만물이 공유하고 앎을 만인이 공유한다면, 기운은 만물이 공유하고 이치는 만인이 공유한다고 할 수 있을까?

홍대용, 박지원, 최한기의 철학은 차등론을 세련되게 무너뜨리는 만생대등론을 펼쳤다고 할 만하다. 그런 그들의 주장에는 어떠한 한계가 있을지도 따져보아야 논의에 진전이 있을 것이다. 그들이 만생대등론을 뒷받침하는 공통 근거는 사람이 다른 생물들을 알 수 없고 다른 생물들이 사람을 알 수 없다는 데 있다. 서로를 알 수 없으니 어느 쪽이 더 높거나 낮은지 함부로 판단하지 말자는 발상이다. 이 발상은 물론 차등론의 논리적 근거를 무너뜨리는 데 적지 않은 이바지를 한다. 하지만 차등론을 무너뜨리는 일이 곧장 대등론을 충분하게 일으키는 일이라고 하기는 어렵다. 대등론이 지향하는 바는 대등 관계에 있는 것들 사이에 소통과 협력이 활발하게 이루어지는 데 있으리라고 생각한다. 사람이 다른 생물들을 알 수 없다는 점만 강조하는 철학은 자칫 다른 생물들에 대한 무관심을 조장할 위험이 있다. 특히 오늘날처럼 사람이 생태계에 극심하고 끔찍한 영향을 끼치고 있는 상황에서는, 무관심보다도 진심으로 반성하고 책임지는 자세가 필요하다. 그러려면 사람이 다른 생물들을 알 수 없다고 여기는 데에서 한발 더 나아가, 다른 생물들이 겪는 고통을 사람의 고통처럼 알고 느끼고 고민할 필요가 있다고 생각한다.

이기이원론에서는 "사람은 갖추고 있는 성(性)이 달라 다른 동물들보다 우월하다"고 주장하였다. 이를 다시 거론한 홍대용은 사람에게는 인의예지의 성이 있고 자연물에는 굳셈과 부드러움의 성이 있다고 하였다. 홍대용의 말은 사람에게만 성이 있고 자연물에는 성이 없다는 이원론을 타파할 수 있지만, 사람의 성과 자연물의 성이 다르다는 이원론을 타파하기는 힘들지 않을까?

3-3

천기는 타고났다고 해서 저절로 실현되는 것이 아니라 기르고 알고 실행해야 할 것이라고 지적하였다. 인간은 자신이 타고난 천기를 실현하는 일을 의식적으로 노력해야 하는데, 다른 자연물들은 타고난 천기를 자연스럽게 쉼 없이 실현하고 있는 듯이 보인다. 이러한 차이가 생기는 이유는 무엇일까?

　종교에 대한 철학의 반론이 가능하지 않은 서쪽에서는 과학의 힘으로 차등론의 형이상학을 무너뜨렸다고 하였다. 그 대표적인 사례로는 양자역학, 지동설, 상대성원리 등과 같은 물리학의 성과를 들었다. 그밖에도 생물학 분야로 눈을 돌리면, 진화론이 기독교의 아성을 크게 흔들었다고 할 수 있다. 진화론은 제국주의 옹호자들에 의해서 민족과 국가 간의 약육강식과 우승열패를 정당화하는 논리로 오용되기도 하였다. 그러나 다윈(Darwin)이 원래 말하고자 한 진화론은 모든 생명체마다 고유한 진화 방식이 있고 그 진화 방식들은 모두가 대등하게 소중함을 의미한다고 할 수 있다. 다윈은 40년 넘게 지렁이를 연구하면서, 지렁이가 땅을 갈아엎고 비옥하게 만드는 데 어떠한 생물보다 크게 이바지한다고 밝혔다. 물리학은 만물대등생극을 잘 입증하고, 생물학은 만생대등생극을 잘 입증한다는 생각이 들었다. 상황에 잘 적응할 때는 우수한 것이던 유전적 특징이 변화하는 상황에 적응하지 못할 때는 열등할 수 있으며, 평상시에는 열등한 것이 비상시에는 우수할 수 있음을 밝혔기 때문이다. 이처럼 진화론이라는 생물학의 성과도 대등생극론의 한 면을 증명하는 과학이라 이해하여도 크게 틀리지는 않을 것이다.

　만생대등생극론은 "부모가 자식 창조를 일생의 가장 중요한 과업으로 삼는 것은 어느 생물이나 대등"함을 밝혀준다. 서쪽 철학자 베르그손(Bergson) 역시 모든 생명 활동의 본질이 창조적 진화에 있다는 일원론적 생명 철학을 제시하였다. 그러면서 그는 생명의 창조 활동을 진화의 과정으로 보았다. 그렇다면 대등생극론이라는 철학의 총론을 통해서는 진화론이라는 과학의 각론을 어떻게 포괄할 수 있을까?

3-4

물리학에서 밝힌 원리인 파동과 입자, 질량과 에너지의 대등생극이 생물 및 삶에서 나타나는 원리인 협력과 경쟁, 승리와 패배, 선진과 후진, 사랑과 미움의 대등생극과 곧바로 나란하게 비교될 수 있는지 의문이다. 예컨대 "협력이 경쟁이고, 경쟁이 협력이다."라고 하였을 때, 협력과 경쟁은 질적으로 지극히 상반되는 것이라 할 수 있다. 그런데 "파동이 입자이고, 입자가 파동이다."라고 하였을 때, 파동과 입자는 각 특성이 상반된다기보다도 상이하다고 할 수 있기 때문이다. (물리학 법칙처럼) 만물의 영역에서 나타나는 원리와 만생과 만인의 영역에서 나타나는 원리 사이의 간과하기 힘든 차이를 어떻게 이해하면 좋을까?

3-5

"서양철학은 어느 것이든 유용(有用)의 소용(小用) 경쟁에 참여하고 있어 새로운 철학일 수 없다. 무용(無用)의 대용(大用)을 이어 온 동양철학이, 그 가운데 특히 우리 기학(氣學)이 대단한 기여를 할 수 있다."라고 말씀하신 대목이 강렬하게 마음을 울렸다. 그런데 대등생극론의 관점에서 본다면, 서양철학 가운데에서도 어떠한 측면은 기학과 대등한 창조 역할을 할 수 있다고 보아야 옳지 않을까 한다. 서양철학이 유용의 소용을 거듭해 온 것은 무용의 대용이 더 대단함을 보여주는 반면교사 노릇을 할 수 있다고 말하는 것만으로는 부족하지 않을까. 물론 서양철학 전반은 지금까지 말을 어렵고 길게 한 죄악이 너무나 심각하다. 그러나 서양철학 중에서도 기독교의 눈치를 보지 않고 일원론을 과감하게 제시한 성과들은 한국의 기학과 개방적으로 소통해볼 수 있지 않을까?

3-6

서쪽의 철학은 기독교가 위세를 떨칠 동안, 기독교 교리에 저촉되지 않는 범위 안에서 그리 중요하지 않은 문제를 천착한 경향이 있다는 지적이 동의할 만하다. 그런데 기독교의 위세가 꺾이고 난 뒤부터는 기독교 교리를 넘어서거나 뒤흔드는 말을 적지 않게 하였다고 볼 수 있지 않을까? 서쪽의 철학이 "하나마나 한 말"을 하며 "자폐증에" 빠졌다고 판단할 수 있는 근거가 명확하게 이해되지 않는다.

뒤집어 생각하면 동쪽의 철학도 "자폐증"에 빠져 있는 측면이 있지 않은가 한다. 예를 들어 "불교는 말을 불신한다"고 하면서도 말로써 철학을 펼쳤다. 거칠게 말한다면 결국 손가락을 보지 말고 손가락이 가리키는 달을 보라는 말만 반복한 셈이다. 말을 하면서도 그 말을 믿지 말라고 하는 것은 "자폐증"처럼 늪에 빠진 꼴이라고도 볼 수 있지 않을까? 또한 유교의 이기이원론이든 기일원론이든, 양자는 모두 이와 기라는 두 개념으로써만 철학을 펼친 셈이다. 제3의 개념이나 제4의 개념과 같은 새로운 개념을 제시한 바는 없다고 할 수 있다. 오래도록 두 개념 안에만 갇혀 있는 것 역시 "자폐증"이라고 볼 수 있지 않을까?

3-7

서쪽 기독교문명권과 동쪽 유교문명권은 만물과 만생과 만인의 세 영역에 걸친 차등론을 만들어 오랫동안 인류를 지배하고 괴롭혀 왔다. 차등론은 상생과 상극 가운데에서 상극에 해당할 것이다. 지나치면 반전이 일어난다는 보편 원리로 보면, 차등론이라는 상극의 논리가 오랫동안 인류의 역사에서 너무 심하였기에 상생의 논리로 진즉 뒤집혔어야 하지 않을까. 그럼에도 인류사에서 그러한 반전이 오랫동안 일어나지 않은 것처럼 보이는 까닭은 무엇일까? 차등과 평등, 평등과 대등을 상극과 상생의 관계로 이해하려는 것 자체가 잘못일까? 인류 사회가 차등에서 평등으로, 평등에서 대등으로 나아가려는 역사의 과정을 생극론의 측면에서 어떻게 설명할 수 있을까?

3-8

"인류역사는 차등을 몰아내고 대등을 실현하고자 노력하는 과정이다. 그래서 만인대등생극이 만생대등생극이고, 만물대등생극이게 하고자 한다." 이 대목은 큰 울림을 주므로 다시금 인용한다. 사람과 사람이 대등이고 생물과 생물이 대등이라면, 사람과 생물도 대등이어야 할 것이다. 그런데 만인대등생극이 만생대등생극이라는 논리는 만인과 만생의 대등이 아니라 양자의 평등을 나타낼 위험이 있지 않을까 한다. 아무리 대등생극이 보편 원리라 할지라도, 사람들 사이에 대등생극이 일어나는 방식과 생물들 사이에 대등생극이 일어나는 방식은 서로 다르지 않을까? 그렇다면 사람들이 움직이는 방식과 생물들이 움직이는 방식에도 서로 다른 고유성이 있다고 보아야 하지 않을까? 예컨대 사람과 동물과 식물에 차등이 있다는 생각을 홍대용, 박지원, 최한기 등이 공격하였다고 한다. 이와 달리 동학에서는 사람과 만물이 하나의 하늘로서 공경되어야 한다고 말하면서도, 사람이 만물 가운데 가장 영적인 것이라고도 말한다. 박지원은 여타 동물에 비하여 가죽자루에 글자 몇 개 더 싸놓은 것만이 인간의 특징이라고 말하였다. 이는 동물과 구분되는 인간의 특성을 "글자 몇 개", 즉 지식의 양으로 파악한 것이라 할 수 있다. 그러나 동학은 인간이 여타 동물과 상대적으로 다른 까닭을 "글자 몇 개"와 같은 지식의 양이 아니라 영적인 능력에서 찾았다고 할 수 있다.

【4. 젠더】

4-1

여자와 남자의 관계를 통해서 대등생극의 단계를 설명한 대목에는 동의하기 힘든 점이 있었다. "출산과 양육 때문에 스스로 먹이를 구하지 못하는 기간 동안 여자를 먹여 살리는 것이 남자의 가장 중요한 임무이다. 그럴 능력이 있어야 남자라고 할 수 있다."라는 주장이 나온다. 그러나 여자가 임신과 출산 등으로 일을 잠시 할 수 없을 때도 일자리를 유지하고 나중에 계속 노동할 수 있도록 보장해주는 사회가 올바른 사회라고 생각한다. 예를 들어 혼인하지 않고서 출산 또는 입양을 통하여 아이를 키우는 여성의 경우에는 배우자의 도움에 의지하지 않아도 먹고 살 수 있어야 한다. 또한, 스스로 먹이를 구하지 못하게 된 배우자를 먹여 살리는 것은 배우자의 당연하고 중요한 책임이지, 여자와 남자 가운데 어느 한쪽만의 책임이라고 생각하지는 않는다.

4-2

"이혼할 때 여자가 자식 양육권을 가지고 남자는 양육비를 부담하는 것이 불평등이니, 남자가 양육권을 가지고 여자는 양육비를 부담하는 반대의 경우도 있어야 한다고 주장할 것인가?"라고 하였다. 그런데 그 주장이 부당하다고 보는 까닭을 알기 어렵다. 자식을 직접 키우는 일은 여자가 더 잘하고 돈을 버는 일은 남자가 더 잘하기 때문인가? 대등 사회에서는 여성도 남성만큼 돈 버는 일을 잘할 수 있고 잘해야 하지 않을까? 또한 남성 가운데에서도 직접 자식 키우는 일을 잘하는 남성이 있지 않을까? "여자 같은 남자, 남성진 여자도 있다. 여남의 공동 창조는 여자 같은 남자나 남성진 여자가 잘한다."라고 한다면, 아이 키우는 일은 여남의 가장 중요한 공동 창조 가운데 하나라고 생각한다.

4-3

또한, 대등생극론이 여남의 관계 이외에 동성애자, 양성애자, 트랜스젠더 등과 같은 성 소수자의 관계를 어떻게 설명할 수 있을지 묻지 않을 수 없다. 이들에 대한 차등이 아직도 너무나 극심하기 때문이다.

【5. 동학】

5-1

"종교는 개혁할 수 있어도 민주화할 수 없다. 개혁한 종교도 종교의 차등을 그대로 지니고 있다. 절대자를 믿고 의지하면서 피안의 정신적 평등세계를 동경하라는 말을 그대로 한다." 이 말씀에 대해서는 동학의 관점에서 반론을 제기해볼 수 있다. 동학은 만인과 만물이 모두 하느님의 각기 다른 표현이라고 말하였다는 점에서 차등을 없앤 종교라고 볼 수 있지 않을까? 또한 동학은 절대자를 의지하지 말고 만물 속의 하느님을 믿으라고 말하며, 피안의 세계를 동경하지 말고 현실에서 이상세계를 실현하라고 말하는 종교가 아닐까? 종교와 정치의 폐단은 문학이 시정할 수 있다. 대등사회의 실현에 앞장설 수 있는 역할이 문학에 있다고 생각한다. 그렇다면 기성 종교의 폐단을 시정한 동학은 문학의 기능을 수행하는 종교라고 할 수 있지 않을까? 거시세계·미시세계가 가시세계와 합쳐질 수 있듯, 종교의 영역과 문학의 영역도 대등사회의 이상 속에서 합쳐질 수 있지 않을까?

5-2

새로운 철학의 바탕으로 삼을 만한 기학은 기와 이, 사물과 신, 날씨와 일기예보가 둘인 동시에 하나로서 대등 관계를 이룬다는 관점이라고 할 수 있다. 이는 동학에서 기가 곧 하늘님과 같고("氣者虛靈蒼蒼 無事不涉 無事不命 然而如形而難狀 如聞而難見 是亦渾元之一氣"), 하늘님이 만물의 내부에는 신령으로 있고 만물의 외부에는 기화 작용으로 있으며("內有神靈 外有氣化"), 만물의 여럿이 곧 하나의 이와 같다("一理萬殊")고 말한 바와 상통한다고 볼 수 있지 않을까?

5-3

동학은 만물과 만생과 만인이 하나의 지기(至氣), '지극한 기운'의 서로 다른 표현이자 하나의 천주(天主), 하느님, 신(神)의 서로 다른 표현이라는 새로운 말을 하였다. 기학의 기일원론을 계승하였으되, 기가 곧 하느님이라는 말은 새롭다고 할 만하다. 이미 그전까지 최한기 등이 세운 기일원론의 전통이 있는데 구태여 기가 곧 신이라는 강조를 덧붙인 까닭이 무엇일지 숙고해볼 필요가 있다. 첫째로, 모든 있음이 하나의 기라고 하면 사실 판단에 그친다. 그에 비하며 모든 있음이 하나의 기이자 하나의 하느님이라는 발상은 사실 판단인 동시에 가치 판단이다. 하느님은 동쪽과 서쪽을 막론하고 최상의 가치라 여기기 때문이다. 만물이 하나의 기라는 말에 하나의 신이라는 말을 덧붙이면 만물이 대등함을 아는 (인식 측면) 수준에만 그치지 않고 만물을 모두 소중히 여기고 섬기게 하는 (실천 수준) 수준까지 나아가게 하는 효과가 크다. 사실 판단과 가치 판단이 합일을 이뤄야 지식과 실천 사이의 간극이라는 큰 문제를 풀 수 있다.

둘째로, 동학의 일원론은 기학의 기일원론보다 더욱 생산적이고 효과적으로 동쪽 문명과 서쪽 문명을 소통시킬 수 있다고 생각한다. 서쪽에서는 기독교와 같은 종교의 영역이 오래도록 강한 힘을 떨쳐 왔다. 종교의 영역은 눈에 보이지 않는 것들, 즉 초월적이고 무한한 것들에 관한 영역이라고 할 수 있다. 반면 동쪽에서는 고대 주(周)나라의 인문주의와 그것을 계승한 공자(孔子)의 유교가 귀신과 같이 눈에 보이지 않는 것들의 영역을 철저하게 배제하였다. 불교도 도교도 어떻게 하면 삶의 고통을 해결하거나 자연스럽게 살 수 있는가 하는 문제에 더 집중한다. 유교, 불교, 도교가 기독교에 비하면 덜 종교적인 것처럼 보이는 까닭도 이 때문일 수 있다. 동학은 동쪽 철학에서 말하는 기(氣)가 서쪽 종교에서 말하는 신(神)과 하나임을 간명하게 설명하여 서쪽 문명의 전통을 부정하지 않고 더 나은 쪽으로 평화롭게 이끌어가는 작전을 슬기롭게 펼쳤다. 서학(西學)이라는 이름으로 들어온 기독교 문명을 유학자들이 일방적으로 탄압하고 배척하였을 때, 동학의 이 지혜로운 작전이 빛을 발하였을 것이다. 이렇게 기학의 기일원론이 설명하지 못하는 바까지 설명해줄 수 있으므로 동서의 대등한 협력과 창조에 더욱 이바지하는 바가 있지 않을까 한다.

토론 응답과 진행

【1. 시작하는 말】

1-1

학문 토론은 사사로운 대화가 아니다. 대등한 자격을 가지고 함께하는 공공의 활동이므로 높임말을 쓰는 것은 적절하지 않다. 지금 하는 토론 응답과 진행은 논설로 이어지고 때로는 문학 창작이기도 해서, 공인된 방식을 사용한다.

1-2

학문은 자기만족을 위한 도락이 아니고, 학자가 맡은 사명의 엄숙한 수행이다. 학(學)에 문(問)을 보태야 학문이 이루어진다. 연구해 알아내고 깨달은 것의 타당성을 토론에서 검증하고 확대해야 한다. 얻은 결과가 개인의 소유물에 머무르지 않아야 하고, 동참자들의 노력이 추가되어 공공의 자산이 되어야 한다.

　이런 지론을 줄곧 펴고 있다가, 내 연구 집약물에 대한 토론이 이루어지게 되어 아주 기쁘다. 좋은 기회를 만들어주어, 깊이 감사한다. 토론 부재로 어려움을 겪던 연구가, 이제 학에 머무르지 않고 학문으로 나아갈 수 있게 되었다. 토론자는 동참자이고, 공저자이다. 공저자들의 기여가 확대되고 심화되면, 미비한 연구가 온전해질 수 있다. 큰 반응을 일으켜, 학문의 역사를 바꾸어놓을 수 있다.

학문의 흉년이 이어져 굶주리던 시대를 끝내고, 풍작이 가능하도록 하는 씨앗을 가까스로 마련한 것이 내가 지금까지 한 일이다. 씨앗이 싹터 크게 자라나려면 더 많은 노력이 필요하다. 농사를 함께 짓는 역군이 사방에서 모여들기 바란다. 농사가 아주 잘되어, 씨 뿌린 사람이 보이지 않게 된 것은 사건이 아니어야 한다.

크게 자란 작물을 보고, 씨앗을 생각하지는 않는다. 대등생극론을 자랑스러운 공유물이 되게 키워, 함께 얻은 성과를 흐르는 물이나 부는 바람처럼, 누구나 자기 것이라고 여기고 좋은 대로 이용하기를 기대한다. 이런 말은 체면치레로 하는 것이 아니고, 역사의식에 근거를 둔다.

중세에는 어디서나 보편적인 원리를 공유했다. 근대 유럽에서, 별난 생각을 한 개개인이 지적 소유권을 배타적으로 행사하는 풍조가 생겨 세계 전역으로 퍼졌다. 근대를 넘어서서 다음 시대로 나아가려면, 이런 잘못을 시정해야 한다. 보편적 가치를 검증하는 절차를 거쳐 확인한 연구물은 공유재산이어야 한다.

1-3

기대하고 있던 글을 받아보니, 세 가지 의문이 거듭 나타나 있다. 대등생극론의 원천으로 든 것들이 미흡하지 않은가? 새로운 시도가 잘못될 염려가 있지 않은가? 설득과 변혁이 과연 가능한가? 이런 의문은 너무나도 당연해, 하나하나 구체적으로 응답하지 않아도 된다.

대등생극론의 원천으로 든 것들이 미흡하기 때문에, 거기 머무르지 않고 새로운 시도를 한다. 새로운 시도는 모험이므로 어느 것이든지 잘못될 수 있다. 잘못을 피하고 잘되게 하려고 토론을 요청한다. 토론의 의의를 불신하면 단순한 질문을 하는 데 그치거나, 말꼬리를 잡고 시비하기나 한다.

아무리 훌륭한 착상이나 철학이라도 받아들이도록 설득하려면 어려움이 있고, 상당한 시간과 적절한 방법이 필요하다. 혁신의 가치가 클수록 고난을 더 많이 겪어야 한다. 이것을 혼자 감당할 수는 없다. 토론자가 많이 모여들어야 설득과 변혁이 시작될 수 있다. 더 나아가는 데 필요한 작전을 토론과정에서 세울 수 있다.

질문과 토론은 다르다. 질문은 관중의 반응이라면, 토론은 선수들끼리 하는 경기이다. 토론자는 의문 제기에 그치지 않고, 의문 해결을 위한 자기 견해를 제시하면서 앞으로 나아가야 한다. 토론자의 견해에 대해 논란하면서 처음 발표한 논의가 새롭게 전개되는 성과를 얻어야 한다. 질문은 이미 한 작업을 단단하게 하기나 하고, 토론은 연구가 앞으로 나아가게 하는 동력을 제공한다.

토론을 진행하다가, 발제자와 토론자가 바뀌기도 한다. 둘이 합의해 공동의 성과를 얻기도 한다. 커다란 수확을 각기 확보하기도 한다. 학문이 이렇게 활성화되는 계기를 만들어, 수입학을 청산하고 창조학의 꽃을 활짝 피우는 시대를 열고자 한다. 대등생극론 논쟁에서 학문의 역사가 달라졌다는 말을 듣는 것이 최상의 희망이다.

그런데 기대한 것과는 달리, 내가 전개한 논의가 미비하다면서 여러 대목에서 이런저런 질문을 많이 했다. 총론 구성이 철학의 사명이므로, 부분의 미비는 너무나도 당연하다. 부분에 관한 의문을 각기 해결하려고 하면, 부분이 따로 놀아 총론이 허약해지고 와해된다. 철학이 사라지게 된다.

각론을 모으면 총론이 되는 것은 아니다. 철학을 부정하는 귀납법의 망상에 사로잡혀 시간을 낭비하지 말아야 한다. 총론 철학을 일관되게 이룩하면서, 이따금 어느 부분의 사실을 든다. 논의가 너무 추상적이지 않게 하려고 구체적인 예증의 도움을 받는다. 긴장을 지속시키려면, 실감을 돋우거나 정신을 차리도록 하는 말이 필요하다. 총론에서 각론으로 나아가는 출구를 탐색하기도 한다.

부분은 전체가 아니다. 예증은 경우에 따라 달라질 수 있다. 사소한 쟁점은 긴요하지 않다. 대수롭지 않은 것들은 심각하게 시비하며 시간과 노력을 낭비하지 않아야, 먼 길을 갈 수 있는 토론을 한다. 토론은 잠시 장외로 나가 얻는 휴식이 결코 아니고, 경기를 줄곧 열차게 진행하기 위한 필수의 노력이다.

제기된 질문을 토론으로 활용한다. 질문 몇 항목을 합쳐, 여러 측면의 상관관계를 총체적으로 해명하는 새로운 구상을 제시한다. 이미 쓴 글을 보완하는 데 그치지 않고, 앞으로 성큼 나아간다. 창조학의 진전을 이룩한다. 철학과 문학이 어떤 관련을 가지는가 하는 의문에 시를 지어 응답하기도 한다. 예상을 넘어서는 성과가 있게 되어 기쁘다.

【2. 철학·언어】

2-1

[가] '철학'은 '필로소피'의 번역어이다. [나] '필로소피'의 정통적인 계승자인 본바닥의 철학을 따라야, 우리도 철학을 한다. [다] 철학은 수입학이어야 하고, 창조학일 수 없다.

이 세 가지 명제는 사실의 차원에서, 인과관계를 가지고 논리적으로 타당하다. 당위의 차원에서는, [나]가 부당하고 [다]는 더욱 부당하다. [다]를 [-다] "철학을 수입학이 아닌 창조학으로 해야 한다"로 바꾸어야 한다.

[-다]가 어떻게 해야 가능한가? [가]·[나]·[다]의 인과관계를 부인할 것인가? 이것은 힘들다. 사실과 당위는 별개라고 할 것인가? 이것은 억지이다. 철학은 가망이 없다고 여겨 포기하고, 그 대신 다른 학문을 할 것인가? 이것은 가능할 수 없다.

포괄적이고 총체적인 논의를 하는 학문을 해야 기존의 철학을 대신할 수 있는데, 무어라고 일컬어야 하는가? 이름을 짓는 데서부터 난관이 생긴다. 이름을 잘 지어도 통용되지 않으면 소용없다. 철학의 자리를 차지할 것이라고 기대하는 것은 무리이다.

그러면 어떻게 해야 하는가? [가]를 고치는 것이 최상의 방책이다. '철학'은 '필로소피'의 번역어기 이전에, 오랜 내력이 있는 '哲人之學'(철인지학)이다. 서쪽에서는 '필로소피'를 할 때, 동쪽에서는 '철인지학'을 했다. 이 전례를 알고 이어받으면 위의 세 명제가 달라진다.

[-가] '철학'은 오랜 내력이 있는 '哲人之學'의 준말이다. [-나] 그 전통을 이어받으면 철학을 잘할 수 있다. [-다] 철학을 수입학이 아닌 창조학으로 해야 하는 것이 당연하다. 이렇게 말하는 것은 사실에 근거를 둔 당위여서 전적으로 타당하다.

'哲人'이라는 말은 『시경』(詩經)에서 유래했다. 어리석은 사람 '愚人'(우인)과 다른 슬기로운 사람이라는 뜻이다. '哲人達觀'(철인달관)이라고 해 온 '달관'을 살리는 철학을 해야 한다. '달관'이 무엇인지 여러 사람이 한 말 가운데 최한기(崔漢綺)가 "일에 따라 미루어 헤아림에 人·物·氣가 참여하지 않음이 없으면, 이것을 달관이라고 한다"(從事而推測 人物與氣 無不參商 是謂達觀矣)고 한 것이 가장 긴요하다.

'推測'(추측)이라고 한 '미루어 헤아림'은 이치 탐구이다. '物'(물)은 동식물이다. 말을 간추려 다시 하면, "만인·만생·만물에 두루 타당하게 헤아린 이치가 달관이다"라고 했다. '달관'이라고 한 것이 바로 철학이다. 철학의 정의가 이보다 다 나아질 수 있겠는가?

분명하게 다시 말한다. '철학'은 '필로소피'의 번역어가 아니고, '달관철학'의 약칭이다. '필로소피'의 번역어인 철학은 '번역철학'이라고 지칭하면 혼동이나 혼란이 생기지 않아 좋지만, 구별하는 것이 능사가 아니다. 달관철학의 약칭인 철학에 모든 철학이 포용되기를 기대한다, 수입학의 시대를 청산하고, 이제 창조학을 본격적으로 시작한다. 주체적이고 보편적인 창조학으로 세계학문의 바람직한 진로를 제시한다. '필로소피'에서 유래한 철학의 잘못을 바로잡는 것이 긴요한 과제로 이에 포함된다.

2-2

지금 철학과 과학이 딴 길로 가면서, 각기 보고 싶은 것만 선택해 본다. 이것은 학문만이 아닌, 인류문명의 위기이다. 과학과 철학을 합쳐야 시야가 활짝 열리고 총체적인 이해가 가능하다. 인식 능력이 정상화되어, 문명의 위기가 극복된다.

과학과 철학을 합치려면 어떻게 해야 하는가? 이 작업을 어느 쪽에서 주도해야 하는가? 과학은 수리언어를 버리지 못하는 탓에 철학을 잡을 수 없어, 둘을 합치는 것이 불가능하다. 철학은 지금까지의 관습에서 벗어나, 달관언어를 사용하는 변신이 가능하다. 달관언어로 하는 철학은 과학을 느슨하게 포위하는 방법으로 잡아, 둘을 큰 범위에서 합칠 수 있다. 둘을 합쳐 자세하게 말하려고 하면 생기는 파탄을 피한다.

과학과 철학을 합치는 작업을, 과학이 알고 말한 사실만 가져와서 하면 된다고 여기지 말아야 한다. 과학이 몰라서 말하지 않고 남겨둔 공백도 보태야 한다. 과학이 무지한 내막을 찾아내 거론하는 것이 더욱 긴요한 과제이다. 과학을 비방하고 명예를 훼손하려는 것은 아니다. 모자라거나 모르는 것이 있어 서로 돕는 것이 대등의 이유이고 사명이다.

철학은 모르는 것이 너무 많다고 한탄해 왔다. 알기 위해 노력하는 학문이고자 하기 때문이다. 과학은 무엇이든지 다 알 수 있다고 뽐낸다. 무지를 감추어 위신을 높이려고 한다. 이런 불균형을 시정하려고 하면, 과학이 지금까지의 자세를 고쳐 무지를 고백하고 도움을 청해야 한다.

철학과 과학은 대등한 협동을 하고, 더 나아가 하나가 되는 것이 바람직하다. 이렇게 하려는 시도가 전에도 있었다. 과학이 주도해 학문을 합치겠다는 주장이 드세 선전포고를 하는 것처럼 들렸다. 과학이 철학의 임무까지 수행하겠다고 했다. 그런 선언문을 앞세우고 진군을 시작하고서, 수리언어 기능 확대는 시간이 걸리므로 우선 일상언어로 철학을 잡는 편법을 사용한다고 하자 무력함이 드러났다.

달관언어 같은 것이 있어야 포괄의 범위를 넓힐 수 있는 줄 모르고, 일상언어를 수리언어처럼 써서 과학의 위세를 자랑하려고 하다가 논의에 진전이 없다. 계산 착오로 수렁에 빠졌다고 할 수 있다. 그런 실패를 반면교사로 삼고, 철학은 방법을 바꾸는 것이 현명함을 재확인한다.

달관언어를 범박하게 사용해, 철학과 과학 양쪽의 아는 것과 모른 것, 말하는 것과 말하지 못하는 것, 더 나아가 알 수 있는 것과 알 수 없는 것, 있는 것과 없는 것을 모두 포괄해야 한다. 말하지 않은 것이나 모르는 것을 만만하게 여기고 와서, 나무라는 사람들이 진지한 토론을 하면서 공동연구에 참여하기를 기대해야 한다.

2-3

철학은 시(詩)와 어떤 관련을 가지는가? 병법이 철학인가? 이런 의문이 제기된 것을 각기 대답하려고 하면, 철학을 하기 어려워져 설득력이 모자란다. 미진한 논의를 확대하는 총론을 갖추면, 관련되는 의문을 일제히 해결할 수 있다.

옛사람들이 "철인은 달관한다"고 한 말을 다시 든다. 이런 생각을 이으면, 철학은 달관하는 학문이고, 철학에서 하는 말은 달관언어이다. 철학은 달관언어를, 과학은 수리언어를 선택해, 일상언어의 가변적이고 유동적인 물결에 휩쓸리지 않고 이치를 탐구할 수 있는 발판으로 삼는다.

수리언어는 일상언어와 결별하고, 독자적인 영역을 구축한다. 애써 탐구해 찾아낸 논리를 엄정하게 전개한다. 그 방식을 수학에서 가져온다. 수리언어는 일상언어와 거리가 아주 멀어, 극소수의 전문가만 이해하고 평가할 수 있다. 서양철학은 이런 수리언어를 추종하다가, 논의가 너무 복잡하고 난해하게 되었다. 궁벽해지고 길을 잃었다.

철학은 언어를 정확하게 사용해 사고를 엄밀하게 해야 한다는 주장은 두

가지 잘못이 있다. 수리언어를 추종하다가 위에서 든 결함이 생긴 것만이 아니다. 과학을 본떠서 정확하고 엄밀한 사고를 하려고 하니 외연이 줄어들어, 포괄적이고 총체적인 학문이어야 하는 철학의 본분을 저버린다. 과학을 추종하느라고 이상한 소리를 하고 다니는 것을 철학으로 인정할 수 없다.

우리 쪽에서는 '有無相生'(유무상생, 老子), '和而不同'(화이부동, 孔子), '物物相依'(물물상의, 徐敬德), '一本萬殊'(일본만수, 任聖周), '人與物均'(인여물균, 洪大容), '虎性亦善'(호성역선, 朴趾源), '推氣測理'(추기측리, 崔漢綺), 이런 달관언어로 철학을 했다. 달관언어는 요약이면서 상징이다. 거론하는 사실을 모두 축소해 포괄하니 요약이고, 다른 경우에도 적용될 수 있는 다양한 의미를 함께 지니고 있으니 상징이다.

달관언어를 시어와 비교해보자. '시어'를 한글로 적어도 잘 알 수 있게 하고, 다른 두 언어와 글자 수가 같게 '시문언어'라고 하자. 수리언어·달관언어·시문언어는 다음과 같은 관계를 가진다.

요약   상징
수리언어 —— 달관언어 —— 시문언어

수리언어는 요약이다. 시문언어는 상징이다. 달관언어는 요약이면서 상징이다. 수리언어는 과학, 시문언어는 문학, 달관언어는 철학의 언어이다. 어느 언어를 사용하는가에 따라 소속이 결정된다.

시문언어는 문학의 갈래에 따라 다르다. 철학에서 사용하는 달관언어와의 거리가 교술시는 더 가깝고, 서정시는 더 멀다. 교술시는 철학이기도 하고 문학이기도 한 중간물일 수 있다.

2-4
달관언어는 구도(求道)언어이기도 한다. 불교에서는 도를 닦아 얻은 것이 있으면, '四大無主'(사대무주), '放下一念'(방하일념), '浮雲空來'(부운공래), '騎牛覓牛'(기우멱우) 등으로 나타낸다. 이런 것도 달관언어여서, 요약이면서 상징이다.

　서양에는 병법이랄 것이 없었다. 전쟁 이야기의 으뜸 고전 『일리아드』를 보자. 날이 새면 출근하듯 전투를 시작하고, 저물면 퇴근하듯 전투를 그만둔다. 힘으로 밀어붙이는 것 이외의 다른 전투는 없다. 강승약패(强勝弱敗)의 순리만 있고, 약승강패(弱勝强敗)의 역전은 없다.

　이쪽의 『삼국연의』(三國演義)는 이와 전연 다르다. 강패약승의 역전을 흥밋거리로 한다. 온갖 기발한 병법이 그 비결임을 알면, 이해의 차원이 높아진다. 이야기만 그런 것이 아니다. 실제의 병법은 더욱 놀랄 만하다. 36계라고 하는 것을 빼어난 전술로 삼았다. 그 가운데 몇 개를 든다.

　'瞞天過海'(만천과해, 하늘을 속이고, 바다를 지나간다.), '聲東擊西'(성동격서, 서쪽에서 소리치고, 동쪽을 공격한다.), '無中有生'(무중유생, 없는 가운데서 있는 것이 생긴다.), '笑裏藏刀'(소리장도, 웃음 뒤에 칼을 감춘다.), '欲擒姑縱'(욕금고종, 사로잡고 싶으면 잠시 놓아준다.) '指桑罵槐'(지상매괴, 뽕나무를 가리키며, 회화나무를 나무란다.) 이런 것이 모두 달관언어이다. 요약이면서 상징이다. 실제 전투에서 있던 사실을 요약하고, 다른 전투뿐만 아닌 사람이 하는 다양한 활동에도, 더 나아가 천지만물에도 적용되는 발언을 한다.

　이런 병법은 따르면 이기고 무시하면 지는 지침이다. 아주 길게 해야 할 말을 최대한 간추려, 충격을 받으면서 수용하고 결코 잊을 수 없게 한다. 요약과 상징이 왜 필요한지, 왜 둘이 함께 필요한지, 왜 둘이 하나인지, 대단한 설득력을 가지고 알려준다.

2-5

달관언어 철학은 가는 길을 바로 찾을 수 있게 한다. 그런데도 한가한 소리를 대강 하는 듯한 거동을 보이는 것은, 병법에서와 같은 작전이다. 특히 사로잡고 싶으면 잠시 놓아주어[欲擒姑縱], 없는 가운데서 있는 것이 생기게[無中有生] 하려는 작전이다. 한발 물러서서, 무리를 줄이고 일이 쉽게 되게 한다.

달관언어는 '佛眼豚目'(불안돈목), '馬耳東風'(마이동풍), '발 없는 말이 천리를 간다.' '가지 많은 나무 바람 잘 날 없다,' 이런 말이 속담에도 얼마든지 있다. 속담은 사람이 누구나 달관언어를 알고 활용하는 철학자임을 말해준다. 철학이 어디 따로 있지 않다.

그뿐만 아니다. 나는 오랜 전통을 이어, '山山水水'(산산수수), '風彈心琴'(풍탄심금), '至窮至福'(지궁지복), '迷悟不二'(미오불이), 이런 화제를 내건 그림을 그린다. 달관철학이 천지만물의 공통된 이치인 것을 갖가지 그림을 그려 보여준다.

달관언어는 구도, 병법, 속담, 화제 등에서도 널리 사용한다. 이것들이 달관언어를 차용해 철학 흉내를 내는 것은 아니다. 달관언어를 사용하는 철학은 철학이라고 인정되는 범위를 넘어서서 어디서나 있다. 그런 본원철학을 근거로 철학논술이 이루어진다. 모든 사람이 일상적으로 하는 철학을 어느 누가 맡아 정리한다.

철학의 달관언어를 새삼스럽게 들먹이는 것은 무슨 까닭인가? 사용하는 언어가 잘못되어, 철학을 망치지는 것을 안타깝게 여기기 때문이다. 망가지는 것이 잘된다고 착각해, 남의 장단에 춤을 추느라고 차질이 더 심해진다.

'識字憂患'(식자우환)이고, '빈 수레가 요란하다.' 유식이 무식이고, 무식이 유식인 줄 알아야 한다. 이런 차질에서 벗어나려면, 근본으로 돌아가야 한다.

【3. 동서·기학·역사·창조】

3-1
대등생극론은 '氣'(기)가 대등의 관계를 가지고 生克(생극)하는 것을 밝히는 철학이다. '기'는 헤겔(Hegel)이 '정신'을, 마르크스(Marx)가 '물질'을 내세우기 훨씬 전부터 잘 인지해 온 총체적 실체이다. '기'의 양상에 따라 만물·만생·만인대등생극론이 겹겹으로 정립된다.

차등론 타파를 공동의 목표로 하면서, 헤겔이나 마르크스의 추종자들이 평등론을 그 대안으로 삼으려고 하다가 생긴 차질을 대등론으로 해결한다. 평등론은 이루어질 수 없는 희망이어서, 무리하게 추진하는 세력이 차등론을 재현하도록 한다. 이런 잘못도 대등론에서 시정해, 각기 달라 서로 필요로 하는 대등의 관계가 자연스럽게 자발적으로 이루어지는 것을 확인하고, 확대되도록 한다.

마르크스의 유물변증법은 상극에 치우친 정치투쟁으로 계급모순을 해결하려고 하다가 민족모순이나 문명모순을 확대한다. 이런 사태가 세계사의 위기를 조성하고 있어, 대등생극론이 해결하는 임무를 맡는다. 상극의 편향성을 생극으로 시정하고, 민족모순이나 문명모순을 문화투쟁을 확대해 해결하려고 분투한다.

3-2

있음·생물·삶은 무엇인가? 이것을 긴요한 관심사로 삼고, 많은 논란이나 분쟁이 있다. 모두 한 자리에 놓고 검토하고자 한다.

있음은 없음, 생물은 무생물, 삶은 죽음과의 관계에서 문제가 된다. 없음과 있음의 관계는 철학에서 논의한다. 무생물과 생물의 관계는 과학에서 논의한다. 죽음과 삶의 관계는 과학·철학·문학·종교에서 논의한다.

그 양상을 각기 고찰하면 할 일을 다하는 것은 아니다. 있음·생물·삶은 어떻게 관련되는가? 문제를 이렇게 다시 제기해야 한다. 상호관련을 이해하는 총론을 마련해, 있음·생물·삶을 각기 고찰하는 각론을 모두 포괄해야 한다.

있음·생물·삶을 긴요한 관심사로 삼고 생기는 논란이나 분쟁은 각론에만 매달려 생겨나고, 각론을 더욱 세분하고 구체화하다가 격심해진다. 각론을 포괄하는 총론을 마련해, 있음·생물·삶의 관련을 밝히면 말썽을 해결하는 논거를 얻을 수 있다. 인류 역사의 불행을 넘어서는 길로 들어설 수 있다.

없음과 있음의 관계를 분명하게 밝힌 철학의 좋은 본보기가 서경덕(徐敬德)이 말한 "虛卽氣"(허즉기)이다. 이것은 없음인 '허'가 바로 있음인 '기'라는 말이다. 천지만물이 생겨나고 움직이는 원리를, 기철학을 정립해 의문의 여지 없이 해명했다.

서양에서도 있음과 없음의 문제를 줄곧 논의해 왔다. 사르트르(Jean-Paul Sartre)의 『있음과 없음』(L'être et le néant)이 좋은 본보기를 보여준다. 그 내용은 명확하게 정리하지 않고 많은 말을 복잡하게 해서, 분명하게 간추리려면 너무나 많은 수고를 하지 않을 수 없다.

"지금부터 있음을 더욱 깊이 탐구하려고 하는 작업을, 그 반대인 없음에 대해 관심을 가지고 시작하자."(Maintenant que l'on commence à avoir une compréhension plus approfondie de l'être, intéressons-nous à son contraire, le néant.) 서두에서 이렇게 말하고, 두 가지 명제를 가장 긴요한 발견이라고 제시했다. "있음은 없음보다 선행하며, 없음을 형성한다."(l'être est antérieur au néant et le fonde.) 있음과 없음의 관계를 이렇게 말했다. "인생의 현실은, 자기의 있음에서 그 나름대로의 없음을 지니는 정도와 꼭 일치하게 자유롭다."(la réalité humaine est libre dans l'exacte mesure où elle a à être son propre néant) 자유를 얻는 길이 이렇다고 했다.

없음과의 관계에서 있음이 무엇인지 알려고만 하고, 없음과 있음을 대등한 위치에 놓고 상호조명을 하려고 하지는 않았다. 있음이 없음보다 선행한다고 해서, 둘은 선후관계를 가져 하나일 수 없다고 했다. 있음이 없음이게 하면 자유를 얻는다고만 하고, 창조는 없음이 있음이게 해야 이루어진다고 하지 않았다.

논의가 모두 한쪽으로 치우쳤다. 그 이유는 있음·생물·삶 가운데 삶만 인간중심주의(humanisme) 차등론에 입각해 소중하게 여기고 힘써 고찰하는

데 치중했기 때문이다. 모든 있음과 동격인 없음을, 삶의 한 양상으로 격하하고 축소한 탓에 당착이 생겼다고도 할 수 있다. 있음과 없음, 생물과 무생물, 삶과 죽음의 관계를 대등론의 관점에서 일관되게 이해해야 잘못이 시정된다.

3-3

무생물과 생물의 관계는 과학에서 맡아 논의한다고 한다. 무기물에서 유기물이 생기고, 유기물에서 생물이 생겼다고 하는 것이 그 요지이다. 이것이 관찰이나 실험에서 입증된 사실은 아니지만, 이론적 타당성이 충분해 가설의 단계는 넘어선다고 한다.

그런데 무생물과 생물의 경계가 명확하지 않아 고민이다. 바이러스는 어느 쪽인가? "바이러스는 생물과 무생물 사이에서 방황하는 그 무엇이다", "바이러스를 생물의 범주에 넣어야 하느냐 무생물의 범주에 넣어야 하느냐 하는 문제는 오랫동안 논란의 대상이었다"라고 한다. (후쿠오카 신이치 지음, 김소연 옮김, 『생물과 무생물 사이』, 은행나무 2008)

과학은 완벽해지려고 하다가 무능을 드러낸다. 끝까지 나가려다가 무력하게 되고, 미결 과제가 늘어난다. 미결 과제는 철학에 넘겨야 하는데, 철학은 무생물과 생물의 관계에 관한 논의를 맡아 나서지 않고 몸을 숨긴다. 무능한 줄 알기 때문이다. 무능한 줄 알면 면책특권이 있는 것은 아니므로 유능해야 한다. 신중함으로 무능을 합리화하지 말아야 한다. 있음과 없음, 생물과 무생물, 삶과 죽음의 관계를 대등론의 관점에서 일관되게 이해할 수 있어야 한다.

베르그손(Henri Bergson)은 『창조적 진화』(L'évolution créatrice)에서 물질(matière)과 생명(vie)의 차이점을 고찰했다. 이것은 두 가지 점에서 적절하지 않은 접근이다. 무생물과 생물, 죽음과 삶의 관계 가운데 앞의 무생물(물질)과 뒤의 삶(생명)만 선택해, 생물에 관한 고찰은 배제하고, 죽음에 관한 논의도 하지 않았다. 물질과 생명의 공통점이나 관련성은 버려두고 차이점만 말해 균형을 더 잃었다.

삶의 약동(élan vital) 또는 이 비슷한 말로 지칭한 삶의 기본 특징은 자유이며 창조라고 하고, 이 둘이 무한하지 않은 것은 물질이 방해하기 때문이라고 했다. "의식은 본질적으로 자유롭다; 자유 그 자체이다; 그러나 물질을 통과하려고 하면 거기 머무르고 적응하지 않를 수 없다."(La conscience est essentiellement libre; elle est la liberté même; mais elle ne peut traverse la matière sans se poser sur elle, sans s'adapter à elle.) 사람은 자유로워야 한다는 말을 이렇게 했다.

창조에 관해 한 말도 들어보자. "삶의 약동이라고 하는 것은 온통 창조를 요구한다. 반대 작용을 하는 물질과 만나는 탓에, 절대적인 창조는 가능하지 않다. 그러나 반드시 필요한 물질은 장악하고, 그 토대 위에서 불확정이나 자유를 되도록 폭넓게 맞이하려고 한다." (L'élan de vie dont nous parlons consiste, en somme, dans une exigence de création. Il ne peut créer absolument, parce qu'il rencontre devant lui la matière, c'est-à-dire le mouvement inverse du sien. Mais il se saisit de cette matière, qui est la nécessité même, et il tend à y introduire la plus grande somme possible d'indétermination et de liberté.)

위의 인용구 둘을 적절하게 의역하려고 노력해, 무슨 말을 하는지 대강 알 수 있게 되었다. 원문을 들여다보면 단어나 구절은 모를 것이 없어도, 앞뒤를 연결시켜 이해하기는 어렵다. 타당성이 의심되는 주장을 무리하게 펼친 탓이라고 하지 않을 수 없다. 소상하게 알고 충실하게 수용하려고 하는 것은 공연한 수고이다. 추종하려고 하면 비참하게 된다.

말하고자 한 것은 인간중심주의 차등론이다. 그냥 밀고 나가 자유가 실현되고 창조가 이루어지기를 바라다가 물질의 방해에 봉착한다고 하는 너무나도 단순한 발상을 현란하게 펼쳐 혼란을 가져왔다. 잘못된 생각을 대등생극론으로 바로잡고, 논의를 간명하게 해야 한다. 지금 그 작업을 진행하고 있다.

3-4

죽음과 삶의 문제는 과학·철학·문학·종교에서 논의한다. 모두 자기가 잘났다고 뽐낸다. 하나씩 살펴본다.

먼저 과학을 보자. 죽음에 대한 과학의 고찰을 의학이 맡고 말한다. 죽음은 뇌, 호흡계, 순환계를 비롯한 모든 생체기능이 영구적으로 정지된 상태이다. 죽은 뒤에 다시 살아나는 것은 가능하지 않다. 이렇게 말하면 필요한 논의를 완벽하게 한 것 같지만, 허점이 있다. 과학은 삶과 죽음이 둘인 것은 잘 알지만, 하나인 것은 몰라 한쪽에 치우쳐 있다. 이런 결함 시정이 철학의 과제이다.

서경덕은 〈鬼神死生論〉(귀신사생론)에서 이렇게 말했다.

죽고 사는 것이나, 사람이고 귀신인 것은 다만 '기'가 모이고 흩어짐일 따름이다.
모이고 흩어짐만 있고, 있고 없음은 '기'의 본체이다. '기'가 가득하고 하나이고,
맑고 빈 것이 밖이 없는 '허'에 퍼져 있다가 크게 모이면 천지가 되고, 작게
모이면 만물이 된다. (死生人鬼 只是氣之聚散而已 有聚散而無有無 氣之本體然矣
氣之湛一淸虛者 瀰漫無外之虛 聚之大者爲天地 聚之小者爲萬物)

몇 줄 되지 않은 언사로 할 말을 다했다. 삶과 죽음의 관계를 논의한 서양철학자도 있는지 찾아보다가, 분석철학자로 알려진 루퍼(Steven Luper)의 『죽음의 철학』(Philosophy of Death)을 발견했다. 철학을 대단하게 키워 이룬 성과가 아니고, 문제를 눈높이에 맞게 축소했기 때문에 가능한 작업을 했다. 다른 사람(Jeremy R. Simon)이 요약하고 논평한 글이 인터넷에 올라 있어 간추려 옮긴다.

이 책은 네 가지 문제를 다루었다. "삶이란 무엇인가?"(what is life?) "죽음이란 무엇인가?"(what is death?) "죽음이 당사자에게 얼마나 해로운가?"(how is death harmful to the subject?) "죽이는 것이 왜 어떤 경우에 해로운가?"(why and in what circumstances is killing wrong?)

이런 문제는 분석철학으로 다루기에 부적절한 것들이다. 종교에 대한 논의가 없는 것이 결격 사유이다. 모든 논의가 절박한 현실과 유리되어 있다. 문제를 축소해, 죽음에 관해서 평균적이고 상식적인 논의를 하는 데 그쳤다. 쓸 필요가 있는 책인지 의문이다.

사르트르는 위에서 든 책 『있음과 없음』에서, 죽음에 관해 자기가 하고 싶은 말을 했다. "죽을 순간이 닥쳐오는 것을 알고 그대가 미소를 지을 수 있으면, 찬양할 만하지 않은가? 그대가 하는 가장 무의미한 행동에 엄청난 영웅주의가 있다." (L'instant qui vient peut être celui de votre mort, vous le savez et vous pouvez sourire: n'est-ce pas admirable? Dans la plus insignifiante de vos actions, il y a une immensité d'héroïsme.)

인간중심주의가 지나쳐 죽음을 삶의 관점에서 다루는 데 그쳤다. 말이 빗나갔다. 영웅주의에 대한 환상을 버리고, 죽음을 조용하게, 당연하게 맞이하는 것이 바람직하다는 말은 하지 않았다.

3-5
차등론의 유형과 대응 방법을 개관한다. (진화론이나 그 밖의 다른 유형은 그리 긴요하지 않아 함께 거론하지 않는다.)

차등 1. 종교 유형: 하느님이 인간을 창조했다. 인간이 만물을 지배하도록 창조했다. 인간은 하느님을 믿어야 현세의 삶을 넘어서서 구원을 받을 수 있다. 이렇게 말해, 하느님-사제자-신자-불신자-동물-식물-무생물의 차등이 있다고 한다.

차등 2. 형이상학 유형: 영원하고 질서정연하고 선량하기만 한 형이상학적 원리가, 가변적이고 무질서하고 악할 수 있는 형이하학적 현상과 구분된다. 형이상학적 원리를 알고 실행하는 사람은 우월하고, 형이하학적 현상에 머무르고 있는 사람은 열등하다. 이렇게 말한다.

차등 3. 변증법 유형: 인류 역사는 변증법적 투쟁으로 전개된다. 이 투쟁에서 승리하는 쪽은 진보하고, 패배하는 쪽은 퇴보한다. 진보는 위대하고, 퇴보는 열등하다. 근대가 중세를 물리치는 것이, 혁명의 승리자가 패배자를 누르는 것이, 선진 유럽이 후진 세계를 다스리는 것이 모두 정당하다. 이런 소리까지 한다.

대응 1. 평등론 방법: 차등론의 잘못을 평등론으로 바로잡는다고 하는 것이 흔한 방법이다. 평등론은 실현 가능하지 않은 이상이어서, 주장과 상반된 결과에 이른다. 종교는 평등론의 이상을 영원한 영역에서 보장해주는 것을 믿으라고 하면서, 차등의 권위를 확고하게 한다. 평등론의 이상을 혁명으로 실현한다고 하는 정치는 강력한 수단이 필요하다는 이유로 차등의 권력을 강화한다.

대응 2. 현상학 방법: 어떤 전제나 판단 없이, 의식에 떠오르는 현상을 있는 그대로 기술하자는 현상학이 대단한 영향력을 행사한다. 형이상학과 변증법 두 유형의 차등론을 한꺼번에 쓸어낼 수 있기 때문이라고 할 수 있으나, 그렇지는 않다. 생각의 폭이 좁고 역사의식을 상실해, 변증법의 차등론은 외면하는 데 그치고 있다. 차등론이 부당한 것만 말하고 대등론을 대안으로 제시하지 않아 미완성이지 않을 수 없고, 책임을 회피하는 과오가 있다.

대응 3. 대등생극론 방법: 대등생극론은 이기이원론 형이상학의 잘못을 기일원론으로 바로잡은 데서 유래해, 만물·만생·만인의 영역을 구비한다. 종교의 차등론과 대결하면서 분명해지고, 변증법 차등론의 편향성을 시정하면서 성장했다. 평등론의 이상을 혁명으로 실현한다는 정치가 차등의 권력을 강화하는 것을 비판한다. 현상학이 미완성이고, 책임 회피의 과오가 있는 것을 지적하고 나무라는 작업을 여기서 추가한다.

3-6
대응 2의 현상학 방법을 더 논의할 필요가 있다. 지금 크게 문제가 되기 때문이다. 현상학을 수입하면 할 일을 다한다고 여기는 사고방식을 시정하고, 대안을 제시해야 한다.

현상학은 순수한 방법이었다가, 인간 존재를 논하는 순종철학이 되고, 관심사를 넓혀 잡종철학으로 나아갔다. 순수한 방법인 현상학을 후설(Edmund Husserl)이 정립했다. 그 방법을 가지고 하이데거(Martin Heidegger)가 인간 존재를 분석한 것은 순종철학의 좋은 본보기여서, 좁은 범위의 논의를 복잡하고 난해하게 했다. 독일의 순종철학을 불국에서 가져가, 철학의 범위를 넘어서서 별별 문제를 다 다루는 잡종철학을 만든 것들이 인기를 끈다. 유행이 바뀌었다.

그렇게 하는 데 푸코(Michel Foucault)가 앞장서서 역사를 다시 논한 것은 평가할 만하지만, 관점에 문제가 있다. 역사에 등장하는 사건을 서로 관련짓지 말고 각기 별개로 다루어야 한다고 했다. "무언지 모를 낯선 물건이 처음 나타나기 시작한 것을,"(C'est sur ce seuil qu'est apparue pour la première fois cette étrange figure du savoir.) 역사적 연관이나 이론적인 틀에 관한 선입견을 버리고 그 자체로 고찰해야 한다고, 『말과 사물』(Les mots et les choses)에서 말했다. 고고학자가 우연히 발굴한 신기한 유물에 대해 '고고학적 분석'(analyse archéologique)을 하는 작업을 일제히 해야 한다고 했다.

들뢰즈(Gilles Deleuze)는 책 이름으로 삼은 『차이와 반복』(Différence et Répétition)으로 잡다한 모든 것을 이해하려고 했다. "영원 회귀의 수레바퀴는 동시에, 차이에서 비롯한 반복의 생성이기도 하고, 반복에서 비롯한 차이의 선택이기도 하다."(La roue dans l'éternel retour est à la fois production de la répétition à partir de la différence, et sélection de la différence à partir de la répétition.) 이렇게 한 말을 "차이와 반복은 음양호근(陰陽互根)의 관계이다"라는 것으로 다시 간추리면, 진술은 명백하지만 타당성이 의문이다.

차이는 공간적 상이(相異)고, 반복은 시간적 상동(相同)이다. 양쪽의 음양 관계는 무척 복합하므로 호근(互根)이라고 하고 말 수 없다. 공간과 시간, 다르고 다른 것이 각기 음양호근의 관계를 가진다고 입증하고, 이 둘이 어떤 관계인지 밝히는 무척 힘든 작업을 해야 한다.

그래서 무엇을 얻는가? 궁벽한 논의가 전인미답의 경지에 이른 것을 자랑하려고 하는가? 이런 우려를 떨칠 수 없다. 말을 많이 꼬아 알기 어렵게 하는 것이 자랑이다. 말려들면 시간과 노력을 낭비하고 정신이 혼탁해진다. 멀리서 달관언어로 잡고, 잘못을 시정하는 대안을 제시해야 한다. 접근 방법을 바꾸어야 한다.

푸코는 개별적인 것들의 독자적 의의를 존중하고, 들뢰즈는 차이가 있는 것들이 각기 반복된다고 해서 형이상학의 차등론이나 변증법의 차등론을 청산했다. 그 대안으로 대등론을 제시하지는 않았다. 모든 사물이 각기 특징을 가지고 독립되어 있는 것만 말하고 상호관련은 살피지 않았다.

어느 것이든지 홀로 있지 않고, 다른 것과 관계를 가진다. 서로 달라서 대등하고, 상생하기도 하고 상극하기도 하는 대등의 관계를 가진다. 대등생극론이 이런 사실을 밝혀 차등론에 대한 대안을 분명하게 한다.

푸코가 역사는 서로 무관한 사건의 연속이라고 하거나 들뢰즈가 차이와 반복이 양면의 관계를 가진다고 한 것은, 대등생극을 이해하지 못해서 생긴 단견이다. 역사를 유럽사의 범위 안에서 생각하고 세계사에는 관심을 가지지 않아, 만인대등생극을 생각할 수 없었다. 만생대등이나 만물대등까지 알아야 한다는 것은 아주 무리한 요구이다.

현상학은 대단한 가능성인 것 같지만, 시야를 가리는 장애물이다. 우리는 현상학이 관심의 대상이기만 하고 정착되어 기득권자 노릇을 하지는 않아, 새로운 학문을 하면서 앞으로 나아갈 수 있다. 잠재능력을 살려 후진이 선진이 되는 것이 가능하다. 후천개벽을 구상해 세계사의 변혁을 주도하려고 한다.

유럽문명권이 주도한 시대인 근대가 종말에 이르니, 그쪽의 철학은 사고가 협소해졌다. 협소해진 사고를 치밀하게 전개하려고 복잡하고 난해한 논의를 편다. 근대를 넘어서서 다음 시대를 창조하는 우리 철학은 사고의 폭이 넓은 만큼 말을 간략하게 한다.

3-7

유럽 새로운 역사학의 선두주자로 칭송되는 네덜란드의 후이징하(Johan Huizinga)는 말했다. 역사학의 임무는 "문명의 어떤 과정에 대한 형태론적 이해를 하고, 그 특이한 모습을 실상대로 묘사하는 것이다." 현상학에 입각한 연구 방법이, 예술에 등장한 묘사의 수법과 같다는 말이다.

이런 사조가 널리 퍼진 것은 그럴 만한 이유가 있다. 근대의 시민이 귀족과의 투쟁에서 승리해 시민사회를 이룩하고는 기득권을 지키기 위해, 일체의 동요를 막는 술책을 찾았다. 동태적이거나 입체적이기를 거부하고 정태적이고 평면적이기만 한 시각으로, 역사도 인생도 정지된 화면처럼 보이게 하려고 했다. 연막전술을 써서 판단을 흐리게 해도, 진실을 부정하는 사기 행각은 효력이 그리 크지 않고 정체가 폭로되고 만다.

국 노동계급의 반발은 어느 정도 무마하고, 더 나아갈 능력은 없다. 침략을 받고 지배를 당한 피해자들이 일제히 진행하는 선후 역전에는 대처하지 못한다. 차등론이 대등론 때문에 무너지는 역사의 필연을, 시야를 정태적이고 평면적인 것으로 한정해 자기 눈 가리기 방법으로 부정하고 막을 수는 없다. 자폐증에서 벗어나, 세상이 어떻게 돌아가는지 알아야 한다.

대등생극론이 큰일을 한다. 정태적이고 평면적인 기술이나 묘사가 그릇되게 한 시야를 동태적이고 입체적인 생극론으로 바로잡고, 시대 전환을 시도한다. 유럽이 주도해 유럽 상위의 차등론을 확고하게 한 근대를 넘어서서, 인류가 함께 만인대등론을 실현하는 다음 시대로 나아가는 길을 연다.

3-8

있음과 없음, 생물과 무생물, 삶과 죽음의 관계를 일관되게 이해해야 한다. 소통 단절로 가중된 혼란을 수습하고, 논란이나 분쟁을 해결해 인류 역사가 불행에서 벗어나는 길을 열어야 한다. 이런 임무를 대등생극론이 맡아 나선다.

있음·생물·삶이 어떻게 관련되는가 하는 의문을 일제히 해결하려고 한다.

이를 위해, 만물대등생극·만생대등생극·만인대등생극의 관련을 명시하는 이론을 정립한다. 그 요점을 간략하게 이해하게 하려고 도표로 나타내면 다음과 같다.

없음 ― 있음
　무생물 ⊥ 생물
　　죽음 ⊥ 삶

어느 부분에 집착해 시야를 좁히지 말고, 이런 관계를 총체적으로 이해해야 한다. 수평관계와 수직관계를 함께 생각해야 한다. 수평관계인 둘은 대등하다. 둘이기도 하고 하나이기도 하다. 서로 전환될 수도 있다. 수직관계인 것들은 위의 것이 아래 것을 다음과 같이 포함한다.

없음과 있음 ⊃ 무생물과 생물 ⊃ 죽음과 삶
만물대등생극론 ⊃ 만생대등생극론 ⊃ 만인대등생극론

생물로 있음에 대한 인식이나 의식이 삶이므로, 삶이 생물에 포함된다. 생물은 있음에 포함된다. 죽음은 그 상위의 무생물이 되고, 다시 그 상위의 없음이 된다. 없음과 있음의 한 양상이 무생물과 생물이고, 무생물과 생물의 한 양상이 죽음과 삶이다. 이런 명백한 사실 이해에 혼란이 없어야 한다. 서양철학 특히 현상학이 부분을 전체로 착각해 의식을 흐리게 하는 잘못에 말려들지 않아야 한다.

　대등생극론은 철학의 영역을 축소하지 않고 최대한 확대해, 모든 논의를 포괄한다. 철학은 영역이나 방법이 특수해 소중하다는 망상을 그 자체로 타파하고, 다른 여러 학문과의 연결을 들어 더욱 분명하게 청산한다. 철학사의 커다란 전환을 이룩한다. 이것은 근대에서 다음 시대로 나아가는 인류문명의 전환이다.

대등생극론이라는 총론은 달관하는 통찰을 갖춘다. 이것이 만물·만생·만인대등론으로 나누어지고, 그 하위 영역으로 다시 나누어지면서 각론이 자세해지고, 철학에서 개별학문으로 나아간다. 개별학문은 명칭이나 내용이 다양하다. 무한한 가능성이 열려 있어, 무한한 논의가 필요하다.

선후를 가릴 줄 아는 데서 슬기로움이 비롯한다. 제한된 시간에 되도록 많은 일을 해야 하므로, 전체를 달관하는 선행 작업에 우선 힘써야 한다. 개별학문은 이렇지 못해 어려움을 겪고 암초에 부딪히기도 하므로, 철학이 나서서 인도자 노릇을 해야 한다. 철학이 대전환을 해야, 부분에 집착하고 몰두해 차등론을 키우려고 하는 잘못을 해결하고 세계사의 진행을 바로잡을 수 있다.

이것이 서양에도 알려져 공감을 얻고 동행이 이루어지기까지 상당한 시간이 필요하다. 우리가 할 일에 일제히 힘써서 능력을 늘리고, 멀리까지 미치는 충격을 키워야 한다. 〈대등생극론〉 토론자들이 그 선두에 나서야 한다.

【4. 젠더】

4-1

사자의 삶과 사람의 삶을 한 자리에 놓고 비교해보자. 그러려면 용어 차별이 없어야 한다. 사자는 '암수'라고 하고, 사람은 '남녀'라고 하는 것은 차등론의 횡포이다.

'여사자와 남사자' '여자와 남자'라고 해야, 양쪽을 대등하게 말할 수 있다. '여자와 남자'를 '여남'이라고 약칭한다. 사자와 사람은 여남 관계가 같으면서 달라 대등하다. 여남이 함께 살면서, 자식을 낳아 기르다가 죽는 것은 같다. 함께 사는 방식은 다르다.

여사자는 조용한 곳에 가서 혼자 출산한다. 태어나자 바로 걸으며 냄새로

소통할 줄 아는 아기를 숲속에 숨어 있으라고 하고, 며칠 있으면 사냥을 나가 먹이를 구한다. 여사자는 남사자의 도움을 받지 않고, 남사자와 평등하게 살아갈 수 있을 것 같다.

그러나 평등보다 차등이 월등하다. 사자 사회는 오직 힘이 지배하기 때문이다. 여사자가 애써 잡은 먹이를, 보고만 있던 남사자가 먼저 먹는 것이 당연하다. 그뿐만 아니고, 차등의 양상을 더욱 분명하게 나타내는 놀라운 사건도 벌어진다.

남사자가 늙고 힘이 없으면 젊고 힘 있는 남사자가 와서 축출한다. 쫓겨난 녀석은 혼자 지내다가 쓸쓸하게 죽는다. 들어온 녀석이, 쫓겨난 녀석의 배우자였던 여사자를 모두 차지한다. 자식들은 다 죽여, 여사자들의 발정을 앞당긴다. 여사자는 힘이 모자라기 때문에 이런 사태를 그냥 받아들이고, 침입·학살자에게 순종한다. 평등이 여지없이 파괴된다. 극치에 이른 차등론의 모습을 극명하게 보여준다.

사람은 어떤가? 여자가 출산을 혼자 하지 못한다. 아기가 한 해 지나 걷기 시작하고 말도 조금 해서 소통이 조금 가능해도, 두고 나갈 수 없다. 이런 이유에서 남자의 도움이 절대적으로 필요하다. 평등은 환상이고, 대등이 현실이다. 출산과 육아가 절대적인 공적임을 분명하게 하고 남자의 노력이나 봉사를 당당하게 요구해, 대등에 지장이 생기지 않도록 하는 것이 마땅하다.

출산과 육아를 떠나서도, 여자의 일이 있고, 남자의 일이 있다. 여자는 채집을 하다가 농사를 시작해, 식물성 먹거리를 장만한다. 남자는 사냥을 하다가 목축을 시작해, 동물성 먹거리를 공급한다. 그 덕분에 양쪽 다 채식과 육식을 함께 할 수 있다. 어느 한 가지 일을 둘 다 하는 것은 도움이 되지 않는다. 일을 바꾸는 것은 거의 불가능하다.

남자가 재산을 차지하고 권력을 가져 여자 위에 군림하려고 하는 차등론이 문제를 일으킨다. 이것은 사자의 차등론과 견주면 아주 미미해도, 철저히 타파하고 평등을 이룩하려고 한다. 그러려면 여자의 약점을 없애야 한다. 차등의 결정적인 원인이라고 여기고 출산을 포기해야 해야 한다. 멸종을 각오해야 한다. 뜻하는 바와는 반대가 된다.

대등론은 평등론과 다르다. 파탄을 수습하고, 문제를 해결할 수 있다. 남자가 재산과 권력을 내세워 주장하는 차등론은 지나쳐서 자해의 파탄을 일으킬 수 있다. 여자가 사랑과 포용을 제공하는 대등론을 만나 무너지면, 부작용이나 후유증이 적다. 어떻게 하든 강하면 약하고, 약하면 강한 역전이 일어나게 마련이라고 대등론은 말한다.

대등이란 자기 장점을 제공해 상대방의 단점을 메우는, 자기 단점을 메우기 위해 상대방의 장점을 이용하는 관계이다. 손익 계산을 하면서 다투는 것은 평등론의 사고가 개입하기 때문이다. 단점이 장점이고, 손해가 이익이라고 대등론은 말한다. 자기는 모자라 상대방의 도움이 필요하다고 여기는 부부는 대등의 화합을 이룩한다. 자기는 우월해 열등한 배우자를 만나 손해를 본다고 여기는 부부는 차등의 불화에서 벗어나지 못한다.

여남의 대등한 화합에서 사자보다 사람이 앞선다. 이런 이유로 사람이 우월하다고 자부하면 차등론에 빠져 대등론을 망친다. 다른 측면에는, 사자는 대등을, 사람은 차등을 선택해 우열이 반대이다. 사자는 배가 부르면 조용히 누워 있기나 하고 아무도 해치지 않는다. 사람은 배가 불러도 힘을 과시하려고 살육을 일삼는다. 사자의 멸종이 다가오는 것은 사람 악행의 부인하지 못할 증거이다.

사자의 안 차등 밖 대등, 사람의 안 대등 밖 차등이 서로 반대를 이루며 대등하다. 사자의 안 차등은 사소한 문제이고, 사람의 밖 차등은 심각한 재앙이다. 사자는 반성하지 않아도 되고, 사람은 깊이 사죄해야 한다.

4-2

여남대등의 실상은 범박한 달관언어로 말하기 어렵다. 철학의 미비점을 문학이 보충해줄 수 있다. 『한국문학통사』의 여러 대목을 인용하고 풀이하는 것이 여남대등에 관한 고찰을 구체화하는 적절한 방법이다. 우리 전통사회에서는 여성이 무시되고 억압당하기만 했다는 오해를 불식하고, 여남의 바람직한 관계를 확인하는 이중의 성과를 얻을 수 있다.

먼저 『삼국사기』의 온달(溫達) 전을 보자. 온달이 바보라고 놀림을 받으면서 살았다는 서두, 자진해서 찾아간 공주를 뜻하지 않게 아내로 맞이한 덕분에 사람이 달라진 내력, 신라와 싸우다 죽은 결말로 이어지는 사태를 적절한 표현으로 선명하고 인상 깊게 그렸다. 그 과정에서 공주의 비상한 결단과 지혜가 주도적인 구실을 하고, 온달은 따르기만 했다.

일반 백성에 속한 인물이라도 행실이 아름다우면 열전에 등장시켰다. 신라 설씨녀(薛氏女)는 미천한 신분이지만, 자기를 위해 희생한 총각에 대한 사랑과 신의가 대단하다고 칭송되었다. 백제 사람 도미(都彌)의 아내는 국왕의 압력에 굴복하지 않고 정절을 지켰다. 둘 다 여성이 사려 깊고 믿음직한 자세로 고난을 타개하는 적극적인 행동을 한다는 것을 알려주었다.

송도 기생 황진이(黃眞伊)는 뛰어난 재능과 발랄한 개성을 자랑하며 여러 명사와 어울리고, 서경덕만은 유혹하지 못했다는 일화를 남겼다. 한시도 잘 지었지만, 시조는 더욱 뛰어났다. 사랑의 노래가 곧 이별의 노래인 고려 속악 가사의 전례를 한층 빛나는 전통으로 만들었다. 사대부는 생각할 수 없던 표현을 개척해 관습화되어 가던 시조에 생기를 불어넣었다.

서거정(徐居正)은 〈태평한화골계전〉(太平閑話滑稽傳)에서 어떤 대장이 아내를 호되게 무서워했다고 했다. 어느 날 부하 장졸들에게 아내를 무서워하지 않는 사람이 있으면 따로 세운 기 앞에 서라고 했더니, 한 사람뿐이었다. 어째서 그런 용기를 가졌는가 하고 칭찬을 하자, 자기 아내가 늘 사람 많이 모이는 데로 가면 여색에 관한 말이나 하니 조심하라고 해서 사람이 없는 쪽에 가서 섰다고 했다.

경북 안동의 옛 무덤에서 여성 국문 편지의 소중한 자료가 발견되었다. 지방 사족인 이응태(李應泰)가 세상을 떠났을 때 아내가 써서 남편의 무덤에 넣

은 것이다. "자내 샹해 날드려 닐오디 둘히 머리 셰도록 사다가 홈의 죽쟈 ᄒ
시더니 엇디ᄒᆞ야 나룰 두고 자내 먼져 가신ᄂᆞ"(자네 늘 내게 이르기를 둘이 머
리 희도록 살다가 함께 죽자 하시더니, 나를 두고 자네 먼저 가시는)고 하면
서 탄식하고, 평소에 "늠도 우리 ᄀᆞ티 서로 어엿쎄 녀겨 스랑ᄒᆞ리ᄂᆞᆫ고"(남도
우리 같이 서로 어여삐 여겨 사랑하려는가)라고 한 것을 잊을 수 없다고 했다.
"자내"는 "자네"이다. "사랑"이라는 말을 오늘날과 같은 뜻으로 썼다.

〈덴동어미화전가〉라는 가사는 겨우 이어질 정도로 무식한 말투로 하층 여
성의 수난을 그렸다. 덴동어미는 이방의 딸이며 이방 집에 시집을 갔는데, 남
편이 그네 뛰다가 떨어져 죽어 17세에 과부가 되었다. 개가를 했더니 둘째 남
편은 군포 때문에 빈털터리가 되어, 타관에 가서 드난살이를 하며 월수를 놓
아 돈을 늘였지만, 괴질이 돌아 돈 쓴 사람들과 함께 죽었다. 지나가는 등짐장
수를 얻어 살다가 다시 과부가 되고 말았다. 엿장수를 만나 아들을 낳고, 별신
굿을 할 때 한몫 보려고 엿을 고다가 불이 나서, 남편은 타죽고 자식은 데어서
이름을 덴동이라 하게 되었다. 고난이 거듭 닥쳐와도, 좌절하지 않았다. 사회
적인 제약을 무릅쓰고 살기 위해서 갖가지로 애쓰는 모습을 아주 실감나게 보
여주었다.

여러 야담집에 우하형(禹夏亨)이라는 무관과 수급비(水汲婢) 출신의 여자
에 관한 이야기가 있다. 우하형은 평안도 어느 곳에서 고을살이를 할 때 물 긷
는 일을 맡은 관비와 관계했다. 있을 수 있는 일이고, 그러고 마는 것이 상례
였다. 그런데 임기가 만료되어 떠날 때 그 여자는 평생토록 애써 모은 돈을 벼
슬을 구하는 데 쓰라고 했다. 자기는 다른 사람을 택해 살다가 우하형이 귀하
게 된 줄 알면 찾아가겠다고 했다. 끼니도 잇지 못할 뻔한 우하형이 그 여자의
도움으로 더 좋은 고을의 수령이 되었다. 그 여자는 한동안 동거하던 장교에
게 재산을 늘려주는 소임을 다했으니 떠나도록 해달라고 하고서 우하형을 찾
아갔다. 우하형은 예전의 수급비를 정실로 맞이했다. 아내는 살림살이를 잘해
모든 것이 불편하지 않게 하고, 남편이 계속 승진할 수 있게 했다. 남편이 죽자

136

아내는 그 뒤를 따랐다.

〈춘향전〉의 주인공 춘향은 기생이면서 기생이 아니다. 기생 아닌 춘향은 잠깐 재미를 보려고 접근한 이몽룡을 평생의 배필이 되도록 만들어, 변사또가 하는 요구를 당당하게 물리칠 수 있었다. 그것은 춘향 혼자만의 승리가 아니다. 춘향은 옥중에서 고초를 겪다가 죽고 말았다고 해야 현실과 밀착되고 결말의 역전은 허황하다고 할 수 있겠다. 그러나 남원 읍내 백성들이 한결같이 춘향을 지지해 변사또는 횡포한 압제자이지 않을 수 없게 되어, 암행어사의 등장이 필연적으로 요청되었다. 압제로부터 해방되자는 의지를 널리 확인하는 상징적인 의미를 확보하고 공감을 확대했다.

김삼의당(金三宜堂)이라는 여자가 전라도 남원에 살고 있었다. 남자가 아니어서 이름은 전하지 않고 삼의당이라는 당호만 알려졌으나, 한시를 잘 지어 문집을 남겼다. "호남의 한 어리석은 여자로 심규에서 자라나 견문이 부족하지만, 읽고 듣고 보고 한 것을 흥이 나는 대로 시로 나타냈다." 이렇게 말한 것은 겸양이다. 태어난 연월일이 같고 한 마을에 사는 총각과 결혼했다. 혼례를 치른 날 밤에 신랑과 신부는 한시를 주고받았다. 남편을 높이려고 아내는 실력이 나아도 조금 물러섰다. 남편이 과거 급제를 하라고 밀어주다가 실패하고 돌아오니 사랑으로 감싸 위로하면서, 함께 농사를 지으며 다정하게 살았다. 그런 고비마다 지은 한시가 높이 평가된다.

이 행복하고 자랑스러운 부부를 오늘날 잊지 않고 칭송한다. 인연이 있는 곳곳에서 기념물을 세우고, 기념행사를 계속 연다. 찾아가는 사람들이 뿌듯한 감동을 받는다. 여남대등의 좋은 본보기를 발견하고 큰 교훈을 얻는다.

4-3
길쌈을 하고 베를 짜게 된 것은 인류 역사의 획기적인 발전이다. 이 일을 맡아 하면서 여성은 남성중심사회의 부당한 처우에 맞서는 창조주권을 자랑스럽게 보여주었다. 능숙한 솜씨로 옷감을 짜서 가족의 옷을 잘 지어 입히고, 하지 않아도 되는 일까지 정성 들여서 했다.

이름은 감추고 빙허각(憑虛閣)이라는 당호로만 알려진 전주이씨(全州李氏) 여인이 수놓는 일을 두고 한 말을 보자. (『閨閤叢書』) "수바늘에 온갖 빛 수실을 꿰어 일제히 걸어 놓고 뽑아내어 놓되, 수품은 도툼했다가 얇았다가 말며, 빽빽하다가 성기다 하지도 말아야 한다. 붉은 빛이 많으면 취하고, 검은 빛이 많으면 어둡다. 매화와 모란에는 나비를 수놓지 말고, 솔과 대는 맑게 해야지 행여 탁하게 하면 안 된다." 수놓는 것은 참으로 오묘한 미술이다.

바느질 도구를 아주 소중하게 여겼다. 자, 골무, 바늘, 인두 등이 사람의 모습을 하고 나타나서 자기 공이 가장 높다고 서로 다툰다고 한 글이 있다. (〈閨中七友爭論記〉) 그 가운데 바늘을 특히 아꼈다. 바늘이 부러진 것을 애통하게 여기고 제문을 지어 애도했다. (〈弔針文〉)

"아깝다 바늘이여, 어여쁘다 바늘이여, 너는 미묘한 품질과 특별한 재치를 가졌으니, 사물 가운데 명물이요, 굳세고 곧기는 만고의 충절이라. 추호 같은 부리는 말하는 듯하고, 두렷한 귀는 소리를 듣는 듯한지라. 능라와 비단에 난봉과 공작을 수놓을 적에, 그 민첩하고 신기함은 귀신이 돕는 듯하니, 어찌 인력이 미칠 바리요."

오늘날에는 길쌈을 하지 않는다. 옷을 짓지 않고 사서 입는다. 바느질 도구는 있는 둥 마는 둥 하다. 옷을 골라 사고, 골라 입는 것에서만 최소한의 창조 주권이 숨을 쉰다. 소비자의 주권이라는 것은 어떤 말로 미화해도 초라하다.

음식 만들기는 여성이 위세를 자랑하면서 하는 대단한 일이다. 빙허각 이씨는 음식 만들기에 관해서도 많은 말을 했다. 장 담그는 일을 말한 대목을 든다. "장 담그는 물은 특별히 좋은 물을 가려야 장맛이 좋다." "독이 기울면 물이 빈 편으로 흰곰팡이가 끼니 반듯하게 놓아라." "메주가 누르고 단단치 못한 것은 늦게야 쑨 것이니 좋지 못하다. 빛이 푸르고 잘고 단단한 것이 일찍 쑨 좋은 것이니." "메주가 적으면 빛이 묽고 맛이 좋지 못하니, 다소를 짐작하여 메주를 넣되 팔 한 마디가 못 들어가게 넣어라." 정밀함이 예술의 경지이다.

김치 담그기를 다룬 대목도 보자. "가을부터 겨울까지 김장할 무렵, 갖이 얇고, 크고 연한 무와, 좋은 갓, 배추를 너무 짜게 말고 각각 그릇에 절인다. 절인 지 사오 일만에 맛있는 조기젓과 준치·밴댕이젓을 좋은 물에 많이 담가 하룻밤 재운다. 무도 껍질 벗겨 길고 둥글게 마음대로 썰고, 배추·갓을 알맞게 썰어 물에 담근다." 이렇게 재료를 준비하는 것부터 설명하고, 버물어 넣고, 갈무리를 한다 하고, 말이 아주 길어져 더 들지 않는다.

재료를 "마음대로 썰고", "알맞게 썰고"라고 하는 대목을 다시 보자. 아무리 자세하게 일러주어도 모두 참고 사항에 지나지 않는다. 학습이 창조를 대신하지 못한다. 실제 작업은 창조주권을 세밀하게 구석구석 온전하게 발현하면서 이루는 오묘한 예술이다. 김치 담그기는 교향곡 작곡만큼이나 복잡하게 이루어져 뛰어난 기량과 탁월한 안목이 필요하다. 김치를 잘 담그는 주부는 베토벤과 대등하다.

장을 담그는 집은 농촌에만 있고 도시에서는 없어졌다. 도시에서는 김치도 직접 담그지 않고 사다 먹는다. 교향곡 작곡과 같은 고도의 기술, 뛰어난 예술이 사라지는 것이 크나큰 불행이다. 장이나 김치가 기계를 돌려 만들어내는 공장 제품이 되어 영혼 없는 육신만 남은 격이다. 장이나 김치를 사서 먹는 소비자는 영혼에 대한 기억도 잃고 있다.

그래도 아직 절망하지 말자. 집에서 밥을 해먹는 것은 아직 계속된다. 한 그릇 밥이나 한 접시 반찬도 오묘한 창조물이다. 교향곡은 아니지만 실내악이나 독주곡에 견줄 만하다. 작으나마 알찬 작곡을 나날이 하면서 깊은 감동을 주고받는다.

이것은 유튜브방송을 처음 한 〈창조주권론〉의 한 대목이다. 요즈음 말로 하면, 입고 먹는 것의 하드웨어는 남자가, 소프트웨는 여자가 담당해 양쪽이 대등했다. 여자는 남자의 일을 할 수 있지만, 남자는 위에서 여자가 한다고 한 일을 감당할 능력이 없어, 차등론도 평등론도 부당하고 대등론만 타당하다.

오늘날에는 여자의 소임은 여자를 억압하기 위한 차등론의 책동이라고 나무라고, 평등론을 대안으로 제시하려고 한다. 그렇다면, 여자의 능력은 무엇이고 어떻게 발현되는가? 和而不同(화이부동)은 없어지고 同而不和(동이불화)만 남아 분란이 끝없이 계속될 것이 아닌가?

평등론 관철을 위해, 여자가 출산마저 거부하는 것은 더욱 끔찍한 사태이다. 앞에서 고찰한 사자는 인류가 괴롭히는 탓에 멸종되고 있는데, 인류는 누가 괴롭히지 않지만 스스로 멸종의 길에 들어선다. 파국을 막는 임무를 대등생극론이 감당한다.

【5. 동학】

5-1

모든 종교는 차등론으로 이루어져 있다. 이 말이 계속 타당하다고 확인한다. 절대적이고 영원한 경지가 따로 있어, 상대적이고 일시적으로 삶에 시달리는 사람들이 그쪽으로 가고 싶어 하는 것이 당연하다고 하는 기본 설정이 차등론이다.

종교에 따라 차등론의 강약이 다르다. 차등론이 강한 종교는 기독교·이슬람이고, 약한 종교는 힌두교·불교·유교·동학이다. 차등론이 강한 종교에 대해서는 더 말할 필요가 없다. 차등론이 약한 종교는 어째서 그러며, 그 대신 무엇을 갖추는지 살펴보아야 한다.

힌두교는 기독교나 이슬람처럼 절대자를 믿지만, 절대자 수가 아주 많고 서로 대등하며 만물과 일체라고 한다. 그렇게 해서 차등론을 줄이는 만큼 대등론을 갖춘다. 불교는 업보(業報)에서 차등론을, 득도(得道)에서는 대등론을 말해, 종교이기도 하고 철학이기도 하다. 철학인 측면은 대등생극론과 연결된다.

동아시아에서는 두 흐름이 얽혔다. 공자(孔子) 이래의 유교는 절대자가 아닌 '天理'(천리)를 말해 차등론의 장벽이 그리 높지 않지만 상당한 정도로 견고해, 대등론으로의 전환이 쉽게 이루어지지 않았다. 노자(老子)에서 비롯한 도가 사상은 '無爲自然'(무위자연)을 소중하게 여기며 유교에 대해 반론을 제기해, 대등생극론의 원천을 마련했다. 유교 안으로 들어가 도가의 반역을 일으킨 氣學(기학)이 대등생극론의 형성을 구체화했다.

동학은 새로운 깨달음으로 유불도(儒佛道)를 넘어서고 서학(西學)을 막겠다면서 출현해 큰 충격을 주었다. 이런 동학도 양면이 있다. '한울님'이 밖에 있는 절대자라고 여기면 차등론을 다른 종교와 공유한다. 안에서 이루어지는 자아 각성이라고 하면 철학이 되어, 대등생극론으로 나아가는 길을 연다.

뒤의 길을 택해도, 바로 갈 수 있는 것은 아니다. 당위로 사실 입증을 대신하려고 하지 말아야 한다. 기존의 교리를 옹호하는 보수주의가 탐구의 확대를 경계한다면 더욱 어리석다. 한국에서 동아시아로, 동아시아에서 세계로 나아가는 보편적인 학문을 해서 누적된 오류를 바로잡아야, '後天開闢'(후천개벽)을 설득력 있게 말하고 더 나아가 실제로 이룩할 수 있다.

만생대등론이나 만물대등론까지 갖추어야 하는 과제가 남아 있으므로 더욱 분발해야 한다. 열띤 종교에 머물러 있지 말고 냉철한 학문으로의 전환을 분명하게 하고, 기학의 오랜 축적과 만나야 한다. 최제우와 동시대에 최한기(崔漢綺)가 힘써 정립한 '推氣測理'(추기측리)의 학문을 적극 활용하는 것이 긴요한 과제이다.

동학은 사고의 근본적 혁신이 후대에도 가능하다고 알려주어, 큰 용기를 가지도록 고무한다. 대전환 사업을 한국에서 주도하니 자랑스럽다고 한다. 그렇지만 출발 단계의 감격이 추진력일 수는 없다. 반성과 혁신이 철저하게 이루어져야 진전이 가능하다.

말은 쉽고 실행은 어렵다. 선언문을 발표하면 세상이 달라지는 것은 아니다. 바람잡이가 선수로 행세하지 말아야 한다. 차등론과 대등론, 변증법과 생극론의 토론을 심도 있게 전개하고 기대하는 결과를 얻어야, 후천개벽이 실제로 이루어질 수 있다.

5-2

최제우의 동학과 최한기의 기학을
겉모습 대강 보고 딴판이라 여긴다면,
헤아림 많이 모자라 어리석다 하리라.

같은 문제 풀겠다고 다르게 분투해,
속에서 이어진 것 알아내면 좋으리.
동학이 꽃 피웠다면, 기학은 열매 맺네.

꽃은 없던 것이 갑자기 피어나고,
열매는 오랜 기간 동안 조금씩 자라난다.
꽃 보고 놀라지만 말고, 열매를 잘 살피자.

있던 꽃이 없어졌다 한탄하지 말아라.
남은 소망 잘 받들고 열매가 크게 키워
과거가 또한 현재이고 미래이게 한다.

동학이 은밀하게 알려준 후천개벽
기학이 풍성하면 눈앞에 나타나고,
마침내 사방으로 퍼져 꽃천지 만드리라.

5-3

후천개벽 또는 다시 개벽이라고 하는 것은 막연한 기대가 아니다. 정신을 차리자고 해보는 소리는 더욱 아니다. 세계사의 전환이 실제로 거대한 규모로 이루어지는 것을 말한다. 그 가능성과 실현 방법을 분명하게 말하고 실현하는 학문을 해야 한다.

가까운 시기의 역사를 되돌아보자. 중세의 인습인 신분의 차등을 철폐하고 근대 대등사회를 이룩하는 변화가 유럽에서 먼저 일어나, 근대라고 하는 새로운 시대를 창조했다. 헤겔의 변증법이 이에 필요한 의식을 갖추고, 있는 것에서 있어야 할 것으로 나아가는 역동적인 발전의 원리를 해명했다.

이와 함께 유럽기독교문명이 세계사의 발전을 선도한다는 역사철학을 정립해, 내부의 사회 대등론이 외부로는 문명 차등론이게 했다. 한쪽의 진보가 다른 쪽에서는 반동이게 했다. 침략과 식민지 통치를 옹호하고 합리화하는 작업을 철학이 맡았다. 철학은 유럽의 선물로 알도록 해서, 그 잘못을 철학으로 시정하지 못하도록 막는다.

유럽에서 근대 대등사회가 이루어지자, 사고방식이 달라졌다. 역동적인 발전은 더 필요하지 않다고 여겨 부정하고, 외부의 차등론은 관심 밖에 두는 방식으로 무시해 의식을 순수하게 하고자 했다. 진보라는 개념을 없애, 반동이라는 비난을 원천적으로 차단하려고 했다. 오직 눈앞에 나타난 현상만 판단을 중단한 상태에서 있는 그대로 파악하자고 하는 현상학이 그 방법을 절묘하게 제시했다. 대단한 영향력을 행사하고, 갖가지 변형을 산출해 시야를 어지럽게 한다.

그래서 천하가 평정된 것은 아니다. 철학은 의식공간을 줄곧 축소하고, 과학은 탐구영역을 계속 확대했다. 둘의 불균형이 나날이 커져, 철학은 더욱 초라해졌다. 그 뒤를 따른다면 창피스럽다. 동반자살을 해야 하는 이유가 없다. 슬기로운 학문이라는 철학이 가장 어리석은 짓을 하니 우습다. 정신을 차리고 철학 혁신을 먼저 해야 한다.

이제 또 한 번, 더욱 거대한 전환이 일어나고 있다. 문명 차등론을 이유로 삼고 자행된 제국주의 침략과 식민지 지배에 시달린 다수가 깨어나 세계를 뒤

흔든다. 잃어버린 주권을 찾고, 자국을 근대화하는 데 그치지 않고, 더 나아가 세계사의 파행을 수정하려고 한다.

지금 내놓는 대등생극론이 선두에 나서서 중대한 임무를 맡는다. 변혁의 원리를 오랜 내력을 가진 독자적인 철학에서 가져와, 차등론의 잘못을 대등론으로 시정한다. 변증법이 상극에 치우친 편향성을 생극론으로 바로잡는다. 근대를 넘어서서 다음 시대를 창조하는 지침을 제시한다.

이렇게 해야 후천개벽이 실제로 이루어질 수 있다. 후천개벽은 공상이나 이상이 아니고, 세계사의 새로운 창조이다. 누적된 과오를 근본적으로 시정하는 학문 혁신에서 시발점을 찾아야 한다.

【6. 마무리하는 시】

지금까지의 전개한 논의를 어떻게 마무리할 것인가? 문학이기도 하고 철학이기도 한 교술시를 창작하는 것이 최상의 방법이다. 제목을 〈대등생극론은 말한다〉로 한다.

어떻게 살아야 하나?
네 가닥의 길이 있다.
어느 길로 가고 있나?
어디로 가야 하나?

혼자 살 것인가?
차등관계에서 함께 살 것인가?
평등관계에서 함께 살 것인가?
대등관계에서 함께 살 것인가?

혼자 살다가 소통하지 못하고 고립된다.

차등관계에서 함께 살면 명령이 소통이다.

평등관계에서 함께 살면 소통은 선택이다.

대등관계에서 함께 살면 소통이 필수이다.

혼자 살면 고립무원에서 벗어나지 못해, 외롭고 힘들다.

차등관계에서 함께 사는 것은 약육강식일 수 있어, 약한 쪽은 죽을 고생,

강한 쪽은 정신 파탄, 둘 다 불행하다.

평등관계에서 함께 살면 同而不和(동이불화), 서로 같다고 여기니

도와줄 것이 없고, 공연히 다투기나 한다.

대등관계에서 함께 살면 和而不同(화이부동), 모자라는 것을 보충해주며

서로 돕고 함께 행복을 누린다.

만물도 만생도 만인도

네 가지 사는 방식 대등하게 갖추었는데,

사람은 차등의 상위를 차지하려고 말을 많이 하며,

이름·구호·주의 따위를 자꾸 지어낸다.

혼자 살자는 고립론은 자폐증, 자화자찬, 순수주의, 국수주의…

차등관계에서 함께 살자는 차등론은 보수, 침략, 패권주의, 제국주의…

평등관계에서 함께 살자는 평등론은 진보, 선진, 사회정의, 사회주의…

대등관계에서 함께 살자는 대등론은 중도, 생극, 상호존중, 협동주의…

고립론은 내심에 칼을 품고 있어 차등론과 다르지 않다.

평등론은 평등을 강압적으로 실현하려고 하는 차등론에 사로잡혀,

더 심한 차등론이 되고 만다.

고립론·차등론·평등론이 한 통속이 되어 저지르는 엄청난 과오를
모두 시정하고,
누구나 잘살도록 하려고, 대등론은 분투한다.

고립론과 차등론은 표리관계를 가지고 우파의 이념 노릇을 한다.
차등론은 상극은 배제하고 상생만 이룩한다는 위장술로 세상을 현혹해
지배 영역을 넓힌다.
좌파에서 내세우는 주의이고 구호인 차등론은, 좌편향의 차등론으로
변질되어 우편향의 차등론과 경쟁한다. 상생은 기만이고 상극이
진실이라는 주장으로 위세를 드높인다.
대등론은 중도 노선이다. 상생이 상극이고 상극이 상생임을 분명하게 하는
생극론이다. 좌우파의 편향, 일탈, 과오, 범죄 등을 한꺼번에 해결하려고
분투한다. 평화를 이룩하고 화합하면서, 서로 도와 함께 잘살자고 한다.
우파의 오랜 차등론과 함께, 또 하나의 차등론으로 변하는 좌파의 평등론이
정치와 군사의 막강한 힘을 가지고 심각하게 대결해 극도의 불안을 조성한다.
대등론은 아직 미약하지만 희망을 주고, 장래를 낙관할 수 있게 한다.

차등론은 영원한 지배자일 수 있다고 착각한다.
평등론은 모든 문제를 해결한다고 자부하지만,
차등론과 무리하게 싸우다가 차등론이 되고 만다.
대등론은 극단에서 벗어나 저절로 잘되는 길을 연다.

대등생극론이 오랜 논란을 끝내며,
미래를 창조하는 방향을 제시한다.
계속된 불행이 빚어낸 고통을 씻고,
후천개벽의 새로운 시대를 이룩한다.

영 케어러의 등장과 돌봄의 미래

조명아

【영 케어러(young carer)는 누구인가】

영 케어러(young carer)란 고령 또는 장애, 질병 등으로 도움이 필요한 가족 구성원에게 간호·간병, 일상생활 관리 또는 그 밖의 도움을 제공하고 있는 9세 이상 34세 이하인 사람을 의미한다. 조금 더 구체적으로 보면 만성적인 질병이나 장애, 정신적인 문제나 알콜·약물의존 질환을 앓는 가족 등을 돌보는 '18세 미만의 아동' 또는 '젊은 사람(young adult carer)'을 가리킨다. 최근 한국에서는 이들을 '가족돌봄 청(소)년'으로 명명하였다.

이들은 가족들에게 어떤 돌봄을 제공하고, 가정 내에서 어떤 역할을 수행하는가. 또 아동·청소년뿐만 아니라 충분히 경제활동과 자립이 가능한 청년까지도 지원 대상이 될 수 있는가. 이러한 질문에 답하기 위해서는 영 케어러의 정의와 역할을 구체적으로 살펴볼 필요가 있다.

옥스퍼드 사전에서 영(young)은 '① 짧은 시간 동안만 살았거나 존재함; 완전히 발달하지 않음, ② 아직 나이 들지 않음'으로 정의된다. 이 맥락에서 보면 '영 케어러'의 영(young) 또한 특정한 연령대를 의미하기보다, 아직 원가족과 분리되지 않았거나 독립 준비를 시작하는 단계의 사람이라고 이해–정의할 수 있다. 일본에서는 '영(ヤング)'이라는 단어가 20, 30대를 떠올리게

한다는 점에서 영 케어러의 연령층을 폭넓게 정의하려고 시도하였다(시부야, 2021).[1] 한국도 마찬가지로 '영'에 해당하는 연령층은 10대는 물론 갓 성인이 된 20대부터 30대 청년까지 아우르고 있다. 즉, 10대의 아동청소년은 물론이고 20, 30대까지도 가족돌봄 청년, 즉 영케어러의 범주에 포함될 수 있다.

시부야는 영 케어러 중 18세 미만의 아동 청소년을 '영 케어러', 18세부터 넓게는 30세까지 '영 어덜트 케어러'로 구분하였다(시부야, 2021).[2] 혹자는 성인 가족 구성원도 동일하게 가족돌봄을 수행하는데도 왜 연령대에 따라 영 케어러를 구분하는지 의문을 제기한다. 또는 아동과 청소년, 최대한으로 보아도 20대의 경우 가족돌봄 제공에 어려움이 있지만, 30대 청년은 '영 케어러'라고 보기 어렵다는 주장을 제기하기도 한다. 청년보다 청소년, 청소년보다 아동이, 연령대가 낮을수록 돌봄을 수행하는데 어려움을 겪고 취약한 상황에 놓일 가능성이 높다는 인식 때문일 것이다. 이에 대해서 다음 두 가지로 나누어 설명할 수 있다.

우선, 케어러(돌봄 제공자)의 연령을 구분하는 이유는 이들의 연령에 따라 필요한 지원정책과 지원처가 달라지기 때문이다. 영 케어러 전문가인 영국의 헬렌 리드비터에 따르면, 케어러가 10대인 경우는 학교 측에서 학교생활을 비롯한 수업 받을 수 있는 교육권을 보장해줄 수 있는 지원이 필요하며, 20대의 경우는 대학이나 직장을 다닐 수 있도록 대학, 취업처에서 지원을 제공해야 한다(시부야, 2021 재인용).[3] 30대의 케어러에게는 이들이 자신의 생활과 돌봄을 양립할 수 있도록 구직과 취업 활동을 지원하고, 돌봄을 수행하면서도 안정적으로 직업 활동을 할 수 있는 정책적 지원이 필요하다. 아동-청소년-청년이라는 각 연령대에 맞는 생애 주기 과업에서 돌봄과 자기 삶의 지속가능

---

[1] 시부야. 2021. 영 케어러 (Young Carer). 박소영 역. 황소걸음.
[2] 시부야. 2021. 영 케어러 (Young Carer). 박소영 역. 황소걸음.
[3] 시부야. 2021. 영 케어러 (Young Carer). 박소영 역. 황소걸음.

성을 유지할 수 있는 지원 정책을 수립하고 제공하기 위해선 연령대의 구분이 필요하다.

그다음으로는 영 케어러의 연령 범주에 대한 얘기를 해볼 수 있다. 영 케어러에 20, 30대까지를 포괄하는 이유는 돌봄이 돌봄에 종사하는 당시의 삶뿐만 아니라, 이후의 삶에도 큰 영향을 미치기 때문이다. 10대 때 돌봄에 종사한 경험이 20대에, 20대 때 경험이 30대의 삶에 영향을 미친다(조기현, 2022).[4] 20대 넓게는 30대까지를 '젊음(young)'의 범주에 포함시키는 것은 이 시기의 돌봄 수행 경험, 거기에 종사한 시간이 그 이후의 다른 생애주기에 특히 중대한 영향을 미치기 때문이다. 구체적으로 사례를 들자면, 다음과 같다. 10대 때 돌봄으로 인해 학업에 집중하기 어려워지면서 성적 하락, 대학 진학의 경로 변경, 진로 선택에 악영향 등으로 연쇄적인 영향을 불러일으키고, 나아가 20대의 삶의 질에 영향을 미친다. 10대에 이어서, 혹은 20대에 들어서 새로이 돌봄 제공자(케어러)의 대열에 들어선 사람은 안정적인 직장에 취업하기 어려워지고 비정기적 일자리, 비정규직을 전전할 가능성이 높다. 이러한 경력의 공백은 30대에 와서도 안정적인 일을 하기 어렵게 하며, 돌봄 자체의 비용, 또는 돌봄에 따른 경제 활동의 한계 등의 이유로 인해 모아놓은, 혹은 물려받은 돈을 다 써 버리고 나면 남는 건 '간병 파산'과 경력공백뿐이다. 이대로 40, 50대 이후의 인생에 차질이 생긴다.

위에서 예시한 영 케어러의 일반적인 삶의 경로는 노동시장 진입과 관련된 이야기일 뿐, 이외에도 인간관계, 연애, 결혼, 출산, 취미, 건강 등 개인의 생애 전반에 심각한 제약과 차질이 생긴다. 그러므로 영 케어러 스펙트럼의 확장을 통해, 아동-청소년-청년을 각 연령대로 구분하지 않고 연속적인 존재로 바라볼 필요가 있다. 그러면서도 간과하지 말아야 할 것은 지원정책에 따른 구분과 상관없이 영 케어러 돌봄이 종료되지 않고 성장하면 영 어덜트 케어러가

---

[4]   조기현. 2022. 새파란 돌봄. 이매진

된다는 점이다.

이상에서 살펴본 것처럼 영 케어러 지원 정책은 그들의 현재 어려움에 집중하는 동시에 이들의 미래까지도 고려하는 접근이 필요하다. 다른 연령대의 돌봄자와 달리 생애 과정의 이행기에 돌봄을 한다는 영 케어러의 특성이라고 할 수 있다.

【영 케어러의 실제는 어떠한가】

일반적으로 '케어(돌봄)'라고 하면, 주로 와병 상태의 가족을 간병하는 경우를 떠올리게 된다. 실제로도 영 케어러는 가정 내에 어떠한 돌봄 역할을 할까. 그에 앞서 가족돌봄 청년에 대한 뚜렷한 정의가 아직 제시된 바 없으며 보건복지부가 공표한 '질병, 장애, 정신건강 등의 문제를 가진 가족구성원을 직접 돌'본다는 기준만으로 이들의 역할을 설명하는 데 한계가 있다. 그래서 비교적 구체적으로 이들의 역할을 명시한, 2020년 일본 후생노동성의 영 케어러의 역할 관련 자료를 본고에서 제시하고자 한다.

후생노동성의 자료에서는 이들의 역할을 ① 돌봄 대상자를 보살피는 성인 가족원을 대신해서 가사노동 ② 아픈 가족을 대신해서 어린 형제자매를 돌봄 ③ 장애나 병이 있는 형제를 보살핌 ④ 한시도 눈을 뗄 수 없는 상태인 가족(주로 치매 등)을 신경 쓰기 ⑤ 모국어가 제1언어가 아닌 가족이나 장애가 있는 가족을 위해 통역하기 ⑥ 가정의 경제 유지를 위한 노동 ⑦ 알콜, 약물, 도박 등의 문제가 있는 가족을 보살핌 ⑧ 암, 질환, 정신질환 등의 만성질환을 앓는 가족을 간호함 ⑨ 장애나 병이 있는 가족을 수발함 ⑩ 장애나 병이 있는 가족의 입욕, 배변 등을 보조함 등으로 구체화하고 있다. 정리하자면, 자립적인 생활이 어려운 가족들을 돌보는 '직접 돌봄'과 다른 성인 가족원 대신해서 하는 가계의 모든 일(행정 처리, 어린 형제자매 돌봄, 가사노동, 경제활동 등)인 '간접 돌봄'으로 나누어 볼 수 있다. 다시 말해 영 케어러의 역할은 간병에 국한되지 않으며 다양한 역할을 수행하기 때문에 이에 따라 돌봄의 속성 또한 확장하여 설명할 수 있다.

향후 한국사회에서도 영 케어러의 역할을 구체적이고 상세히 제시할 필요가 있다. 그렇지 않을 경우 영 케어러의 역할이 가정 내에서 식사나 목욕 및 배변보조 등의 간병을, 홀로 감당하는 행위만이 '진짜 돌봄'이라는 프레임을 생성할 수도 있다. 나아가 돌봄에 대한 성격 또한 간호, 간병에 치우쳐질 우려도 있다. 그렇게 되면 실제로 간접 돌봄을 수행하는 많은 영 케어러 당사자는 자신의 행위를 돌봄이라 인식하기 어렵고, 주변에 도움을 요청하기도 어려워진다. 그렇기에 다양한 돌봄 사례의 발굴은 매우 중요한 활동이 된다.

【영 케어러, 어디에서 와서 어디로 가는가】

영 케어러는 왜 최근 들어서야 마치 '갑자기 나타난 것처럼' 보이는 것일까. 이들의 존재와 개념이 낯설게 느껴지는 요인을 다음 몇 가지로 분석해 볼 수 있다. 첫째, 사회구조와 인구변화, 새로운 형태의 가족 등장 등이 돌봄의 형태와 주 돌봄자에 영향을 미치기 시작했다. 기존의 한국사회는 가족 내 돌봄 제공자의 스펙트럼은 아주 협소했다. 가정 내에서 돌봄의 주요 역할자는 여성이었다. 전통사회의 성 역할과 정상가족 이데올로기 체제 내에서 여성은 어머니로서, 며느리로서 돌봄을 수행해 왔다. 이를 '돌봄의 헤게모니(a hegemony of care)'라고도 하는데, 이러한 헤게모니가 작동하면서 돌봄은 자연스럽게 출산, 육아 경험이 있는 여성의 몫이라는 인식이 강하게 자리 잡았다. 이 때문에 남성, 미혼, 그리고 어리거나 젊은 가족 구성원이 가족을 돌본다는 인식은 애초에 배제되었다. 그러나 다양한 요인들로 인해 새로운 돌봄 제공자에 대해 돌아볼 수 있는 여지가 발생하였고, 그중 하나가 영 케어러라 할 수 있다.

둘째, 돌봄의 사회화에 주목하기 시작했다. 전통사회에서 가족돌봄은 효자든 불효자든 개인의 서사이자 가정이라는 한정된 공간에서 일어나는 것으로 인식되었다. 돌봄을 사회가 책임진다거나 정책적으로 구제한다는 것은 받아들여지지 않았다. 그 결과 돌봄이 가족화, 개인화, 도덕화되고, 양성화되지 않아 대 사회적 호소의식은 상당히 적은 편이었다. 이러한 인식들이 자연스럽게 돌봄의 사회화를 저해하는 요인이 되었다. 최근 들어 심심찮게 사회적인 이슈로 부각되는 '간병살인' 사건과 같이 돌봄으로 인한 문제들을 개인의 도덕적 태도와 결부시켜 돌봄의 사회적 책임을 회피하게 만드는 기제로 작용되기도 하였다. 하지만 가족 내 개인의 돌봄 부담 증가, 초고령화와 저출생, 특히 최근의 코로나19로 인한 돌봄 공백의 폭증 현상은 돌봄의 사회화의 필요성과 중요성을 재인식하고 확산시키는 계기가 됐다. 돌봄이 더 이상 사적 영역이 아니라 공적 영역에서 수행되어야 한다는 공감대의 확산과 이에 따르는 사회적 움직임이 오늘날 영 케어러의 문제 또한 사회적 문제로 이슈화시키는 데 기여했다고 볼 수 있다.

영 케어러는 갑자기 나타난 것이 아니다. 오래전부터 '효자효녀' '소년소녀가장'이라는 이름으로 개인에게 부과된 호명으로 존재했다. 그리고 최근 들어 '개인'이라는 거품을 걷어내면서 '영 케어러' 문제를 직시할 수 있게 되었다.

【한국의 영 케어러는 어떻게 살고 있나?】

한국사회에서 '영 케어러' 문제는 최근까지 그다지 본격화되지 않은 담론이었다. 때때로 미디어에서 영 케어러의 간병 학대나 살인 사건이 일어나 자극적인 형태로 보도되거나 책에서 자신의 돌봄을 고백하는 청년들의 이야기가 출간되기도 했지만, 사회구조나 제도적인 측면에서는 이렇다 할 조치가 없었다. 돌봄 문제는 개인의 가정사이거나 불행한 사례에 불과했다. 그러나 돌봄의 사회화에 대한 관심이 높아지고 돌봄의 스펙트럼을 확장시켜야 한다는 목소리가 모아지면서 제도권 밖에 있던 영 케어러에 주목도가 높아지기 시작했다.

2020년 기초생활보장 수급자 중 만 25세 미만 청소년·청년은 전국에 3만 1천여 명 정도로 추정되며, 이들 대부분이 돌봄으로 어려움을 겪는 청소년·청년인 영 케어러(Young Carer)일 것으로 예상된다(《경기일보》, 2021.11.24.)[5]. 그러나 기초수급자만을 대상으로 영 케어러 규모를 파악하는 데는 한계가 있었다.

2022년 2월 14일 보건복지부가 '가족돌봄 청년, 청소년'이라는 호명 하에 대한 문제점과 현황을 파악하기 위해 실태조사에 착수한다고 보도하였다. 그동안 방치되었던 돌봄자인 청소년과 청년들의 존재를 가시화하고 이것을 사회문제로 인정한다는 의미라 할 수 있다. 2023년 4월 보건복지부의 가족돌봄 청년의 실태조사 결과가 공개되었다.

국가 차원의 지원정책을 수립할 때는 정확한 통계와 여러 변수를 두루 고려해야 하는 어려움이 있다. 그러나 돌봄 수행이 장기화될수록 돌봄 부담과 그에 따른 부작용은 기하급수적으로 배가되는 특성을 고려한다면 정책 개발과 시행이 시급한 것도 현실이다. 또한 하나의 담론에 대중적인 관심이 급속히 커질 때 박차를 가해서 일을 진행해야 담론의 확장을 불러일으킬 수 있다. 이러한 맥락에서 가족돌봄 청년에 대한 사회적 관심 제고와 지원정책 구축을 위해서 정부는 이전과는 다른 속도로 일을 추진할 필요가 있다.

---

[5] 한국의 경우 보건복지부와 여성가족부 등 정부 부처들도 영 케어러에 대한 통계나 현황 자료가 전무한 실정이며, 현재 영 케어러 전수조사를 진행하려는 계획만 마련된 상황이다. 해당 통계에 대한 견해, 만 25세 미만의 기초생활보장 수급자가 영 케어러일 것이라는 견해는 더불어민주당 김성주 의원실에서 제시한 내용이다. 이 글에서는 김성주 의원실의 의견에 일부 동의하기에 이를 영 케어러 통계의 대체로서 제시하였다.

【영 케어러 문제는 어떻게 진전될 것인가】

앞으로 영 케어러는 점점 더 증가할 것인가. 한국사회의 인구 변화와 그에 따른 가족구조 변화를 고려할 때 단호히 '그렇다'고 말할 수 있다. 가족의 사회적 역할 중 하나는 돌봄이다. 전통사회의 대가족의 경우 (주로 여성들이 과업을 실제로 수행해 왔으나) 다수의 가족원들이 번갈아가면서 돌봄을 수행하였다. 그러나 초고령화, 핵가족화, 저출생으로 인해 가족 내에 돌봐야 할 노인 가족원이 증가하고, 노동을 분담할 가족원 수는 줄으듦에 따라 개인이 부담해야 할 돌봄 비중이 급격히 증가하게 되었다.

특히 지금의 청년세대는 조금 더 돌봄 부담이 가중될 가능성이 높다. 첫째, 오늘날의 청년세대는 형제자매가 적다. 개인이 짊어져야 할 돌봄 부담이 증가하는 것은 불가피한 일이다. 형제자매가 많았던 베이비부머 세대의 경우 개인에게 할당되는 돌봄부담은 비교적 크지 않았있다. 하지만 지금의 청년세대인 80-90년대 생의 합계출산율은 1-2명 정도로, 대부분이 혼자서 돌봄을 수행할 수밖에 없는 현실이다. 둘째, 비혼이 점차 증가하고 있다. 비혼으로 인한 배우자와 자녀의 부재는 돌봄을 분담할 수 있는 가족자원의 부재를 의미한다. 셋째, 초고령화로 인한 노인인구의 증가, 그리고 돌봄을 필요로 하는 기간의 연장으로 인해 돌봄 부담의 가중은 불가피하게 되었다. 가족돌봄 청년의 돌봄 대상을 노인으로 한정지을 수 없으나(장애 가족, 환자 가족 등) 노인을 돌보는 청년들이 상당히 있었다는 점에서 노인인구의 증가에 따른 가족돌봄 문제에서 청년을 분리하기 어렵다. 향후 노인인구는 더욱 증가할 추세인데, 이 과정에서 노인인 가족원을 돌보는 청년들은 필연적으로 증가할 것으로 예상된다.

지금까지 분석한 요인들은 현재 청년세대인 80-90년대 생들이 중장년이 되어서 돌봄을 수행할 때 겪는 사회적 문제로도 작동될 수 있다. 그러나 이와 같은 요인들이 청소년 또는 청년기에 닥쳐서 돌봄을 수행한다면 중장년기에 비해서 훨씬 더 열악하고 어려운 조건 속에서 돌봄을 수행할 수밖에 없다. 앞서 언급했듯이 청년기에 부담하는 과중한 돌봄 역할은 이 시기에 수행해야 할 학업, 진로, 취업, 직장, 대인관계, 연애와 결혼 등에 심대한 차질을 안겨주기 때문이다. 나아가 향후 더욱 가속화될 것으로 예상되는 초고령 사회로의 이행과 비혼화 등의 인구 변화와 가족구조 변화는 가족돌봄 청년이 더욱 증가할 가능성을 시사한다.

【영 케어러 문제, 어떻게 해결할 수 있는가[6]】

영 케어러 문제는 아동 청소년, 청년, 노인, 장애인, 가족, 복지 등이 복합된 문제이며, 정부 차원에서도 본격적으로 지원정책을 제시한 것이 아니기 때문에, 본고에서 뚜렷한 해결 방안을 내놓기는 어렵다. 앞에서 거시적인 관점으로 영 케어러에 대한 인식 문제에 대해서 접근했다면, 여기서는 미시적 관점으로 우리 사회와 공동체가 함께 고려할 문제들을 짚어보고자 한다. 아래의 내용은 지역사회의 활동가들을 대상으로 영 케어러의 아젠다를 지역사회에 확산시키기 위해 개최한 간담회에서 활동가들이 제시한, 고려할 점과 해결 방안들이다.

첫째, 쌀보다 필요한 것이 있다. 한 활동가는 영 케어러를 위한 지원으로 '쌀보다 필요한 것'이 있을 것이라고 언급하였다. 그의 말처럼 가족돌봄 청년들에게 가장 필요한 것은 '쌀'로 대표되는 물질적인, 물화적인 것이 아니라 사회적 관계망이나 심리적 안정, 자신의 삶과 돌봄을 양립하기 위한 다양한 지원들이라고 할 수 있다. 지역사회와 시민들은 이런 관점에서 당사자들의 목소리를 들어줘야 한다. 이는 가족돌봄 청년에게만 해당되는 것이 아니다. 어떤 형태이든 지원을 제공하려 할 때는 반드시 당사자성을 고려해야 한다. 이는 국가, 지

---

6 이 절은 생태적지혜연구소의 매거진 2023년 3월 26일 게재한 '가족돌봄 청년 아젠다 확산을 위한 지역 활동가 간담회'의 내용을 수정·보완하였음

자체, 지역사회에서 지원하는 것들이 금전적인 지원(쌀)에 한정되는 게 아니라, 좀더 다양한 지원(관계망, 인식, 여가, 학업 등)이 필요함을 시사한다.

둘째, 호명을 통한 가시화, 가시화를 통한 아젠다 확산이다. 간담회를 시작하며 먼저 영 케어러의 정의와 현황을 소개하였다. 그러자 간담회에 참석자들은 각자 '아, 그 친구 이제 보니 영 케어러였던 거 같아'라는 식으로 자신의 과거에 만난, 또는 현재 자기 주위에 있는 영 케어러들을 언급하였다. 영 케어러가 어느 날 갑자기 생겨난 이들이 아니라 정확한 호명이 없었을 뿐 사회의 돌봄 사각지대에 늘 있었다는 점을 알 수 있다. 활동가들이 진작부터 영 케어러의 정의를 알았던 것은 아니다. 오히려 간담회를 통해 막연하였던 개념 정의를 좀 더 분명히 정립하였고, 과거 또는 현재의 가족돌봄 청년을 호명하면서 존재를 가시화시켜준 셈이다. 가족돌봄 청년의 개념이 확립된 지역 활동가들은 자신들의 활동 현장으로 돌아가 가족돌봄 청년을 구체적으로 호명하고 살펴볼 것이다. 지역 내에서 가족돌봄 청년에 대한 의제(agenda)는 앞으로 더욱, 급속도로 확장될 것이다. 낯선 존재를 호명하고, 이 호명된 존재를 공론장에서 지속적으로 불러주는 것, 이것이 영 케어러의 담론 확산을 통해 문제 해결에 접근할 수 있는 방안이라고 생각한다.

조명아
◆ 충남대학교 사회학과 박사 수료. 주요 관심분야는 가족, 돌봄, 청년, 젠더 등이다 ◆ 현재는 가족돌봄 청년과 관련하여 박사학위 논문 작업 중에 있다 ◆ 가족돌봄 청년들을 만나면서 이들의 돌봄 경험을 듣기 위해 인터뷰를 다니고 있다

생명위기 시대,
'좀비'가 되지 않기

정규호

【 1. '끈질긴 생명력'의 생명학연구회 】

이 글은 특정 모임의 소개 자체에 목적을 두거나 하나의 주제를 잡아 일관되게 정리한 것이 아니다. 그럼에도 생명(학)에 관심을 갖고 활동해 오고 있는 사람들의 고민과 생각의 흐름들을 살펴봄으로써 생명위기 문제를 다루는 데 작지만 보탬이 되었으면 하는 마음에서 '생명학연구회'의 기록들을 참고해서 필자 개인의 생각을 덧붙여 보았다.

'생명학연구회'는 20여 명의 생명운동 활동가와 연구자들이 함께해 오고 있는 작고 소박한 모임으로, 2015년 3월에 만들어졌으니 올해로 8년째다. 그런데 '생명'이란 말을 연구회의 이름에 야심차게 붙여 놓았지만 지나온 활동과정을 돌아보니 무엇에 집중해서 활발하게 펼쳐나가는 '역동적인 생명력'보다는 안팎의 변화 속에서도 연결의 끈을 놓치지 않고 붙들고 온 '끈질긴 생명력'이 연구회의 특성으로 보였다.

연구회는 '생명사상의 심화' '생명운동의 확장' '생명사회로의 전환'을 중심 주제로 삼아 야심차게 시작했다. 여기에는 당시 생명운동이 현실의 구체적 변화로 나아가지 못하는 데 대한 문제의식도 한몫 했다. 즉 생명협동, 생명공동체, 생명교육, 생명문화, 생명평화 등 생명운동이 다양한 영역으로 펼쳐졌지만 기후위기와 함께 '생명'에 대한 사회적 각성을 불러일으킨 사건들(후쿠시마 원전사고, 대규모 가축 살처분, 세월호 참사 등)을 겪고도 현실은 요지부동인 상황에서 연구회를 통해 생명운동의 방향과 목표를 명확히 하고 역량과 영향력을 높이기 위한 방안을 찾아보려는 생각들이 있었다.

연구회에는 활동가와 연구자들이 다양한 배경을 가지고 참여했는데, 현장의 경험과 고민을 체계화하고자 하는 마음과 생생한 현장의 목소리를 연구 테마로 연결시키고자 하는 마음이 만나 모임으로 이어졌다.

연구회는 연초에 생명학 관련 다양한 주제들을 기획해서 매월 관련 분야 전문가를 초빙해 활발하게 토의하고, 워크숍을 통해 내용을 정리하던 때도 있었고, 어떤 해에는 공동의 텍스트를 정해 함께 읽고 토의하면서 문제의식을 발전시키기도 했다. 그러다 코로나 바이러스가 확산되던 때에는 온라인 모임으로 전환했으나 집중력과 활력이 떨어지는 것을 경험하기도 했다.

연구회는 그동안 모임의 목적과 정체성에 대해 많은 고민들을 해 왔으나 아직까지 속 시원한 결론을 내리지는 못했다. 구체적 목적이나 결과물을 염두에 두지 않고 진행하다 보니 모임의 성격이 학습모임과 친목모임 사이에서 어중간하게 자리 잡은 듯 했다. 여기에는 모임 참여자들의 다양한 배경도 한몫했는데, 각자의 다양한 활동 소식과 문제의식들을 나누는 것만으로도 시너지 효과가 분명히 있었지만, 각자 현장을 가진 활동가와 다양한 학문적 배경을 가진 연구자들이 함께하는 모임에서 특정 주제로 공통의 관심사를 꿰어내고 모아내기가 간단치 않았다.

해서 연구회의 구심력을 높이고자 모임 명칭과 운영 체계를 정비하기도 했다. '생명사상 연찬회' '생명대화마당' '한국생명연구회' '생명사상연구회' 등 모임 명칭으로 다양한 의견들이 나왔는데, 논의를 통해 '생명학연구회'로 정하게 되었다. 당시 모임의 명칭에 '학(學)'을 붙인 데는, 집중된 학습과 논의를 통해 '생명사상의 심화, 생명운동의 확장, 생명사회로의 전환'에 필요한 담론을 정립하고 실천 방향을 구체적으로 모색해 보자는 생각들이 있었기 때문이다.

연구회의 지난 과정을 돌아보니 부침(浮沈)이 적지 않았다. 그럼에도 지금까지 '끈질긴 생명력'을 보여 왔다. 그런데 생각이 여기에 미치자 불현듯 '좀비'(zombie)라는 말이 떠올랐다. 공포 영화의 캐릭터로 자주 등장하는 좀비는 말 그대로 '죽었는데 살아있듯 움직이는 존재'로, 이들은 주체적 사유와 자율적 판단 기능을 상실한 채 특정 본능에 따라 행동한다. 그래서 깔끔하게 죽음을 받아들이지 못하고 죽음과 삶의 경계 어딘가에 어중간하게 위치해 있는 것이 좀비라는 존재인 것 같다.

　　우리가 생명의 위기를 강조하고 생명의 가치와 생명운동의 중요성을 이야기 하는 것은, 인위적이고 강제적인 '죽임'을 멀리하되, 타고난 생명이 다하는 날까지 본성에 맞게 의미 있게 살아갈 수 있도록 하기 위함일 것이다. 따라서 자기 생존을 위해 수단과 방법을 가리지 않고 심지어 다른 생명 존재들을 위협하는 배타적 생존주의(survivalism)는 생명위기 시대에 경계를 해야 할 부분이다. '생명다움'은 생로병사(生老病死)를 통한 순환의 질서 위에서 그 의미가 빛을 발하는 것으로, 영생(永生)과 불멸(不滅)은 불가능할 뿐만 아니라 이것을 꿈꾸는 것 자체가 반생명적일 수밖에 없다.

　　생명학연구회와 전혀 어울리지 않는 좀비를 떠올린 것은 모임의 존재 자체에 만족할 것이 아니라 이것을 지속시켜야 할 의미와 이유를 분명히 확인하고 싶었기 때문이다. '생명'에 대한 관심과 문제의식을 함께하는 사람들과의 교류 자체로도 분명 의미가 있는 일이겠지만, 연구회를 시작했던 첫 마음(初心)과 생명위기라는 녹록치 않은 현실을 고려할 때 좀비 같은 존재가 되어서는 안 될 일이다.

【2. 진단】

연구회 회원들 각자가 고유의 활동 영역을 다양하게 가지고 있는 만큼, 회원

개개인의 사정 변화가 연구회 참여에 적지 않은 영향을 주기도 한다. 필자 역시 연구회 시작부터 함께하였으나 전업적으로 활동하는 곳에서의 역할 변화로 지난 3년여 동안은 연구회 활동을 제대로 하지 못했다. 그러다가 작년 말에 하던 일을 그만두고 재충전과 모색의 시간을 가지면서 연구회에 다시 참여하기 시작했다.

필자 입장에서 현재로선 유일하게 외부와 관계를 열어놓고 참여하는 곳이 '생명학연구회'인데, 오랜 인연을 맺어 온 곳에 대한 부채감이나 시간적 여유 때문은 아니었다. 필자가 연구회를 다시 찾은 가장 큰 이유는 '인식의 확장'을 위한 자극과 격려가 필요해서였다. 그런데 고무적이게도 올해 총회에서 참석한 회원들의 이야기를 통해서 비슷한 생각들을 읽을 수 있었다. 느슨해진 마음을 다잡아서 연구회의 집중력을 높여보자는 의견들이 많이 나왔는데, 각자 바쁜 사정은 전년도와 변함이 없지만 갈수록 커지고 있는 전 지구적 생명위기에 대한 문제 인식이 이심전심(以心傳心)으로 주요하게 작용한 것으로 이해되었다.

사람들은 지금의 현실이 변동성(Volatile), 불확실성(Uncertainty), 복잡성(Complexity), 모호성(Ambiguity)이 동시에 증폭하는 특성을 가지고 있다고 해서 '뷰카'(VUCA) 시대로 부른다. 문제는 현실의 이러한 특성이 생명위기 현상과 복잡미묘(複雜微妙)하게 얽혀 있다는 점이다. 따라서 생명위기 문제를 다루기 위해서는 기존의 경험과 지식에 의존한 관성적 접근에서 벗어나 '새로운' 눈으로 당면한 현실을 읽어내고 문제 해결의 방향을 찾아나갈 필요가 있는데, 생명학연구회가 인식의 확장을 위한 자극과 관성과 타성에서 벗어나기 위한 용기를 북돋우는 데 의미 있는 모임이 되기를 바라는 마음들이 모아졌을 것으로 보인다.

당면한 생명위기 문제는 위기감을 무한정 높인다고 해결될 수는 없다. 대안 없는 위기감 조성은 오히려 잘못된 선택을 할 가능성을 높여준다. 수단과 방법을 가리지 않고 생존 자체를 목적으로 두면 생명위기 문제의 해결은커녕 오히려 사태를 악화시킬 가능성이 높다. 배타적 생존주의의 확대는 개인과 사회, 국가 등 모든 영역에서 힘을 앞세운 경쟁과 갈등, 극단적 분노와 폭력을 증폭시켜 문명 자체를 야만의 시대로 퇴행시킬 수도 있다.

이미 현실 자체가 '문명화된 사회'로 부르기에는 기후위기, 원전, 괴질, 빈곤, 자살, 전쟁, 테러 등 반문명적 현실이 한편에 엄연히 자리 잡고 있으며, 그 밑바탕에서는 돈과 권력, 기술의 힘이 지배적으로 작동하면서 인간의 지성을 압도하고 있다. 그런데 갈수록 심해지는 생명위기 현실에서 생명사상이나 생명운동의 존재감은 오히려 점점 희미해지고 있고, 그 빈자리를 생명공학, 생명산업 등 생명을 관찰, 분석하고 돈벌이로 연결시키는 흐름들이 채워 가고 있는 듯하다.

지금 우리 사회를 지배하는 각자도생(各自圖生)의 삶의 방식은 죽지 않기 위해 목숨을 걸어야 하는 비극적 상황을 초래할 가능성이 높다. 생존을 건 경쟁의 엄혹한 현실에서 살아가는 사람들의 불안감과 공허함으로는 건강한 미래로 한 발짝도 나아가기 어렵다. 결국 생명 가치의 심화와 생명운동의 고양을 통해 공존, 공생, 공영의 생명사회로 획기적으로 전환하기 위한 힘과 지혜를 모아나가야 할 때다.

기존의 경험과 지식이 디딤돌이 아니라 걸림돌이 될 수도 있는 상황에서는, 복잡한 현실을 관통해서 본질을 꿰뚫어 볼 수 있는 통찰력(insight)과 함께 생명의 가치가 실현된 사회에 대한 종합적인 전망과 이행 경로를 구체적으로 준비할 필요가 있다. 이를 위해서는 학습과 연구 자체가 탐닉의 대상으로 그쳐서는 안되고, 운동 또한 자기만족적인 수준에 머물러서는 안 될 일이다. 마찬가지로 생명학연구회 또한 사람들의 안목을 넓히고 역량을 기르고 선후배 세대와 공감하고 사회와 함께하는 데 필요한 역할을 해나가야 할 것이다.

【3. 모색】

아무것도 장담할 수 없는 시대, 어느 누구도 믿을 수 없는 현실에서 생명위기라는 위중한 과제를 지혜롭게 해결하는 것은 연구회는 물론 생명운동 활동가 전체가 함께 고민하고 찾아나가야 할 과제다.

이와 관련해서 생명학연구회는 지난 2월 총회에서 연구회의 진로와 운영방안에 대해 논의한 결과, 매월 오프라인 모임을 통해 연구회다운 운영을 해보기로 하고, 회원 각자 염두에 둔 생명(학) 관련 키워드를 공유, 발전시켜서 구체적 성과물로 만들어보자고 마음을 모았다. 이와 함께 '기후위기'가 연구회 회원들의 다양한 관심 영역을 꿰어내는 주제임을 확인하였다.

연구회는 3월부터 월례 모임을 통해 생명위기의 복잡한 현실을 관통하는 핵심 과제와, 생명의 관점에서 변화의 핵심 흐름(트렌드)과 주요 영역 등에 대해 회원 각자가 생각하는 '키워드'를 가지고 논의를 진행하고 있다. 지난 두 차례 회의를 통해 논의된 주요 키워드와 문제의식들을 요약해 보면 다음과 같다.

첫째, 인식론적 전환의 구체적 방법 찾기

● 뭇 생명과 생태계 전체의 생존과 직결된 기후위기 문제에 대해 현실에서 해결의 시간이 넉넉지 않은데 변화의 조짐도 별로 보이지 않고 있다. 왜 그럴까. 인간의 습관적 사고와 관성적 행동은 진화의 과정에서 획득된 것인데, 이것이 기후위기 시대에 기존의 사고와 생활방식 전체의 근본적 전환에 대한 요청과 충돌되는 지점이 있다. 사람 의식의 비약적(飛躍的) 발전을 통한 인식론적 전환을 위한 구체적 방안을 찾을 필요가 있다.

● 동학의 '삼경'(三敬) 사상의 맥락에서 볼 때 지금은 신 중심의 경천(敬天) 시대, 인간 중심의 경인(敬人)의 시대를 지나 사람과 자연생태계는 물론이고 무생물, 무기물을 포함한 세상 만물을 공경하는 만물동등의 '경물(敬物)의 시

대'로 가고 있다는 새로운 세계 인식과, 이에 부응하는 인간 의식의 우주적 확장과 내적인 도약이 필요하다.

● 근대적 이분법을 넘어서기 위한 사고 훈련으로서 동학의 '불연기연'(不然其然)의 역설적 이치를 구체적 사례를 통해 확인했으면 한다.

● '비주얼 리터러시'(Visual Literacy)는 문자 중심적 사고를 멈추고 생명의 연결성을 자각하고 체득하는 것이다. 이것을 통해 우뇌적 시각 깨워 이미지를 통한 의미 읽기와 소통, 통찰, 창조의 힘을 길러내야 한다.

둘째, 생명운동 실천 양식에서 지역, 정치, 경제, 관계의 중요성

● 지역은 생명이 살아가는 곳으로, 지역에 기반한 구체적 모델 만들기가 중요하다.

● 기후위기 시대에 문명전환의 정치가 필요하며, 구체적 방안으로 '지역정당'을 통한 돌파와 확장 노력이 필요하다.

● 생명의 경제활동, 생명의 자기살림 활동으로서 임금노동이 아닌 '일'의 의미를 확인할 필요가 있으며, 일을 통해 지역과 연결해서 청년들의 정착 방안을 찾아나갔으면 한다. 또한 전업노동, 단일노동에서 벗어나 '생업'의 개념을 새롭게 회복할 필요도 있다.

● 기후위기 시대에 공동체 내 새로운 연결과 소통 방식(1인 가구, 비혼족, 온라인커뮤니티 등)에 대한 연구도 필요하다.

● 서로 다른 것들이 다투지 않고 공존하면서 함께 살아가는 '다양성'과 '어울림'이 중요하다. 싸워서 이기는 것이 아니라 서로 다름에 대해 고마워하는 마음이 있으면 함께 사는 세상이 가능할 것이다. 지역에서 공동의 가치를 실현하는 데 있어 함께 일하고 땀 흘리고 일하는 관계로서 만남이 중요한 역할을 한다.

셋째, 집중 탐구 과제로서 인간과 기술의 문제

● '생명'이란 무엇인가에 대한 질문에 앞서 '인간이란 무엇인가'에 대한 질문

이 필요한 때다. 생명위기 시대에 새로운 주체로서 '신인간'(新人間) 유형과, 탈물질화 경향이 나타난 사회에서의 사람들 생활양식을 구체적으로 탐구할 필요가 있다.

● 사람의 인식과 행위 능력에 깊은 영향을 주고 있는 '과학기술' 문제를 어떻게 볼 것인가도 중요하다. 과학기술을 통해 생산과 소비, 생활양식 전반의 혁신적 변화가 일어나고, 기계와 몸을 연결하는 포스트휴먼 시대가 등장하는 가운데, 생명위기 문제를 해결함에 있어 과학기술의 역할과 영향을 주의 깊게 다뤄볼 필요가 있다.

이상 위에서 소개한 내용들은 앞으로 회원들이 각 부문별로 구체적인 발표와 상호 피드백 과정을 통해 앞으로 발전시켜 나갈 기본 문제의식을 담은 것으로, 앞으로 계속해서 좀더 정리되고 심화된 내용으로 〈다시개벽〉 독자들과도 만날 수 있기를 기대해 본다.

정규호
◆ 90년대에 대학원에서 환경 분야 공부를 하면서
정토회 불교환경교육원에서 활동했다 ◆ 졸업 후
바람과물연구소에서 녹색국가 연구, 제3섹터연구소에서
민주주의 연구를 하면서 풀뿌리운동, 시민환경운동에
참여했다 ◆ 이후 한살림-모심과살림연구소를 통해
생명운동과 협동조합운동 현장에서 활동했다 ◆ 현재는
하던 일을 그만두고 쉼과 충전의 시간을 알차게 보내려고
애쓰고 있는데, 생명위기 문제에 대한 무감각, 무책임,
무능력을 드러내고 있는 현실에 대한 갑갑증과 조바심
때문에 고심하고 있다

실상사 담 밑에 올라온 민들레처럼 시방十方으로 탈주하는 정치를 꿈꾸며

이무열

많이들 가보셨겠지만 보통 워크숍에서는 아이스브레이크(ice break), 심포지엄에서는 웰컴 파티(welcome party)와 같이 처음 만났을 때의 긴장감을 풀어주는 프로그램을 준비합니다. 지리산정치학교는 이 시간을 지리산과 실상사가 훌륭하게 해주고 있습니다. 더구나 다른 사람들 사이뿐 아니라 그동안 돌보지 못했던 나와의 관계에서도 한동안 돌보지 못했던 서먹함을 풀어주기까지 하니 말입니다. 봄이 절정에 오른 4월 마지막 주 5기 참가자들은 도착하면서부터 지리산에 짙어지는 산색(山色)과 천년 동안 그 자리에서 고요히 새 세상을 열어온 실상사를 느낄 수 있었습니다. 여기서부터 다른 문명을 위해 다른 정치를 꿈꿀 준비가 시작됩니다. 그래서인지 5기 연찬 내내 내 안에 있는 정치력을 발견하고 정치를 시작할 때의 첫 마음을 찾아 다시 정치를 꿈꾸게 하는 그 무엇인 영성(靈性)이란 말이 자주 나왔습니다. 온몸과 마음으로 느끼지 못하면 어떤 말로도 설명하기 어려운 정치를 회복시켜 주는 힘이 될 영성정치(靈性政治)가 지리산, 실상사와 함께 도반(함께 꿈을 꾸는 벗_지리산정치학교에서는 함께한 이들을 이렇게 칭한다.) 사이에서 생성(生成)되었습니다.

제가 본, 실상사 담을 따라 지천인 들꽃들과 그 속에서 머리를 삐죽 내민 민들레를 참가자들도 보았을 겁니다. 이렇게 우린 지난 문명과 정치의 담 밑에서 새로운 세상의 씨앗을 싹틔울 준비를 하고 있습니다.

내가 본 실상사 민들레 ⓒ이무열

이번 5기도 여느 때와 마찬가지로 '여는 식'으로 한 사람씩 자기소개를 하며 지리산정치학교에 오게 된 이유를 이야기했습니다. 각기 다른 이유가 있습니다. '정치(행정)와 결탁되어 지역이 불법으로 개발되는 것을 보고서 정치를 시작하려는 분' '일을 하다 보면 결국은 정치적이라는(이었다는) 것을 알았다는 분' '직접민주주의와 지역정당을 고민하는 분' '정당 활동을 하면서 정치 활동의 이유를 다시 찾으려는 분' '추천을 받아서 오기는 했지만 왜 정치라는 이름이 붙은 이곳에 자기가 왔는지 모르겠다는 분' 도 계십니다. 이유가 다르니 혼란스러울 수 있습니다. 분명한 자기 목적성을 가진 활동이라면 당연히 같은 일을 하는 사람들이 모일 것이라는 생각에서입니다. 다른 생각과 다른 일을 하시는 분들이 정치전환을 위해 모여 있는 것에 낯설어하기도 합니다. 이렇게 오신 분들께 지리산정치학교의 정치는 우리가 알고 있는 규범적인 정당정치뿐 아니라 시민정치까지를 포괄하는 정치회복운동(회복은 복고가 아니라 재창조)이라는 말씀을 먼저 드립니다. 이러지 않으면 자칫 정치를 정당 활동으로만 생각하고 이제부터 시작될 연찬이 나로부터의 정치가 아니라 실체 없는 객관성에 기대어 타자화(他者化)된 비판적인 정치개혁 평론으로 빠질 수 있습니다. 그뿐만 아니라 문명전환정치라는 정당정치와 시민정치(시민의회,

평의회, 민회)가 '상호보합적'으로 작동해야 할 정치를 상상하지 못하고 기존 정치체제에 갇혀 버릴 수 있습니다. 지리산정치학교가 매 기수 정당, 여성과 남성, 지역, 연령을 고려해 참가자를 추천 받는 것은 정치전환은 차이를 존중하고 최선의 방안을 찾아 함께 갈 수 있는 길을 만드는 연찬(공론) 문화가 필요해서입니다. 덧붙여 정치전환의 사건이 생성될 수 있는 우연성을 기대하는 배치입니다. 차원을 넘는 창조적 발상은 낯설음과 차이에서 비롯되기 때문입니다. 특히 이번 5기에 특이한 점은 농촌, 농부로 활동을 소개하는 분들이 많았다는 점입니다. '호미로 도시를 경작하라!'는 도시농업네트워크의 슬로건처럼 문명전환과 정치전환의 근거지가 오히려 소멸과 위험지역이 되어가는 농촌이 아닐까하는 생각이 들었습니다.

이번 5기 세 차례 연찬주제는 '왜 사람들은 (정치공황 상황에서도) 새로운 정치를 꿈꾸고 행동하지 않을까?' '지금 정치전환을 위해 해야 할 핵심 활동은 무엇이고, 어떻게 해야 할까?' '내가 할 수 있고 함께하기를 제안하는 정치전환 활동은 OOO이다.'였습니다.

연찬주제는 크게 정치전환 발상과 실천 방안을 축으로 기수별로 조금씩 다르게 준비되는데, 새로운 정치학교가 시작되기 1개월 전부터 지난 기수의 연찬 내용을 참고하고 국내 정치 일정과 사회 분위기를 고려해서 주제를 고민합니다. 매 기수 연찬주제는 준비하는 이의 주관에서 나오지만 이번의 경우에는 특히나 저 개인의 이기적인 동기가 컸습니다. 요사이 전환에 대한 느낌이 마치 파란하늘은 보이는데 사방이 꽉 막힌 벽 앞에서 서 있는 듯 했습니다. 창조는 파국을 앞에 두고 온다지만 기후위기와 사회위기가 점점 더 깊어지는 절박함 속에서도 국내정치는 무능력을 지나 공황에 가까운 지경이 되어 가고, 시민들은 저항보다 정치적 피로감에 지쳐 있는 것 같아서입니다. 생명의 위기감을 느끼고 고갈되어 가는 생활 속에서도 이것을 바꿔낼 새로운 정치적 흐름이 왜 형성되지 않는지? 여기서부터 시작하고 싶었습니다. 그 근본적 원인을 찾는 연

찬을 한다면 다음으로 다양한 정치전환 방안을 연찬하고 실천으로 나아갈 수 있을 것 같았습니다. 이렇게 진단과 방안, 실천으로 연결하려고 했습니다. 그리고 정치전환 방안을 찾는 두 번째 연찬 앞에는 연찬을 촉진하기 위해서 다양한 정치전환을 경험하고 실험하고 있는 분들을 모셔서 '정치전환 이야기'라는 주제로 발화를 부탁드렸습니다.

첫 번째 연찬에서 발화 하는 이남곡 선생님. "왜 사람들은 새로운 정치를 꿈꾸고 행동하지 않을까?"

'왜 사람들은 (정치공황 상황에서도) 새로운 정치를 꿈꾸고 행동하지 않을까?' 첫 번째 연찬을 남곡 선생님의 국내 정치상황과 문명전환정치에 대한 단상과 참가자들에 대한 바람 및 연찬 소개로 시작했습니다. 물질적이고 객관적 기조는 난세가 아닌데 비해 우리 사회가 총체적 난국을 겪고 있는 원인은 정치는 사람을 사랑하는 기술이고 조화의 예술인데 우리의 정치는 혐오감이 점점 더 커져 비정상적인 편 가름 정치와 심리적 내전 상태가 되어가고 있기 때문이라며 안타까움을 토로하셨습니다. 낡은 것을 상쇄하고 새로운 것이 떠올라야 하는 상황에서 패배의식과 절망감이 커지고 있지만, 낡아서 버려야 할 파국을 절호의 기회로 삼아 기대감과 설렘으로 재생하는 새로운 정치가 일어나야 한다고 하셨습니다. 그러면서 전환의 경로를, 문명전환을 위해서 체제전환이 필요하고 그 이전에 정치전환이 필요하니 새로운 정치를 이렇게 준비하자는 제안을 하셨습니다. "지금의 정치를 압도(차원 변화)하는 담론으로 광

폭정당으로 연합해야 한다. 이렇게 하기 위해 공동체의 가치를 존중하는 민주주의, 개인의 자유를 존중하는 민주주의, 문명전환을 지향하는 녹색정치가 연합해야 한다. 이것을 담당할 새로운 정치세력은 잘못을 인정하고 고치려고 하는 '도덕적 능력'과 자신이 옳다고 하고 주장하는 것에서 벗어나 최선의 방안을 찾아가는 '소통하는 능력'이 있어야 한다. 전략적으로는 특정 정당을 지지하지 않는 무당층-중도층 30%의 30% 지지만 있어도 연합정치가 될 것이다."
마지막으로 미혹의 문명에서 깨달음의 문명으로 가는 길에 '만국활계남조선' '문명개화삼천국'의 기개를 이야기하셨습니다.

　실상사 아침법석 참석 중

　뒤이어서 참가자들이 새로운 정치를 꿈꾸지 못하는 이유를 연찬했습니다. '자신이 누릴 수 있는(누릴 수 있을 것 같은) 이득을 내려놓아야 하는 것이 어렵다.' '정치에 대한 교육을 받지 못한 채 기존 정치권이 만들어 놓은 정치에 붙잡혀 있는 것 같다.' '생활 속에서 현안을 품고 정치 효능감을 느낄 수 있게 하는 게 중요하다.' '새로운 정치에 욕망은 지역에 있는데 아직도 중앙정치와 제도권에 들어가기 급급하다…' 특히 청년 참석자들은 공개적인 자리에서 청년정치인들에게 기회를 줘야 한다고 공공연히 말하는 정치인들조차도 기존 정당정치 조직의 도움 없이는 정치인이 될 가능성이 없다고 말하고, 가진 돈과 조직이 얼마나 되는지부터 보던 자신의 정치입문 경험을 토로하며 분노했습니다. 이어서 '누구도 물어봐 주지 않았다, 어떤 정치를 꿈꾸는지 세상을 꿈꾸는지. 청년들은 자신의 삶을 바꾸는 걸 힘들어한다.' '청년의 경우 물질적 기반이 없는 게 크다. 자기를 돌볼 수 있는 인프라와 기회를 줘서 스스로 질문을 하고 답을 찾을 수 있게 했으면 한다.'는 이야기를 했습니다. 제게는 특히 '혼자 하는 게 쉽지 않다. 계속해서 망설이게 되고 주춤거리게 된다. 함께할 사람이 있다면 힘들어도 할 수 있을 것 같다.' '지리산정치학교가 함께할 수 있는 도반을 만나는 장이 될 것 같다.' '새로운 정치는 단기간에 무엇을 이루려고 하는 것이 아니라 꾸준히 비전을 가지고 지켜 가면 될 것 같다.'는 이야기가 깊이 들어왔습니다. 이렇게 새로운 정치를 꿈꾸지 못하는 이유 속에서 모두가 문명전환정치의 꿈을 꿀 수 있게 지리산정치학교와 전환정치를 준비하는 분들이 해야 할 일이 무엇인지를 다시 확인했습니다.

보통은 기수별로 두 분의 발화자를 모셔서 이야기를 들었지만 앞서 말 한 대로 이번에는 새로운 방안이 갈급해서 지방정부에서 생명정치를 직접 실험하신 이재수 춘천시장, 정의당 내 '세 번째 권력'이라는 조직을 만들어 새로운 정치를 실험하고 있는 조성주 정치발전소 이사장, 차이를 경쟁의 수단으로 삼는 대신 다양성으로 명명하고 다양한 경계를 넘나들며 횡단하는 페미니즘정치를 꿈꾸는 정다혜 페미니즘당 대표 세분의 발화자에게 이야기를 부탁드렸습니다.

이재수 전 춘천시장은 2012년 춘천 시의원부터 대통령비서실, 4년간의 자치단체장을 경험하면서 춘천시장에 당선되고, 시정을 맡았을 때 평소부터 가졌던 생명정치라는 정치철학과 비전이 없었으면 공무원과 지역기득권에 포위

당해서 자기 정치를 하지 못하고 끝났을 거라며 오히려 정당에서 정치 훈련을 받지 않았다는 것이 자유로웠다고 합니다. 4년 더 춘천시장을 했더라면 정책과 행정을 공무원 주도에서 시민 주도로 조금 더 전환하고 공무원들은 시민들이 주도하는 사업을 지원하고 운영하는 역할을 조금 더 분명히 했을 거라며 아쉬워했습니다. "결국 삶을 바꾸는 정치는 정치인이 하는 게 아니라 시민들이 하는 것이고, 정치는 국가와 정치인의 것이 아니라 나의 것이고 우리의 것"이라고 예전보다 오히려 더 강하게 의견을 내셨습니다. 생명운동 진영도 이재수 전 춘천시장의 생명정치가 한번으로 끝난 것에 대한 아쉬움이 컸습니다. 하지만 그 경험(실험)은 앞으로 생명정치 진영에 소중한 불씨가 되어 다시 살아날 것이라는 생각을 했습니다. 조성주 정치발전소 이사장은 '민주주의에서 민주주의 구하기'라는 주제의 발화로 미국 트럼프 전 대통령 시절부터 정치가 그동안 암묵적으로 지켜오던 사회 규범을 이탈하고 강성 지지층만을 상대로 한 '미친 정치효과' '반(反)정치의 정치' 포퓰리즘(Populism)이 세계적으로 강화되고 있다고 했습니다. 매일 뉴스를 보다 보면 국내정치도 거대양당 사이에서 상대를 타도하고 척결해야 한다는 승자독식의 대결정치와 시민이 아닌 강성지지층을 상대로 한 팬덤정치로 이 현상을 그대로 따라하는 중이라는 것을 확인할수 있습니다. 대안이 되어야 할 진보정치는 정체성 정치와 계급정치 사이에서 타개 지점을 찾지 못하고 방황하고 있는 상황이라고 합니다. 여기서 벗어나기 위해서 진영논리의 강변이 아닌 사안과 이슈에 따라 협력하는 '연정'과 '협의 정치'의 활성화가 필요하다고 합니다. 과거 87년의 세계관으로 만들어진 정치는 수명을 다했으며, 새로운 정치는 다른 세계관을 가진 정당이 출현해서 펼쳐야 하는데, 이를 위해 혐오정치, 반지성주의 정치를 반대하면서 다원성과 다양성을 존중하는 '자유주의'와 운동과 혁명이 아닌 다수의 동의라는 '민주주의', 사회 경제 프로그램으로 '사회민주주의' 정책을 추구하는 정당의 출현이 필요하다고 했습니다. 2018년부터 정당 활동을 시작한 페미니즘당 정다혜 공동대표는 페미니즘당은 여성주의 관점에서 생태, 노동, 평화 등 다양한 사회문제

이튿날 오전 태극권 수련

에 적극적인 관심을 가지고 활동하고 있으며 다양한 경계를 넘나들어, 횡단하는 페미니즘을 꿈꾸는 정당으로 가는 중이라고 했습니다. 현재는 헌법재판소에 정당 등록과 관련되어 헌법소원을 제출한 상태라고 합니다.

정치전환의 방안을 찾는 두 번째 연찬과 세 번째 연찬에서는 '지금 정치전환을 위해 해야 할 핵심 활동은 무엇이고, 어떻게 해야 할까?' '내가 할 수 있고 함께하기를 제안하는 정치전환 활동은 OOO이다.'로 각자가 생각하는 정치전환 방안을 찾아 실천을 약속하고 서로에게 활동을 제안했습니다.

'결과를 생각하기보다 전북정치전환과 같이 정치전환을 위한 모임을 지역에서 구성하는 것이 좋겠다.' '비주류로서의 새로운 정치가 아니라 주류정치가 되어야 한다. 정치를 실행할 수 있을 정도의 힘을 가질 수 있게 이런 자신감으로.' '도시농업을 하는 사람들은 농업에서, 재생에너지를 하는 사람은 재생에너지에서 각기 현장에서 사람들을 연결하고 모임을 만들면 좋겠다.' '경제적인 부분이 중요하기 때문에 경제활동으로 정치전환을 계획해야 한다.' '지리산정치학교가 내가 사는 춘천이나 다른 지역에서도 많이 생겼으면 한다. 태백산, 치악산, 무등산 등의 이름을 달고.' '전환정치를 자기화, 나의 것으로 해야 한다. 자기전환을 위해서 영성정치를 경험하는 자리가 많았으면 한다.' '연대하고 함께하는 것이 중요하다. 정치전환 활동을 위해, 이것을 위해 플랫폼이 필요하다.' '2030대가 정치에 관심을 가지고 활동할 수 있는 기회와 공간이 있었으면 한다.' '누구나 알 수 있는 언어로 정치전환과 문명전환을 이야기할 수 있어야 한다.' '이제 한번 남은 6기가 끝나면 문명전환과 정치전환 순례 등의 활동이 이어졌으면 좋겠다.'

2박 3일의 짧은 시간으로 자기로부터의 정치전환 활동을 구체화하지는 못했지만 다시 정치전환의 불씨가 일어난 것은 분명합니다. 이렇게 지난 지리산 정치학교에서 전북정치전환네트워크와 전북당, 지역당, 24년 총선 출마 결심의 사건이 생성되었습니다.

어느 자리든 연찬(회의나 대화)을 끝내면 자꾸 곱씹게 되고 마음에 내내 남는 말들이 있습니다. 영감(靈感, inspiration)이라고 하고 인사이트(insight)라기도 합니다. 제게 5기의 연찬이 남긴 영감(靈感, inspiration)입니다.

○ 문명전환과 정치전환을 꿈꾸는 사람들은 적극적인 연대와 지지활동을 해야 한다. 이런 연대와 지지의 실재감을 느낄 수 있도록 플랫폼이 필요하다. 특히 청년들뿐 아니라 지리산정치학교 참가자들은 문명전환과 정치전환을 꿈꾸고 이야기하는 사람들이 혼자가 아니라 여럿이라는 것을 발견하는 것으로 기쁘게 힘을 얻는다.

○ 정치 경험과 정치 학습 기회를 얻기 어려운 상황에서. 아이들부터 성인들까지 지리산정치학교와 같은 문명전환과 정치전환을 연찬할 수 있는 모임이 지역마다 필요하다.

○ 문명전환과 이를 실천할 정치전환의 깨달음을 얻기 위해서 영성정치(靈性政治)가 필요하다. 지리산과 실상사, 함께한 도반들 사이에서 온몸으로 정치를 깨달을 때 이 속에서 진정 정치를 자기화할 수 있다.

우주예술창고와 작품설명

모든 연찬을 마치는 '닫음식'에서 여류 선생님은 여느 때보다 더 마음을 담아 문명전환과 정치전환의 길을 이야기하셨습니다.

"왜, 문명전환인가? 왜, 문명전환 정치인가? 지리산정치학교는 문명전환정치는 무엇인가를 다시 묻고 연찬했다. 전환이란 내 식으로 말하면 살길 찾기이다. 지금의 이 길로는 살아남을 수도, 제대로 살 수도 없기 때문이다. 팬데믹과 기후위기, 제로성장경제를 두고도 망국적 진영논리에 매몰된 정치가 그 단적인 예이다. 전환의 출발점은 각비(覺非)일 것이지만 그 바탕은 사랑이다. 자기 사랑이거나 누군가를 사랑할 때 우리는 살길을 위해 삶과 존재를 던질 수 있기 때문이다. 새로운 길에 몸을 던지는 것, 그것이 전환이 길로 나서는 것이다. 신명이란 사람으로 행동할 때의 감흥이리라."

2021년 여름에 시작된 지리산정치학교가 올 가을에 모실 6기 한 기수만을 남기고 있습니다. 한시적으로 지리산정치학교를 열기로 했던 2024년 총선까지 어떤 정치전환 사건이 일어날지는 모르지만 저부터가 문명전환과 정치전환의 길에 함께할 도반들을 만난 것이 무엇보다 가장 큰 기쁨입니다. 기쁨 속에서 전북정치전환네트워크, 전북당, 지역당, 2024년 총선 출마가, 그리고 아직 드러나지 않은 사건들이 계속 자라고 있습니다. 알 수 없는 다음을 맞이할 준비를 하겠습니다.

지리산정치학교 영성정치 프로그램 중 하나인 '짧은 실상사 순례'를 하다가
예술창고에 붙여진 박영균 작가의 작품설명이 눈에 들어왔습니다. 지리산정
치학교를 시작한 마음 그대로가 담겨 있어서 소개합니다.

'우리 사회의 대립과 갈등을 포장박스에 담아 우주로 돌려보내자는 뜻이

담겼지만, 이것을 돌려보낼 우주가 따로 있지 않음도 안다. 내가 선 이 자리가

바로 그 우주요. 생성과 소멸이 우주의 운명이기 때문이다.'

이무열
◈ 문명전환하는 지리산정치학교 운영위원장 ◈
(사)밝은마을_전환스튜디오 와월당 대표로 달에 누워
구름을 보는 삶을 꿈꾼다 ◈ 요사이는 '지역의 발명'을
출간하고 근대산업문명이 일으킨 기후재난시대에 '지역이
답이다'라는 생각으로 지역발명을 위한 연구와 실천을
하고 있다

천도교 수련3

마음공부의 계단

라 명 재

수련하면서 마음의 변화를 겪는다. 이러한 변화의 양상과 정도는 사람마다 개인차가 있을 수 있고 눈에 보이는 것이 아니므로 명확하게 구분하기 어려울 수 있다. 그러나 공부하면서 나타나는 변화가 어떤 의미가 있는지 참고할 수 있으면 공부가 진행되는 과정을 확인하는 데 도움이 될 것이다.

근력운동 해 보면 안다. 원하는 근육이 생기기까지 얼마나 오랜 시간 꾸준히 운동하며 정성을 들여야 하는지. 마음의 근육도 마찬가지다. 꾸준한 수행으로 정성하다 보면 어느 순간 한 단계 뛰어오르는 깨달음의 순간이 온다. 물론 운동해서 생긴 근육도 운동을 하지 않으면 도로 없어지듯이, 깨달은 뒤에도 그를 잊지 않고 계속 정진해야 하는 것은 물론이다. 이를 동학에선 양천주(養天主)라 가르쳤다. 그런데 마음공부 하는 사람들 중에는 수행을 꾸준히 하지 않고 특별한 비법 수행이나 심지어는 약물을 통해서라도 자아를 초월하는 순간을 경험하고픈 욕심이 앞서 있는 경우를 간혹 본다. 자기 공부가 부족한 건 모르고, 조금 해 보고 안 되니 포기하거나 다른 선생님이나 다른 수행법을 찾아 헤매고 다니기도 한다.

어떤 공부를 하건 자기에게 맞는 방법을 선택하면 꾸준히 정성들여야 하고, 그러면 누구나 어느 정도의 깨달음을 얻을 수 있을 것이다.

천도교경전에는 마음이 변화하는 과정을 주제와 관점에 따라 몇 가지로 설명하고 있다. 경전에 나타난 마음공부 계단을 정리해본다.

【삼심관(三心觀), 마음공부의 세 가지 계단】

마음공부에 단계가 있는가 하는 것은 오래전부터 논란이 되어 왔다. 불가의 돈오(頓悟, 별안간 진리를 깨달음)와 점수(漸修, 차례와 위계를 거쳐 닦아서 깨달음) 논쟁도 같은 맥락이라고 볼 수 있다. 그러나 돈오를 주장하는 것도 그 내용은 항상 정성껏 수행하는 과정이 기본에 깔려 있다. 그러므로 꾸준히 수행하면 차츰 마음의 지혜가 열려 간다는 점수와 그 실제 내용은 별 차이가 없을 수도 있다. 어쨌거나 걷지도 못하는 아이에게 뛰라고 할 수는 없다. 각개인마다 살아온 인생이 다르고 마음의 근기가 다르므로 공부 과정도 다 같진 않을 것이다.

　의암 손병희 선생은 마음의 변화를 세 단계로 설명하고 있다. 첫째가 허광심이다.

"도에 세 가지 마음의 계단이 있으니, 마음을 닦고 성품을 보려는 사람은 만약 이
　세 가지 계단의 묘한 방법이 아니면 좋은 성과를 얻기 어려울 것이니라.
　첫째는 허광심(虛光心, 빛나는 마음)이니 한울과 한울, 만물과 만물이 각기
　성품과 마음이 있어, 자체가 스스로 움직이는 것이 다 법상(法相, 본래의
　모습)과 색상(色相, 드러난 모습)에 말미암은 것이니라. 닦는 사람이 생각하기에
　반드시 분별할 수 있으리니, 부지런히 하고 부지런히 하여 쉬지 아니하며,
　깨닫고 깨달아서 어둡지 아니하고, 고요하고 평온하여 혼미하지 아니하면, 빈
　(마음)가운데서 빛이 날 것이다. (그러면)반드시 모든 이치가 갖추어 있어 형상
　없는 법체(法體, 진리의 본체)가 깨닫는 곳에 나타나며, 형상 있는 색체(色體,
　드러난 현재 모습)에 돌아오는 빛이 돌려 비치어 밝지 아니한 곳이 없고 알지

183

못할 곳이 없으니, 이것을 허광심력이라 이르느니라." (무체법경, 삼심관)

나의 선입견이 비워지면 빈 가운데 빛이 나서 대상과 사물의 진면목을 비추므로 진실을 바로 보는 허광심이 된다. '허광심'이라고 이름 한 이유가 뭘까? '빈 데에서 빛이 난다'는 것은 나의 사사로운 욕심을 비워야 빛(진실)을 얻을 수 있음을 뜻한다. 그래서 해월 최시형도 "마음이 비었으므로 일만 이치를 통할 수 있다."(해월신사법설, 허와 실)고 하였다. 자만심과 선입견으로 가득 차 있으면 진실은 보이지 않는다. 버려야 얻을 수 있다.

또 허광심이란 말은 헛된 것이란 뜻으로 읽을 수도 있다. 세상 이치를 다 안다 해도 결국 헛된 것이란 말인가? 바닷물에 물방울 하나 더해진다 해도 바다는 그대로 바다일 뿐.

둘째는 여여심이다. 세상에 모르는 게 없으면, 다 깨달은 것 아닌가? 그러나 의암 선생은 거기에 머무르지 말라고 했다.

아는 것이 많아져도 근본(성품)이 바르지 못하면 삿된 길로 접어드는 경우를 역사에서 흔히 볼 수 있다. 허광심은 기본적으로 분별하는 것이다. 자신이 아는 것으로, 지식으로. 이에 집착하는 것을 분별심, 차별심에 빠졌다고 한다. 여기에 집착하는 경우 시비가 많아진다. 있는 것만 알고 없는 것(성품)을 모르기 때문이다. 그러나 있는 것, 즉 현상은 영원한 것인가? 우리가 파악한 지식과 실체는 항상 불변하는가? 사물은 보는 관점에 따라 달리 보일 수 있고, 객관적인 지식이라고 인정된 것도 추후 연구를 통해 뒤집어지기도 한다.

이것이 현실 세계를 다 안다고 해도(허광심) 한 단계 더 공부해야 하는 이유이다.

"둘째는 여여심(如如心, 같고 같은 마음)이니 한 번 위 지경에 뛰어오르면 비고
비어 고요하고 고요하여 물을 것도 없고 들을 것도 없으며, 마음과 같고 참과
같아서 우주의 모든 사물과 현상이 본래 나와 일체라. 오직 하나요 둘이 아니니

나와 너, 선과 악, 좋은 것과 싫은 것, 나고 죽는 것이 모두 이 법체가 스스로 쓰는 것이니 사람이 어찌 지어서 이루리오. 또한 법 가운데 묘하게 쓰는 것이 다 내 성품과 마음이므로, (더 구할 것도 없는 무극이라) 성품과 마음의 본체는 비고 또 끊겼다."(무체법경, 삼심관)

일체 만물은 원인이 있어 나타남이 있다. 원인이 있기 전의 근원(性)은 현상도 있을 수 없다. 일체가 공할 뿐이고 무극이다. 공은 아무것도 존재하지 않음이 아니다. 사물이 존재하되, 변하지 않는 내재적 본질이 없다는 뜻이다. 만물은 조건에 의지해 생겨나기도 소멸하기도 한다. 어느 것도 조건에 의지하지 않고 독립적으로 존재하는 것은 없다. 이를 불가에선 연기(緣起)라고 한다. 나의 몸도 사물도 어제와 오늘이 다르고 내일도 다를 것이다. 이를 안다면 몸과 물건에 집착할 필요가 없다. 빼앗기지 않고 끊을 수 있다. 오직 하나의 한울 성령뿐이다. 이런 처음도 인연도 없이 본래부터 있는, 비어 있는(空) 본 자리를 깨달아 모든 것을 알았으므로 공부가 끝난(斷) 것이다. 모든 현상과 실체도 결국은 무-한울 성품, 작용하기 전 상태로 돌아간다. 살아 있는 것은 죽게 마련이고, 형체를 가진 물건도 먼지로 돌아간다. 그러므로 일체가 비고 없는 것임을 깨닫는 여여심의 단계에선 허광심의 시시비비가 의미가 없어진다.

　셋째는 자유심이다. 의암 선생은 일체의 시비지심을 떠난 여여심의 경지에도 머물지 말라 하셨다.

"한울은 화생하는 직분을 지키므로 잠깐도 쉬고 떠나지 못하는 것이라, 만일 한울이 일각이라도 쉬게 되면 화생변화지도(化生變化之道)가 없을 것이요, 사람이 일용지도(日用之道)를 잠시라도 떠나게 되면 혀령창창한 영대(靈臺)가 가난하고 죽날 것이라."(의암성사법설, 권도문)

살아 있는 것은 '수고롭고, 괴롭고, 부지런하고, 힘써야' 한다. 그것이 생명이고 그것이 없는 것이 죽음이다. 그러나 생명이 올바르게 살아 있기 위해선 죽음과 공존이 필요하다. 나는 사람이 있으면 죽는 사람이 있다. 살아 있는 사람도 낮의 활동이 있으면 저녁의 휴식이 있다. 휴식은 여여심이고 죽음이다. 거기서 다시 활동과 삶으로 돌아오면 삶의 균형추가 되지만 휴식과 여여심만 계속되면 되겠는가? 여여심을 넘어서면 어떻게 되는가?

"셋째는 자유심(自由心, 자유로운 마음)이니 한울도 또한 비지 아니하고 만물도 또한 끊기지 않는다. 도가 어찌 빈 데 멎으며 만물이 어찌 끊긴 데 멎으리오. 그러므로 자기의 성품과 자기의 마음을 가르쳐 한 번 뛰어서 자유로워라. 성품과 마음이 자유로우면 (한울이 주신 명을 살 뿐 억지로) 살려고도 하지 아니하고, (상황이 나쁘다고 일부러) 죽으려고도 하지 아니하며, (어렵고 힘들다고) 없으려고도 하지 아니하고 (자신을 내세워서) 있으려고도 하지 아니하며, (다만 내 할 일을 할 뿐) 착하려고도 하지 아니하고 악하려고도 하지 아니하며, (내 마음에 충실할 뿐) 기쁘려고도 하지 아니하고 노하려고도 하지 않는다. (이렇게) 움직이고 머무는 모든 것과 매일 행하는 모든 일을 내가 반드시 자유롭게 하나니라. 좋으면 좋고, 착하면 착하고, 노하면 노하고, 살면 살고, 죽으면 죽고, 모든 일과 모든 쓰임을 (사사로운) 마음 없이 행하고 거리낌 없이 행하니 이것을 한울님의 공변된 도와 공변된 행이라 하느니라."(무체법경, 삼심관)

사사로운 욕심이 없고 한울의 비고 고요한 자리가 중심에 있으면, 마음이 편안하게 어떤 상황에도 흔들리지 않을 것이다. 개인적 욕심으로 억지로 하려는 유위가 아닌, 내 생각을 비운 한울님의 시각으로 보고 행하는 무위에서 공도공행(公道公行)이 나온다. 나를 위하는 사적인 행이 아니라 큰 나, 세상과 한울을 위하는 공변된 행함이 공도공행이다. 수운 최제우 선생은 '우리 도는 무위이화(無爲而化)라'(동경대전, 논학문)고 하였다. 즉 수운 선생의 무위이화는 의암 선생의 공도공행으로 이어지고 확장된다.

이렇게 분별하는 마음을 넘어서면 일체가 한울로서 하나임을 깨닫는 여여심이 되고, 그 한울 마음으로 세상에 개인의 욕심이 아닌 공변된 마음과 행을 하면, 마음이 거리낌 없이 자유로워진다. 억지로 하려고도, 하지 않으려고도 할 필요가 없다. 일체가 한울임을 깨달으면 좋고 나쁜 것, 삶과 죽음, 너와 나, 나와 한울의 분별이 없어진다. 더럽고 싫은 것도 모두 내가 안고 가야 할 한울의 모습일 뿐이다. 이러한 대자유의 마음이 천도교 마음공부의 목표가 된다.

"마음을 항상 한울 성령에 두고 닦으면, 막히지 않는 우물이 강물과 바다를 이루듯 큰 이치를 깨달을 것이다. 그 참된 마음을 예리한 칼날처럼 녹슬지 않게 수행하면 능히 용과 범도 잡을 수 있는, 세상을 개벽하는 힘이 될 것이다. 그 마지막에 성공한 것만 보면 다 마음의 힘이라 이르지만, 그 처음을 따져보면 성령을 수련한 효력에 근본한 것이다. 그러므로 사람이 성인과 현인을 자기 마음속에 기준 삼아 도덕을 주된 주장으로 삼든지, 영웅을 기준 삼아 공공의 업적을 이룰 것을 주된 주장으로 삼든지, 먼저 성령수련으로 목적을 삼지 않으면 안 된다. 무릇 성령은 곧 마음 속 단전 즉 기운의 밭이요 핵심이다. 세상 욕념에 흐트러진 정신을 수습하여 단전에 모아야 한다. 처음에는 세상의 모든 삿된 생각이 정신을 끌어 매번 단전 밖으로 흩어지지만, 사념이 자연히 없어지고 정신이 기를 찾아 단전에 들어가면 이것이 수련의 첫 단계다. 수련을 계속하면 단전에 밝고 맑은 빛이 있는 듯 없는 듯 혹 졸음도 오며 혹 사지에 기운이 없는 듯하기도 한다. 그 모인 정신을 흩지 말고 공부가 날과 해를 거듭해 쌓이고 차차 굳어지면 단전에 밝은 빛이 점점 명랑해진다. 그 빛으로 이치를 비추면 이치를 마음으로 보며, 생긴 모습을 비추면 모습을 마음으로 보며, 세계를 비추면 세계가 마음속에 있다." (의암성사법설, 현기문답)

【삼성과(三性科), 마음공부의 세 가지 갈래】

수련-기도는 왜 하는가? 몸이 아픈 사람은 병이 낫기 위해, 사업을 하는 사람은 일이 잘 풀리기 위해 기도할 것이다. 각각의 근기에 따라 기도의 목적이 다를 것이다. 그럼 아프지 않고 일이 없는 사람은 수련을 안 해도 되는가?

신의 은총만 바라는 선천의 종교와 달리 신이 내게 모셔져 있음을 깨달은 천도교에선 스스로 삶을 주체적으로 만들고, 바꿔 나갈 수 있다고 가르친다. 그러기 위해 필요한 것은 천도교에서 가르치는 방법에 따라 삶이 무엇인지 직시할 수 있는 (본래 내 몸에 구비된) 통찰력을 회복해야 한다.

> "나의 사람됨이 어떻게 사람이 되었으며, 나의 나라 됨이 어떻게 나라가
> 되었으며, 나의 세상 됨이 어떻게 세상이 되었습니까. 물을 것이 세 가지
> 있습니다." (의암성사법설, 입진경)

이것이 수행자의 목표를 대변하는 질문일 것이다. 누구나 자신의 정체성이 무엇인지 확인하고 싶고, 혼자 살 수 없는 존재가 사람이므로 사회 속에서 나의 위치와 역할이 어떤 것인지, 또한 어떤 것이 한울 이치를 바르게 실현하는 사람과 세상 모습인지 고민하며 수행해 볼 일이다.

이러한 삶의 모습을 이해하는 것은 수행에 따라 그 폭과 깊이가 달라지는 것은 물론이다. 그것을 의암 선생은 세 가지 인과로 정리하여 설명하고 있다.

> "나를 몸으로 하여 쓰이는 것이 실로 세 성품이 있으니 첫째는 원각성(圓覺性,
> 온전히 깨달음)이요, 둘째는 비각성(比覺性, 비교하여 깨달음)이요, 셋째는
> 혈각성(血覺性, 몸으로 깨달음)이니라. 원각성은 모든 법과 이치로 인과를 삼아
> 함이 없이 되는 것이므로, 마음을 지키고 성품을 단련하는 사람은 법체(法體,
> 진리의 본체)의 인과를 얻지 못하면 좋은 성과를 얻기 어려우니라. 비각성은

188

모든 (드러난) 모습으로서 인과를 삼아 그 변화를 바로 볼 순 없으나 (어떻게
변할지) 헤아릴 수는 있는 것이니, 마음을 닦고 성품을 보려는 사람이 만일
바르게 보고 생각하여 헤아리지 않으면 진리의 경지를 얻지 못할 것이니라.
혈각성은 화와 복으로 인과를 삼아 선도 있고 악도 있어 수시로 서로 보는
것이니, 선을 위하여 세상의 성과를 얻으려는 사람은 좋고 좋은 화두를 가려야
할지어다." (무체법경, 삼성과)

성품이란 쉽게 생각하면 만물의 본질이다. 각각의 모습과 성질을 규정짓는 정
의다. 본질은 불변하지만 나타남은 영원불멸한 것이 아니다. 끊임없이 변화한
다. 한울 성품은 하나이나 그 쓰임에 있어 세 가지가 된 것이다.

"마음이 성품 깨닫는 데 들어가면 스스로 그 자리에 있을 것이니 한번 조용함에
비고 고요한 극락이요, 한번 기쁨에 크게 화한 세상이요, 한번 움직임에 바람과
구름의 변화를 함께하느니라. 일체가 세 가지로 변하는 것은 성품과 마음이 할
수 있는 것이니…." (무체법경, 신통고)

성심신(性心身, 성품, 마음, 몸)이 결국 모두 한 한울성품인데(體) 그 쓰임(用)
에 있어 셋으로 나뉘는 것이다. 여기에 대한 춘암 박인호 선생의 설명을 들어
보자.

"사람이 잠잠하길 바라 비고 고요한 곳에서 신이 즐기면, 비고 고요한 곳에서
편안하여 성품을 즐거워한다. 사람이 가슴속에서 기쁨을 일으키면, 모든 족속이
태평하고 화목한 데 돌아가 편안히 하여 세계가 같은 사람이 된다. 사람이 한번
손가락을 퉁기면, 모든 족속이 마치 구름이 바람에 움직이는 것 같이 큰 틀이
한번 변하는 것이다."(춘암)

일체삼변은 같은 하나의 한울성품이 성심신의 세 가지 모습으로 세상에 적용
된다는 것이다. 같은 성품이지만 원각성, 비각성, 혈각성의 인과로, 같은 마음
이지만 허광심, 여여심, 자유심으로 나눠지는 것으로도 설명할 수 있다. 설명
하는 방편으로 나누는 것이나 본래는 하나인 성품이요 마음이다. 한울은 하
나이나 세상에 적용될 때는 그 적용되는 성품이나 마음의 상태, 때와 장소 같
은 여건에 따라 다양하게 나타날 수밖에 없다. 그러한 인과 즉, 원인과 결과
는 가장 기본적인 한울의 이치이다.

"땅은 거름을 드려야 오곡의 남음이 있고, 사람은 도덕을 닦아야 모든 일이
얽히지 않느니라." (동경대전, 유고음)

"아무리 좋은 논밭이 있어도 종자를 뿌리지 않으면 나지 않을 것이요, 만일
김매지 아니하면 가을에 바랄 것이 없느니라."(해월신사법설, 개벽운수)

성품이 세상에 적용되면 원각성, 비각성, 혈각성의 인과에 따라 그 결과가 나
타난다. 세상을 이해하는 천도교의 분석틀이고 시각이라 할 수 있다. 잘 정리
해서 비교해 보고, 자신과 사회의 사건들에 대입해서 눈앞의 인과뿐 아니라
오만년의, 즉 우주적 시간-공간의 인과까지 바라보는 폭넓은 시야를 가지고
일에 임하면 좋겠다. 바르게 볼수록 한울님 이치를 어기지 않을 것이고, 한울
님 감응과 함께 할 수 있을 테니까. 인과를 세 가지로 나누어 분석한 것이 삼성
과다.

- 원각성 - 만법(萬法)인과 = 함이 없이 되는 것(性) = 한울, 진리를 위함(守心)
- 비각성 - 만상(萬相)인과 = 나타남이 없는 것(心) = 마음을 다스림(修心)
- 혈각성 - 화복(禍福)인과 = 결과가 나타나는 것(身) = 몸으로 행함(世得)

혈각성의 혈은 현실 차원을 반영한다. 밥 먹으면 배부르고, 뛰면 숨이 차고, 움직이면 결과가 나타나는 모든 것이 혈각성의 인과다. 피로 깨닫는다는 표현이 적나라하다. 육신으로 짓는 인과요, 현실의 인과다. 화와 복, 선과 악이 무시로 드러난다. 그러나 화복과 선악은 누구를 기준으로 한 것인가? 무엇을 기준으로 하여 판단하는가? 누구나 자신을 기준으로, 자기에게 이득이 있는지만 따진다. 결국 이득이 있는 만큼 손해 보는 이도 있을 것이고, 합격하는 사람이 있으면 떨어지는 사람도 있게 마련이며, 또한 그로 인해 다툼이 멈추지 않을 것이다. 세상 모든 사람들이 이 인과에만 관심이 있으나 이를 뛰어넘고 극복하지 못하면 이 고통스러운 혈각성의 인과라는 굴레를 벗어나지 못할 것이다.

비각성의 비교하는 것은 차별이 있는 것이다. 아직 온전한 깨달음에 이르지 못하여 형상이 무한히 다르고 차이가 있다. 그 다름의 이치를 아는 단계다. 즉 마음 쓰는 것에 따라 일의 결과가 달라지는 것을 체험하는 단계다. 일의 결과뿐 아니라 사물의 형상도 달라지니 정성들여 가꾼 화초와 그렇지 못한 화초는 그 꽃과 열매가 다를 수밖에 없다. 그러므로 이 단계는 습관된 욕심을 버리고 참된 마음이 되고자 닦아서(修心) 진리를 깨닫고자(見性) 하는 단계의 인과가 된다. 이렇게 공부하는 단계에선 무엇보다 바르게 보고 바르게 생각하는 것이 중요하다. 그렇지 못하면 삿된 유혹에 빠지기 쉽기 때문이다. 그러므로 나타남은 없으나 헤아림은 있다고 한 것은 드러난 현상의 겉모습만 단편적으로 보고 판단해선 안 되고 그 이면에 쌓인 인과를 충분히 알고 제대로 생각해야 바르게 알 수 있음을 뜻한다.

원은 시작과 끝이 없다. 완전한 것을 뜻한다. 그러므로 원각성은 진리(만법)를 온전히 깨우친 상태를 말한다. 진리를 깨우치면 인위가 필요 없다. 억지로 하려 하지 않아도 모든 생각과 행이 진리에 어긋남이 없이 자유로울 것이다. 그러므로 함이 없이 된다 하였고, 이는 그러한 공도공행하는 한울마음을 지키고(守心) 성품을 단단히 단련하는(煉性; 이미 견성은 한) 사람의 수행 목표가 된다. 즉 진리를 깨달아 이를 잊지 않고 지키는 단계의 인과인 것이다.

라명재

◈ 증조부 때부터 동학-천도교를 신앙한 집에서 태어나
천도교에 자연스럽게 관심을 가지며 자랐다 ◈ 생명과 삶을
다시 살리는 길은 거창한 정치적 공약이나 구호가 아닌
일상의 삶속에 있다는 생각을 실천하고 확인하고 싶어 한다
◈ 그러한 일상의 삶을 중시하는, 전통의 가치와 생명에
대한 가르침이 가득한 동학의 경전이 널리 읽히고 그로써
사람 살 만한 세상이 되기를 바라는 마음에서 공부하고
있다 ◈ 지난해부터 새롭게 교단 내의 수행자들과 함께
"천도교수도공부모임"을 진행하고 있다

다시 읽다

김형준의 근대 시민사회 비판과 인간원리의 전환

정혜정

【개인주의[자유주의]와 자연과학적 인식 비판】

현대사회는 근대시민사회의 연장이라 할 수 있다. 오성 김형준(1908-1953?)[i]은 근대시민사회의 근본적인 문제점을 우리의 사유로 성찰하고 그 대안을 모색한 대표적인 인물이다. 그는 당시의 조선 상황을 '자본주의 사상의 개인주의(자유주의)' '물질 본위의 사회주의' '인간 본위의 수운주의'로 인식하면서 근대시민사회의 원리를 사상적으로 분석·비판하였고, W. 딜타이나 K. 만하임과 같은 서구 근대 비판이론들을 소개하면서 동학의 인간 원리로 전환해 나갈 것을 제시하였다.

근대시민사회의 뿌리는 모나드(입자)적이고 독립적인 자아관에 기초한 개인주의(자유주의), 그리고 실증성과 합리성을 두 축으로 하는 자연과학적 인식에 있다. 김형준은 이러한 근대 시민사회를 '자유주의 시대'라 통칭하면서 민주정치, 자유경제, 자연주의 문학, 관념철학 등 온갖 근대의 현상은 "개인은 자유다"라고 하는 '개인주의[자유주의]'에서 비롯되었음을 말했다. 그리고

---

[i] 김형준은 1930년대 천도교 신문화운동을 주도했던 핵심인물로서 신문화운동 1세대였던 이돈화·김기전의 사상과 노선을 계승하여 '신인간주의[인내천주의]'를 표방했고, 동학사회주의를 바탕으로 사회주의자들과 종교 논쟁 및 휴머니즘 논쟁을 전개한 바 있다.

근대인이 봉건적 억압으로부터 개인의 자유를 구가할 수 있었던 것은 자연과학적 인식에서 힘을 얻은 것임을 강조했다.

자연과학적 인식은 '실증성'과 '합리성'을 두 축으로 한다. 자연과학의 실증적 정신은 우주 원리를 실험관 속에서 찾아내려는 귀납법적인 것이고, 합리적 정신은 통계적 확률론의 결과로서 인과율적 공약수로부터 현상을 이해하는 연역적인 성격을 띤다. 근대 시민사회는 이러한 자연과학의 실증성과 합리성의 내면화로부터 비롯되었다. 그러나 실증적 정신은 항상 특수사태에서 합법칙성을 '발견'하려 하고, 합리적 정신은 자기의 합법칙성을 온갖 특수사태와 인간세계에 '적용'시키려 하기에 상호 모순을 지니는 것이었다. 이는 오늘날 말하는 기계적 자연관과 합리주의의 환원적 오류를 지칭한다고 볼 수 있다.

또한 자연과학적 인식은 역사의식을 도외시할 수밖에 없다. 과학적 실험이라는 것도 주어진 문제를 실용적으로 해결할 뿐이지 어떤 역사적 문제를 제기하거나 새로운 것을 창조하는 것이 아니다. 과학의 발명도 이미 주어진 자연, 또는 자연의 법칙을 필요에 따라 기술적으로 응용함에서 생겨진 것이다. 근대 시민들은 자연과학의 세계를 자연세계와 동일시했지만 그들이 추구한 세계는 자연세계와는 구별되는 인위의 세계, 가공된 세계이며 자연을 소재로 인과법칙을 만들어낸 합리화의 세계에 지나지 않았다. 그들은 근대 시민사회가 자연적 합법칙을 적용해서 만들어낸 전방위적 과학화를 역사의 진보로서 간주했고, "생산기구, 경제적 가치, 분업, 화폐, 신용 등도 영원불변할 것"(김형준, 1941:10)으로 알았다. 그러나 이 실증적이고 합리화된 과학적 인식은 양자설로 부정되기에 이르렀다. 김형준은 양자론의 출현으로 자연과학 자체가 변화할 수밖에 없고, 자연과학적 인식에서 해방되지 않고는 우리의 정신적 사고를 계속할 수 없을 것이라 말하면서 자연과학적 인식을 넘어서는 사고 원리의 전환을 촉구했다. 이는 오늘날 연속이 아닌 단속적인 비선형의 원리, 네트워크 시스템의 다중적 복잡계, 자기조직하는 우주, 창발성을 제기하는 생태적 사유로의 전환과 맥락을 같이 한다.

일찍이 개인주의 사상은 자연과학에 힘입어 발전했다. 우주를 독립적인 원자의 집합으로 보았던 라이프니츠의 원자론은 개인주의적 사고를 정당화했고, 홉스나 루소의 사회계약론도 '인간은 원초부터가 개인'이라는 모나드적인 과학적 인식을 전제한 것이었다. 칸트 역시 자기 철학의 목적을 "자연과학적 인식의 기초"에 두어 시민철학을 완성하였다. 개인주의[자유주의]는 근대 시민사회의 움직일 수 없는 지도원리가 되었고 정치적으로는 데모크라시를 표방했으며 철학적으로는 칸트와 신칸트 학파에 의해 심화 발전되어 나갔다(김형준, 1936a: 31). 그리고 그 근간을 이루는 것은 자유경쟁이었다. 자유경쟁은 각 개인의 평등한 권리를 전제로 출발한 것이었지만, 필연적으로 우승열패, 강자독식을 가져왔다. 자유경제 역시 독점경제로, 민주정치는 파시즘적 독재정치로 치달아 자유민주주의는 결국 조종을 울리게 된 것이다.

> 상품관계를 기초로 한 근대 시민사회의 모든 관계는 천부인권, 즉 시민권을
> 요구하게 되고, 소유권, 매매권, 계약권, 보통선거법 등 자유권능을 존중하는
> 민주주의로서 일관하게 된 것이다. 이러한 개인주의적 자유주의적인
> 민주주의는 필연적으로 경쟁을 수반하게 되었다. … 자유는 독재에로 경쟁은
> 독점에로 자기변화, 질적 전화를 보여주게 되었다. 즉 상품을 중심으로 한
> 자유경쟁은 소자본의 몰락과 대자본의 독점을 낳아 놓게 되었으며 양적 수량을
> 표준으로 한 의회주의 보통선거는 … 차츰 독재정치로서 전화되고 있다.
> (김형준, 1935a: 38-39)

근대 시민사회는 상품관계를 기초로 시민권(천부인권)을 요구하였고, 자유권능을 중시하는 자유민주주의를 표방하였다. 그러나 자유는 개인 이외의 공동체에 대한 아무런 "모랄적 책임감"을 갖지 않는 것이었다. 또한 합리주의는 감정과 의지를 배제하고 사유하는 자아만을 중점적으로 표현하여 시민적 인간을 추상화시켰다. 추상적 인간은 '행동하는 인간'이 아닌 '관념적

인간'을 중시하고, 관념적 생활은 모든 실천생활을 약화시킨다. 김형준은 서구 근대 시민사회가 과학의 실증성과 합리성을 기반으로 개인적 자유주의 체제를 구가했지만 인간이 인간을 위해서가 아니라 돈을 위해서 사는 사회, 인간의 자유가 자본의 노예로 전락한 사회, 자유경쟁에 의한 대자본의 독점과 독재사회를 향해 퇴행의 길을 걷고 있음을 비판하였다.(김형준, 1934b: 17).

【칼 만하임의 근대 자본주의 비판】

김형준은 서구 내부에서 이원론과 자연과학을 비판하고 나온 생의 철학, 즉 역사주의파의 범주에 속했던 딜타이, 짐멜, 쉘러, 만하임 등의 이론들도 취하여 근대 시민사회의 문제점을 역사철학적으로 비판해 나갔다. 이 가운데 특히 만하임(K. Mannheim)은 근대 자본주의가 '초역사적이고 영원불변적인 자연과학에 기초함'에서 현대의 위기를 초래했다고 주장한 인물이다. 근대 시민사회는 인간의 모든 생활을 과학화(기계화)하였고, 자연과학의 절대보편적 원리를 전제하여 일정한 법칙을 세웠으며, 그 법칙 밑에서 사물의 보편적 원리를 찾으려는 방법을 취했다. 그러나 이는 역사적으로 발전하고 있는 사물을 "억제(抑制)로 정지시키려는 반역적(反逆的) 운동"에 지나지 않는다는 것이 만하임의 주장이었다. 만하임이 자연과학에 기초한 자본주의 시대를 반역이라 하고, 초역사·비역사적이라고 비판했던 것은 자연과학의 발전이 기존의 새로운 발견이나 성과가 어떤 체제의 변화를 일으키는 것이 아니라 단지 기존 체제를 보충하는 양적 발전에 불과했기 때문이다. 김형준은 이러한 만하임의 역사주의가 종래의 인식 태도인 관념론이나 유물론을 모두 지양하고, 새로운 원리를 발견하려는 것인 점에서 이를 긍정적으로 평가했다. 만하임과 같은 인간주의의 흐름은 "수운주의의 새로운 체계를 하루바삐 완성"하려는 시점에서 그로부터 암시를 얻을 수 있을 뿐만 아니라 주객의 대립적 통일을 지향하는 인내천주의에로 가까이 오는 경향을 보인다는 것이다.

그러나 김형준은 한편으로 만하임이 주장한 인식의 원리는 결국 관념론[주관주의]과 유물론[객관주의]을 지양·종합했던 것이 아니라 또 다른 제3의 이원론으로 기울어졌고, 역사발전의 원동력을 부정하는 입장에 서게 되었으며, 문화적 종합자를 '인텔리겐차(지식계급)'에게서 구한 것 또한 반동적이었음을 비판하였다. 만하임은 주관주의와 객관주의 모두를 거부하여 문화의 종합을 말했지만 이를 통일적 원리 밑에서 보지 못했다는 것이고, 자칭 '문화종합'을 말했으나 실제는 '문화의 분열'을 만들었으며 자연과 역사를 분리시켜 생활과 문화를 분열시켰다는 것이다. 특히 김형준은 만하임이 '인텔리겐차'를 문화종합자로 제시한 것에 대해서 부정적인 인식을 강하게 드러냈다. 만하임은 현대문화를 종합하려면 인식의 사회적 관계성이 편향되지 않아야 하고, 그러려면 어느 특정 계급에 속하지 않은 무계급적인 '자유부동층'이 요구된다 하여 그 요구에 부응하는 문화적 종합자로서 '인텔리겐차'를 말했다. 그러나 인텔리겐차란 어느 계급에도 치우치지 않는 공평한 위치가 결코 아니라는 것이 김형준의 주장이다. 인텔리겐차는 오히려 조석으로 전변하기 쉬운 부동층을 의미하고, 자신들의 이해관계에 따라 자유롭게 전변되는 층이며 인텔리겐차에 의하여 문화 위기가 해결되리라는 만하임의 생각은 한갓 반동적 망상에 불과하다는 비판이다. 따라서 오늘의 현실에서 문화의 위기 극복은 인텔리겐차가 아니라 '전 인류를 대표하는 창생급'에 의하여 가능하고, 그들의 실천에서 수반되는 '창생급의 문화'에 의해서 해결될 것임을 그는 주장하였다. 여기서 '전 인류를 대표하는 창생급'은 동학의 '인내천'에 입각한 '동귀일체의 창생'을 염두에 둔 표현이라 할 수 있다.

한편 김형준은 생의 철학자들이 나름 한계가 있지만 "민주정치와 시민문화가 하나의 역사적인 현상으로서 지양될 징후"(김형준, 1939: 118)를 보여주고 있는 동시에, 새로운 세대의 재건과 창조에 커다란 자극과 방향을 제시해주는 효과가 있다고 여겼다. 그들의 역사주의가 하나의 인간주의적 경향을 띠고, 주관주의와 객관주의의 파산으로부터 생긴 점에서 그 출발과 방향에 있어서는 이미 '우리가 오래전에 타개한 길'을 걷는 것이라 보았다. 여기서 오래전에 타개한 길이란 바로 동학의 인내천 사상을 말한다. 그는 서구의 인간주의가 다소 산만하고, 도저히 수용할 수 없는 것도 있지만 이는 "사상적 동귀일체의 현상"으로서 "만일 오늘의 현실적 불안이 내일의 지상천국에로 비약하는 날이면 그들의 인간주의적 온갖 경향은 반드시 정로를 밟을 것"(김형준, 1936b: 55)이라 하였다.

> 산하대운은 필연으로 그들을 우리에게 접근시키고 있는 것이다. 이제 일거한
> 사상적 동귀일체의 현상에서 우리들의 책임은 그들 인간주의의 온갖 경향을
> 하루바삐 우리 인내천주의에로 인도하는 것이다. (김형준, 1936b: 56)

동학의 관점에서 인간은 시대마다 주어진 조건에 안주하는 것이 아니라 낡은 단계에서 새로운 질서로 나아가려는 '역사의식'을 지닌다. 여기서 역사의 객관성과 주체성의 분열[대립]이 생겨나는데, 인간은 자기가 창조했고, 또 지금까지 의거해 오던 기존의 역사적 조건을 극복하지 않으면 안 된다. 역사적 객관성에 제약되어 있으면서 그것을 초월하여 새로운 역사적 미래를 상망하는 심정에서 '역사에 대한 인간의 주체성'이 형성된다. 금일 세계사의 전환은 이러한 역사적 주체성이 없이는 불가능할 것이고 시민문화의 극복은 '창생급의 문화'가 아니면 해결이 어려울 것이라 김형준은 말하였다(김형준, 1941: 16). '창생급의 문화'란 자유주의 문화를 극복하는 '주체와 객체의 변증법적(대립적) 통일 문화', 인내천을 자각한 '인간본위의 문화'를 의미했다.

> 종래의 문화가 개인주의적 형식주의적 관념주의적 문화였다면, 이것을
> 극복하면서 나타나는 창생급의 문화는 산 인간의 실천적 능률을 실질적으로
> 포괄한 인간본위적이며 형식과 내용을 겸전한 주체와 객체를 변증법적으로

통일한 그러한 것이 아니면 안 될 것이다. (김형준, 1934a: 35)

【인간 원리의 전환과 동학적 관점】

김형준이 근대시민사회를 비판하면서 대안으로 제시하였던 원리의 전환은 곧 '인내천(人乃天) 원리로의 전환'이었다. 이는 우주생명으로서의 자각과 역사 창조, 한울공동체의 지상천국을 형성해 나가는 변혁의식이기도 하다. 여기에는 동학의 개벽사상이 짙게 깔려 있다고 볼 수 있다. 그는 자신의 네오휴머니즘에서도 '현실에 대한 개벽적 생활태도'를 강조한 바 있다. (정혜정, 2022: 530-535)

인내천은 '인간'과 '우주[자연, 사회, 세계]'의 관계를 표명한 것으로서 인내천의 인(人)이 '소아, 특수, 부분'의 의미를 지닌다면 한울(天)은 '대아, 보편, 전체'라는 의미를 갖는다. 그러므로 인내천이란 "소아와 대아, 특수와 보편, 부분과 전체의 대립적 통일체"(김형준, 1935d: 17)를 말한다. 대립적 통일체란 하나의 통일체이면서도 개별적 관계로 드러나는 '부즉불리(不卽不離)'를 의미한다. 인간은 전체와 구분되는 개체이면서 전체의 일부로서 존립하고, 보편에 대칭되는 특수이면서 보편의 우주활동에 다양한 모습으로 참여하는 우주생명이다.

인간은 각자의 특수한 성질을 띠고 있으면서 보편적인 한울을 내포하고, 하나의 한울이 온갖 자연현상과 불가리(不可離)의 관계를 이루면서 한울의 역사창조에 참여한다. 인간은 한울의 일부분이자 전체인 한울과 그 기원이 동일하다. 전체와 부분은 서로 대립적이면서도 서로 떨어질 수 없는 관계를 이루기에 인간은 한울을 떠나 생존할 수 없음과 같이 한울 역시 부분을 떠나서는

변화와 화생을 도모할 수 없다.[2]

또한 한울은 전체라는 점에서 개체인 인간보다 선재적이라 할 수 있다. (김형준, 1936: 46-47) 인간의 발생은 시간적이며 그 생존은 유한하지만 한울의 생성은 무시간적이고 무한적이며 영구적이기 때문이다. 전체가 부분에 선재한다는 것은 천도교 신문화운동가들의 공통적인 관점이다. 사물의 생성과정을 보아도 전체는 각 부분의 총합이 아니라 전체 속에서 각 부분이 발달된다. 생물의 경우도 먼저 하나의 생물이 생기고 그 내부에서 세포가 발달 되어 생장하는 것과 같다. 그러나 생물의 전체가 세포에 선재한다고 그것이 바로 전체가 세포를 창조한 것을 의미하지 않는다. 하나의 전체로서 나타나는 생물은 그것이 세포가 없는 전체가 아니라 벌써 그 내부에 세포를 발달시킬 요소를 잠재적으로 가지고 나온 까닭이다. 여기서 전체와 개체가 통일된다. 인간의 생명은 우주의 시원과 함께 소여된 것이므로 인간은 곧 '우주생명'이다.

한편 김형준은 인내천을 우주적[자연적] 측면뿐만 아니라 사회적 측면에서도 고찰해 나갔다. 한울과 사람의 관계가 전체와 부분과의 관계라고 하면 인간은 자연의 대립자이면서도 자연의 일부이듯이 인간은 사회의 대립자이면서도 사회의 일부이다. 그는 이를 일컬어 '사회적[역사적] 존재'라 명명했다. (김형준, 1936a: 30) 인내천주의에서 "인간은 사회적 존재이면서 각각 독특한 개성으로서 사회에 대립하면서 그 대립을 통하여 통일되어 있는 사회적 존재의 일부"이다. 근대 시민사회가 기초해 있는 개인주의 극복은 인내천주의의 '사회적 존재'[3]로의 전환을 뜻하는 것이기도 하다. 또한 인내천은 '사람이 곧 한울의 중심생명'이라는 것을 의미한다. 인간은 한울의 일부분으로 살면서 그

---

2 이돈화는 인내천에서 부분과 전체의 관계를 나뭇잎과 나무의 관계로 비유한 바 있다. 인간과 한울의 관계는 마치 하나의 나뭇잎이 나무 전체의 생명과 연결되어 있는 것처럼 유한한 인간이 그 자신 안에 '무궁아'를 포용한 것과 같다는 것이다. (이돈화, 1931: 279)

3 김형준이 말하는 사회적 존재란 의암이 말한 '사회적 정신'과 연결되는 개념이라고 볼 수 있다. 사회적 정신은 공간으로는 전 세계를 포용하고 시간적으로는 천만고를 유전하여 사람에게 이른 '대우주의 정신(영성)'을 지칭한다.

역사적(사회적) 조건을 변화시키며 "새로운 창조를 영위할 수 있는 주체적 존재"(김형준, 1936d: 32), 즉 '한울 주체'이다. 한울 주체는 인내천의 자각을 이루어 인간과 뭇 생명과 하나를 이룬 '동귀일체자'이다. 이는 일체의 기성문화를 총결산하여 낡고 썩은 부분을 지양·극복하고, 그 정당한 부분은 역사적으로 계승·발전시키면서 이루어 가는 '창생급의 주체'이자 후천개벽의 인간 원리이다. 그리고 여기에는 진리파지의 자기훈련이 필수적으로 요구된다.

> 우리들의 인내천 진리는 우주 및 인간 사회에 대한 우리 인간의 주체적 인식
> 파악을 의미하는 것이다. … 후천개벽의 실천을 위하여는 먼저 창생급의 주체적
> 훈련이 필요하며 인내천적 진리의 파악을 위해서는 먼저 그 진리를 파악하려는
> 인간 자체의 주관의 훈련이 절대 필요한 것이다. 대신사의 '固我心柱라야
> 乃知道味'라 하신 말씀은 이것을 의미한 것이다. (김형준, 1934: 40)

근대 시민문화가 개인주의(자유)와 자연과학적 인식을 강조했다면 김형준은 우주생명의 역사적 주체, 한울 주체로의 전환을 말하고자 한다. 근대 자연과학적 인식은 전체가 부분의 합성체임을 발견하였을 뿐, 사회적 현상과 만유현상과의 상호 연관성은 문제 삼지 않았다. 자연계는 부분의 합성체이기 전에 먼저 "전체적인 통일체"이며 전체의 운행 법칙에 의하여 각 부분은 작용을 드러낸다. 또한 인간은 자연현상의 일부인 동시에 "한울의 운행에 참여하는 주체"이다. 새로운 후천개벽의 세상은 이러한 동학의 인내천 원리를 관통하는 '능동적 정신'과 '창생급의 주체(인내천의 한울 주체)' '창생급의 문화'에서 가능할 것이었다.

정혜정

◈ 동학 연구자로서 일제 시기 동학사상의 전개와 남북을
잇는 인문 콘텐츠 구성에 관심을 갖고 있다 ◈ 위의 글은
2022년 『종교교육학연구』 71집에 게재한 「김형준의
근대시민사회 비판과 신세대론」을 축약한 것이다 ◈ 필자의
김형준과 관련한 연구로는 「일제하 천도교 '수운이즘'과
사회주의의 사상논쟁」, 「김형준의 '동학사회주의'와
'네오휴머니즘'」이 있다 ◈ 그리고 동학 관련 저서로 『동학의
심성론과 마음공부』, 『몸–마음의 현상과 영성적 전환』 등이
있고, 역서로는 오상준의 『동학 문명론의 주체적 근대성』이
있다 ◈ 현재 동국대(와이즈 캠퍼스) 갈등치유연구소
연구초빙교수(학술연구교수)로 활동하고 있다

월남미술인 다시 보기 (3)
이상욱(李相昱, 1923-1988)

안
태
연

"들국화는 말 그대로 야생의 것이라야 좋다. 휘어진 가지에서도 멋이 풍기지만 짙은 빛깔이며 향기는 거친 벌판을 배경으로 하였을 때 그 아득한 어린 시절의 향수에 짙게 빠져들게 한다.

뭇사람들은 세월이 더해가면서 지난 날 남긴 삶의 흔적에 대하여 소박한 향수를 머금을 때가 있다. 서녘에 지는 석양에는 애절이랄까, 탄식이랄까 상념의 시작과 끝이 엇갈리는 설레임을 느끼게 하는 고요가 있다. 이 또한 오늘을 사는 삶에 있어서의 향수가 아니겠는가. 그러고 보면 망향은 실향민의 단순 감정만은 아니라 온고지신(溫故知新)의 화음으로 반죽되어진 정기(精氣)의 샘이라고나 하여 두자."[i]

야생화처럼 고고한 예술을 지향했던 화가 이상욱(李相昱, 1923-1988). 그는 한국 현대판화의 태동을 이끈 1세대 판화가이자 모더니스트였고, 작품 활동 외에도 홍익대학교를 비롯한 여러 교육기관에 출강하며 미술 교과서를 집필하는 등 미술 교육자로도 충실한 발자취를 남겼다. 그가 후학들과 동료들로부터 많은 존경을 받았음은 사후 한국현대판화가협회의 주도로 장지에 추모

---

[i] 이상욱, 「초대살롱-李相昱 作 실크스크린 82-G(망향)」, 『향장』 1982년 10월호, 9쪽.

비가 세워졌다는 점에서도 짐작할 수 있으나, 아쉽게도 현재까지 그의 작품세계에 관한 연구는 상당히 미진했다. 게다가 1992년 국립현대미술관, 1997년 일민미술관에서 열린 유작전을 제외하면 작품을 실제로 접할 기회도 많지 않았으나, 다행히도 오는 6월 28일부터 약 한 달간 학고재에서 탄생 100주년을 기념하는 유작전이 진행되어 이상욱의 작품세계는 재평가의 자리에 올랐다. 필자는 이러한 움직임에 맞추어 그의 삶과 예술을 되돌아보고자 한다. 특히 이번 유작전에 출품되지 않은 판화 작품도 다수 소개하여 그가 판화가로 남긴 발자취가 무엇인지도 되짚어보겠다.

이상욱은 1923년 1월 5일(음력), 함경남도 함흥의 부유한 집안에서 태어났다. 이후 1935년 함흥상업학교에 입학하면서부터 그림에 소질을 발견해 화가를 지망하였으나, 그림 그리는 걸 완강히 반대했던 집안 분위기 탓에 야외 사생을 금지당하는 등 감시를 받아야 했고, 결국 함흥상업학교를 졸업한 뒤 함흥세무소에 취직하게 된다. 그러나 이러한 집안의 압력도 그림을 배우겠다는 이상욱의 의지를 꺾지는 못했으며, 결국 그는 1942년 세무서 일을 그만두고 일본으로 유학을 떠나 도쿄의 가와바타미술학교(川端画学校)에 입학하였다. 가와바타미술학교는 정식 미술 학교가 아닌 미술학원에 가까운 기관이었기에, 아마도 이곳에서 수학하며 정식 미술 학교로의 진학을 준비했던 것으로 보인다. 그러나 1943년부터 제2차 세계대전이 격화됨에 따라 일본에 머물기 어려워져, 이상욱의 유학 생활은 1년여 만에 중단되었다. 1945년 8월 15일 고향에서 광복을 맞이한 이상욱은 1947년 친구와 사촌 관계였던 약혼녀 권정희와 결혼한 뒤 그해 3월 월남하여 서울에 정착, 서대문구에 자택을 마련했다.

　이상욱은 이듬해 정부 수립 이후 처음으로 개최된 국전(國展)에 입선하여 화단에 데뷔했다. 1950년 6월 25일 한국전쟁이 발발하자 이상욱은 가족과 함께 부산에서 한동안 피난 생활을 하였고, 이때 단국대학교 피난 교사에서 정법을 전공하여 1952년 3월 졸업했다. 휴전협정 체결 이듬해인 1954년에 가

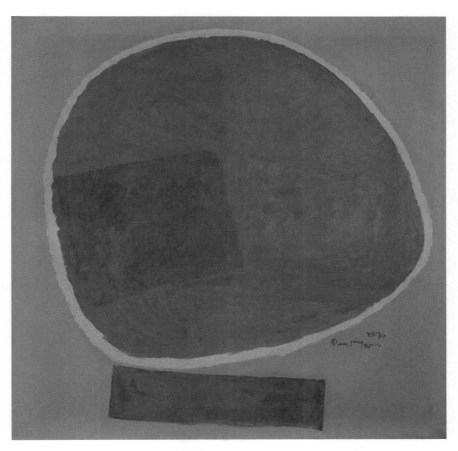

이상욱, 〈독백〉, 1970년, 캔버스에 유채와 모래, 107×107cm, 개인 소장

족과 함께 서울로 돌아와 본격적인 작품 활동을 재개하였다.

현재 이상욱의 실질적인 초기작인 1950년대 작품은 거의 전해지지 않지만, 다행히 중요 작품인 〈겨울〉(1958)이 남아 있어 그가 당시 어떠한 주제에 관심을 가졌는지 어림짐작할 수 있다. 이 작품은 신시내티 미술관에서 열린 제5회 다색 석판화 비엔날레에 출품되었는데, 당시 한국 화단에서 판화라고 하면 대개 오목판화인 목판화 정도만 시도되었는지라 훨씬 복잡한 공정을 요구하는 평판화인 석판화는 시도 자체가 충분히 파격적이었다. 당시 이러한 기법을 독학으로 습득할 수밖에 없었는지라 석판화 특유의 질감 및 농담 표현을 살리는 데 한계가 따랐지만, 결과적으로 새로운 기법의 실험은 큰 자극이 되었는지 그는 이후에도 다수의 석판화를 제작하였다. 게다가 화면 왼쪽의 무언가를 인 여인은 유사한 시기에 제작된 〈샘터 있는 마을〉(1958)과 〈마을〉(1958) 등에서도 나타나므로, 당시 그가 관심을 보인 모티브임을 짐작할 수 있다. 이는 단순히 해석하면 향토적 소재에 대한 애착이라고 볼 수도 있으나, 인물의 윤곽선을 단순화하고 목을 길게 늘이는 등 과감한 데포르메를 활용하였다는 점에서, 그가 일찍이 사실적인 묘사 위주의 화풍과는 거리를 두었음을 알 수 있다. 즉, 〈겨울〉은 향토적인 소재를 다루면서도 표현과 기법 양면에서 진부함을 타파하려는 의지를 보여준 작품이다.

1960년대에 접어들며 이상욱은 본격적으로 사물의 형태를 단순화시켜 추상으로 이행하려는 의지를 드러냈다. 석판화 〈상(像)〉(1961)과 유화 〈점〉(1964)을 비교해보면 그가 어떠한 과정을 거쳐 추상에 도달하였는지 파악할 수 있다. 〈상〉은 사람의 얼굴을 모티브로 삼았지만 여기서 얼굴임을 파악할 수 있는 요소라면 흔적처럼 간소화된 두 눈과 코, 입 정도뿐이며 머리카락이나 눈썹 등 세부적인 요소는 과감히 생략됐다. 붓 자국을 살리기에 편리한 석판화의 특성을 활용하여 캐리커처를 그리듯 간소하게 사물을 변형한 필치에서 한결 자유로워진 면모를 느낄 수 있는데, 〈점〉은 여기서 더 나아가 이목구비로 인식할 만한 요소까지 생략하여 얼굴을 둥근 원형으로 환원시켰다. 아니 어쩌

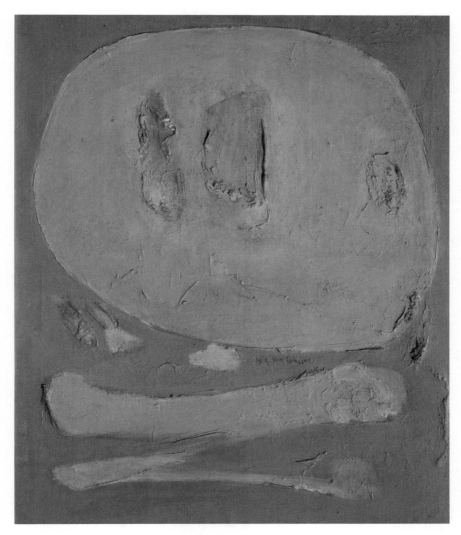

이상욱, 〈점〉, 1964년, 캔버스에 유채, 72×60cm, 개인 소장

3/13   1961   Rhee sang woo

이상욱, 〈상像〉, 1961년, 종이에 석판화, 53×38cm, 개인 소장

이상욱, 〈작품 74〉, 1974년, 캔버스에 유채, 110×110cm, 개인 소장

면 이 원형을 '얼굴'이라는 고정관념으로 규정하는 건 이제 무의미하지 않을까. 그는 이 형태를 아예 '점'으로 호명했으니 말이다. 아무튼, 1970년 신문회관에서 개최한 두 번째 개인전 출품작 중 다수가 이러한 원형을 토대로 한 유화와 판화였다는 점에서 당시 그가 원이라는 모티브에 심취하였음을 짐작할 수 있다. 참고로 그는 스스로 이러한 모티브에 심취한 배경에 대해 이렇게 해설하였다.

> "나는 작품에 까닭을 달기 위하여 형체를 다듬는 따위의 일을 무척 싫어한다.
> 그저 담담한 마음에서 화필을 들어 꽃을 만들고, 짜임새를 찾아 헤매노라면 또
> 세차고 무겁도록 큰 덩어리를 맞게 된다.
> 그것은 가끔 나 자신의 자화상(自画象)으로 보여질 때도 있다. 이러한 감응은
> 나를 어색해지게 한다. 사실 나는 내가 그린 둥그러미가 차라리 한 덩어리의
> 큰 바위처럼 보여지길 바랄 때도 있다. 이럴 경우는 나를 바위처럼 우직하게
> 성형했다는 뜻에서 나는 조그만 자존(自尊)을 느끼게 한다.
> 그리고 또한 보름달도 보여질 때도 이태백(李太白)의 초연했던 인생을 대하는 것
> 같아 티 없는 즐거움을 느끼게 한다.[2]"

그러다 1974년 무렵에 이상욱은 10여 년간 몰두했던 원형을 내려놓고 새로운 표현을 끌어들였다. 〈작품 74〉(1974)는 그러한 변화를 잘 보여주는 작품으로, 물감을 두껍게 발라 중후한 느낌을 앞세웠던 기존의 작품들과는 다르게 물감에 기름을 많이 섞어 붓질이 쉽게 나갈 수 있도록 한 뒤 재빠르게 그는 필획(筆劃)을 앞세웠음이 특징이다. 그는 이러한 표현으로의 전환을 「완당(阮堂)의 서(書)」에 관한 나 나름대로의 과제를 새로운 기분-심기일전(心氣一轉)하여 꺼냈다."라고 해설하며 "그 탈속(脫俗)한 서체(書體), 그 난만한 서(書)

---

[2] 이상욱, 「나의 신작-독백 F」, 『주간경향』 1973년 4월 22일.

의 세계를 좀 더 끌고 나갈 수는 없을까-하는 것이 오랜 나의 숙제였다."라고 밝혔다.[3] 이는 자기 자신의 감정을 변화무쌍하게 표현하기 위한 수단으로서, 또 서예라는 동양의 전통 미술에 대한 경의를 표하기 위해서 그가 서체적 필획을 주제로 택하였음을 알려 주는 것이다. 즉, 이제 그는 형태라는 틀에서 벗어나 자유분방한 내면의 세계를 보여주고자 했다. 이후 제작된 〈흔적 75〉(1975)나 〈회화 77-VIII〉(1977) 등은 투명하게 희석한 물감을 사용해 유화 특유의 번들거리는 유분기를 제거하여 마치 화선지에 먹이나 물감이 스며든 듯 담백한 분위기를 연출하기도 했다. 게다가 사선이나 궁형(弓形)으로 캔버스에 과감하게 그은 필획의 속도감이 분명한 존재감을 발하고 있기에 역동성도 두드러진다. 그러므로 이는 정적에서 활기로의 탈바꿈을 의미하는 것이라고 보아도 무방할 것이다.

그렇게 1970년대 중반에 들어서부터 이상욱은 이전까지보다 더욱 활발한 활동을 전개하며 화업의 절정기를 맞이했다. 1974년부터 1977년까지는 창작미술협회의 동인전에 출품하였고, 1975년에는 미국 LA와 댈러스에서, 1979년에는 다시 LA에서 연달아 개인전을 열었으며, 또 1977년부터 1979년까지는 도쿄의 아시아 현대미술전, 1978년부터 1987년까지 서울의 국제판화교류전, 1983년부터 1987년까지 대만의 중화민국 국제판화전에 출품하는 등 여러 국내외 단체전에 참여하였다. 그러던 중 1986년 예기치 못한 불행이 닥친다. 그해 11월 갑작스럽게 대장암 선고를 받은 것이다. 일단 12월 2일 입원하여 일단 수술을 받았으나, 얼마 뒤 신장에도 이상이 발견되어 다시 건강이 나빠지자 1987년 재수술을 받아야 했다. 계속 병원의 진료를 받으며 입·퇴원을 반복해야 했는지라 의사는 작업을 중단하라고 권유했지만, 병마도 창작열을 꺾지는 못했기에 그는 틈틈이 작업실에서 작품 제작에 몰두했다. 그래서 그는 참

이상욱, 〈사랑의 계절 87-A〉, 1987년, 종이에 실크스크린, 58.5×80.5cm, 개인 소장

여 의뢰가 들어온 87현대미술초대전과 87서울미술대전에도 신작을 출품하겠다는 약속을 지킬 수 있었다. 그리고 그해 연말, 이상욱은 그동안 제작한 판화 60여 점을 정리한 개인전을 열었다. 횟수로 여섯 번째인 이 개인전은 당시 제자와 화단의 지인들도 많은 도움을 준 덕분에 서울의 현대화랑과 부산의 공간화랑, 그리고 대구의 맥향화랑 세 곳에서 동시에 진행되었으며, 출품작 60여 점 모두가 1980년대 이후 제작한 신작이었다. 그도 살아생전 마지막 전시가 될 것을 예감했는지, 전시 개막일 의사의 지시를 어기고 입원 중이던 서울대학교 병원을 몰래 빠져나와 현대화랑 전시장을 방문해 관람객을 맞이하였다.

아무튼, 이 개인전에 출품된 판화 60여 점은 모두 실크스크린 기법으로 제작되었다. 어림잡아 1970년대부터 이상욱은 실크스크린 기법을 작업에 활용하였다. 기존에 주로 활용한 석판화는 찍어내기 전 그림이 그려진 판 표면에 일일이 산도를 맞춘 용액으로 에치하는 과정이 까다롭고, 작품을 찍기 전 판에 롤러로 잉킹을 할 때도 비교적 많은 시간이 소요되며, 만약 에치가 잘못되면 처음부터 다시 그려야 하는 등 제작에 번거로운 점이 많았다. 반면 실크스크린은 석판화의 에치보다 훨씬 간편한 감광(感光)이라는 공정을 활용하고 스퀴지를 이용하여 바로바로 찍어내기에 제작 시간이 단축되고 체력적인 수고도 덜하다는 장점이 있었다. 특히 1986년 이후론 암 투병을 하면서 몸이 많이 쇠약해졌기 때문에 체력 소모가 심한 석판화를 작업하기에는 어려웠을 것이다. 다만 실크스크린으로는 붓 자국 자체를 살릴 순 있으나, 석판화처럼 농담까지 표현하기에는 한계가 있었다. 그래서 작가는 바탕에 우선 채도가 낮은 중간색 판을 찍어낸 뒤 그 위에 원색의 판을 찍어서 자칫 단조로워질 수 있는 화면을 풍부한 색채의 조화와 대비로 보완하였다.

흥미로운 건 그동안 판화에서는 제목을 짓는 걸 피했던 이상욱이 이 때만은 자신의 판화들에게 손수 제목을 지어 주었다는 것이다. 〈망향(望鄕)〉과 〈사랑의 계절〉. 이렇게 두 가지로 말이다. 전자의 경우 단편적이긴 하나 이미 1970년대부터 몇 차례 사용되었던 제목으로, 여기서 작가가 말년에 들어서도 여전히 돌아갈 수 없는 고향인 함흥에 대한 짙은 향수를 시각화하고자 하였음을 확인할 수 있다. 재빠른 필획 속에서 선명한 존재감을 발하는 선홍색, 분홍색, 청록색 등의 아련하면서도 따스한 빛깔은 아름다운 고향의 자연을 상징하는 것이라 해석할 수 있으며, 이는 과거 발표된 같은 제목의 회화에서도 공통되는 요소이다. 화면을 구성하는 무수한 획의 붓질은 하염없이 흘러가는 세월을 암시하는 듯 거침없이 화면을 가로지르지만, 그러면서도 아련한 빛깔은 여전히 선명한 존재감을 발하고 있다. 아무리 세월이 흘러도 절실한 그리움은 사라지지 않는 것처럼. 반면 후자의 경우 이 시기에 들어 처음으로 사용된 제목인데, 마침 개인전을 앞두고 9월에 《동아일보》의 지면에 실린 기사를 통하여 작가 본인의 짤막한 해설을 확인할 수 있다. 그 전문을 옮기면 다음과 같다.

> "추상미술에 구태여 제목이 필요한 건 아니지만 왠지 꼭 붙여보고 싶어 「사랑의
> 계절」이라고 써보았습니다. 우리들의 삶이 격한 마음과 정열, 쓰라림, 기쁨
> 등 많은 것들이 스쳐 가지만 세월 따라 연륜이 쌓이고 잠잠해지면 사랑하고
> 용서하고 – 또 설명하지 못하는 부분도 있지요. 이제 나는 사랑할 수 있어요.
> 모든 것을."[4]

비교적 짤막한 발언이긴 하지만, 당시 작가가 이 신작들을 통해서 보여주고자 했던 이야기가 무엇이었는지를 짐작하는 것은 어렵지 않다. 흐르는 세월 속에서 스쳐 지나가는 수많은 것들이 있지만, 이제는 어떠한 것이라도 모두 함께 사랑으로 포옹하고자 했던 작가 자신의 마음을 보여주는 작품이 〈사랑의 계절〉이다. 그러한 의미에서 〈망향〉은 〈사랑의 계절〉의 하위 개념이기도 하다. 덧없이 흐르는 세월 속에 스쳐 지나가는 무수한 감정들 속엔 돌아갈 수 없는 고향에 대한 그리움도 당연히 함께이니 말이다. 이렇게 생의 마지막 순간에서

---

4   이용우, 「꺼져가는 생명 화폭에」, 『동아일보』 1987년 9월2일.

오만가지 감정은 모두 사랑의 손길 아래에 따스한 빛으로 승화되어 반짝이게 되었다.

안태연

◈ 1997년 서울에서 태어났다. 중학생 시절 우연히 학교 도서관에서 접한 『한국근대회화선집』을 계기로 한국 근현대 미술에 관심을 가지게 되었다 ◈ 그리고 이 선집에 실린 작품들을 실제로 보고 싶다는 마음에 박물관과 미술관 등 이곳저곳을 다니며 생각을 메모하고자 글을 쓰기 시작했다 ◈ 그리고 지금은 여기서 한발 더 나아가 한국 근현대미술의 지평을 넓히는 데 조금이나마 보탬이 되었으면 하는 마음으로 글을 쓰고 있다 ◈ 특히 본격적으로 조명 받지 못했던 한국의 작고 미술가들을 발굴하고자 노력하는 중이다

더높은다

사회개조 팔대사상가

4. 톨스토이

번역 조성환

이쿠다 조코 · 혼다 미사오

[번역자주]

이 글은 1920년에 일본에서 간행된 『社會改造の八大思想家』의 제4장 「톨스토이」를 번역한 것이다. 전체적으로 톨스토이가 동시대의 문학자 도스토옙스키 또는 투르게네프와 비교되면서 논의되고 있는 점이 특징적이다.

　마지막 절의 제목은 "톨스토이의 사회개조 사상"인데, 노예제도나 조세제도에 대한 톨스토이의 비판을 싣고 있다. 이것으로부터 당시 일본에서 톨스토이가 문학자뿐만 아니라 사회변혁 사상가로도 소개되고 있음을 알 수 있다. 이 점은 지난 호에 소개했던 버트란드 러셀도 마찬가지이다.

　1922년에 한글판 『세계개조 십대사상가』가 간행되었는데, 이 책은 톨스토이가 제1장에 배치되어 있다. 일본어판 『社會改造の八大思相家』는 총 6절로 이루어져 있는데, 한글판은 5절로 구성되어 있다. 일본어판의 제1절 "톨스토이의 영향"이 한글판에는 없고, 일본어판의 제2절 "톨스토이의 사상과 인생"이 한글판에서는 "톨스토이의 일생"으로 제목이 바뀌어 있다. 전체적으로 내용상 차이는 거의 없고, 일본어판을 약간 축소한 것이 한글판의 형태로 되어 있다.

　마지막으로 번역을 하는 과정에서 일부 인명과 지명의 현재 표기(실명과 실지)를 확인하지 못했다. 추후 단행본으로 묶을 때 최대한 보완할 예정이다.

【1. 톨스토이의 영향】

19세기의 세계 문단에서 가장 특이한 현상은 러시아문학의 눈부신 발달이다. 올바른 의미에서 50년 전의 러시아문학은 완전히 서유럽에서 등한시되고 있었다. 그 존재는 대부분 그 어느 나라 사람들로부터도 아무런 관심을 받지 못했다. 당시 영국 비평계의 권위자였던 토머스 칼라일(1795~1881)이 러시아문학을 논하면서 항상 "침묵의 위대한 러시아"라는 말을 했던 것에서 그간의 사정을 알 수 있다. 그러나 이 위대한 침묵의 러시아는 점점 그리고 차츰 그 침묵을 깨기 시작했다. 그 영향은 먼저 프랑스에 미쳤고, 독일에 이르렀으며, 스칸디나비아를 압도하고, 영국에까지 퍼져 나갔다. 이와 같은 러시아문학의 급속한 발달은 문예부흥 이후에 세계가 한 번도 경험하지 못한 것이었다. 그리고 이 러시아문학의 세계적 발전의 열쇠를 쥔 사람은 톨스토이와 도스토옙스키 두 사람이다. 그리고 톨스토이를 말하지 않고 도스토옙스키를 말할 수 없는 것과 같은 의미에서, 도스토옙스키를 말하지 않고 톨스토이를 말할 수는 없다. 지금 이 두 사람의 서로 다른 특징은 전 세계에 강력한 영향을 끼치고 있다. 최근 몇 년 동안 일본 사상계는 놀라울 정도로 톨스토이주의의 영향을 받았다. 이보다 약간 늦게 도스토옙스키의 영향도 일본인의 생활에 상당히 강렬한 자극을 주었다.

【2. 톨스토이의 사상과 인생】

레프 톨스토이는 1828년 8월 28일, 러시아의 야스나야 폴랴나의 한가로운 마을에서 태어났다. 그의 집안은 당시 명문 가문 중의 하나였다. 아버지 톨스토이 백작은 1813년과 1814년의 대전(大戰; 러시아와 프랑스 간 전쟁-역자 주)에 출정했다. 거기에서 프랑스의 포로가 되었는데, 1815년에 자유의 몸이 되었다. 그 때의 이야기는 그의 명저 『전쟁과 평화』에 상세하게 소개되어 있다. 그러나 그의 어머니는 그가 태어난 지 8개월 만에 세상을 떠났다. 그리고 그가 9살이 되던 해에 아버지도 세상을 떠났다. 지금부터 그의 생활과 사상의 변천을 그의 작품에서 그려내고자 한다.

20세 때 쓴 『유년, 소년 그리고 청년』(이는 '유년시대' '소년시대' '청년시대'의 3부작이다-역자 주)에서 그는 자신의 소년시대의 사상 생활에 대해서 다음과 같이 말하고 있다; "그 당시에 나는 항상 감당하기 어려운 고독의 비통을 맛보고 있었다. 그리고 배타적인 도덕적 생활을 하고 있었다. 어린 나의 머릿속에는 일찍부터 인간의 운명에 대한 두려울 정도의 의문이 수없이 떠올랐다. 그리고 미래의 생활이나 영혼의 불멸과 같은 의문을 일일이 규명하고 해결하는 것에 최대한의 노력을 기울였다."

그리고 나서 어느 봄날 아침, 하녀가 창문을 밀어서 열고 있는 것을 아무 생각 없이 도와주고 있는데, 갑자기 마음속에서 그리스도교적인 희생의 기쁨을 체감했다. 그리고 이 순간부터 그의 마음에는 새로운 세계가 전개되었다. 여기에서 그의 새로운 노력은 자기 삶의 목적을 확립하는 것이었다. 그리고 그는 인간에게 네 개의 감정이 있다고 결론지었다. 첫 번째는 상상의 여성에 대한 사랑, 즉 육체적인 방탕이다. 두 번째는 세상의 사물에 대한 사랑, 즉 영적인 방탕이다. 세 번째는 아주 드물게 있는 행복과 영광을 희망하는 감정이다(이 감정은 그에게 특히 강렬하였다). 네 번째는 자신에 대한 혐오 및 회한의 감정이다. 그러나 이 네 가지 감정은 그 근저에서는 네 개가 아니라 실은 두 개이다. 즉 자아를 사랑하는 마음과 자기를 꺼리고 증오하는 마음이다. 그리고 이 두 개의 모순되는 감정은 항상 그의 번민과 고뇌의 대상이 되었다. 그는 이 무렵의 짓눌릴 것 같은 도덕적 사색에 대해서 말하고 있다; "나는 단지 의지의 힘을 약하게 하는 지적 전개 능력을 얻음과 동시에, 참신한 감정과 명확한 판단을 파괴하는 부단한 도덕적 내관(內觀)과 습관을 길렀다. 그리고 태생적으로 추상적 사색을 좋아하는 결과로 자의식은 완전히 병적으로 발달하고, 극히 단순한 것을 고찰할 때조차도 종종 자신의 사상 해부에서 벗어날 수 없는 소용돌이 속으로 내던져졌다. 그리고 나는 어느 새인가 자신이 당면한 문제는 방치하고, 나 자신의 탐구에 마음을 빼앗겼다."

그의 작품 순서에 따르면, 『지주의 아침』[i]은 그의 초기 사상을 알기에 충분하다. 이 작품은 인류의 지식의 공허함을 깨닫고, 대학을 자퇴한 뒤 어느 촌락에서 지주의 삶을 살아간 드미트리 네흘류도프 공작이 그 주인공이다. 그는 톨스토이가 다룬 작품 속의 인물 가운데 『유년, 소년 그리고 청년 시대』[ii]의 주인공 니콜렌카 이르테니옙과 같은 유형이다. 즉 네흘류도프 안에서도 이르테니옙과 마찬가지로 젊은 한때 도덕적이고 종교적인 혁명이 일어났다.

그 주인공 네흘류토프는 다음과 같이 말한다; "내가 지금까지 알고 있던 것, 믿고 있던 것, 사랑하고 있던 것은 모두 어리석었다. 그리고 사랑과 희생만이 참다운 행복이다." 그리고 얼마 안 있어 '그렇다면 행복은 어디에 있는가?'라는 문제가 새롭게 그의 마음속에서 일어났다. "나는 벌써 1년 남짓 행복을 찾고 있었다. 그리고 그 사이에 때때로 행복을 얻은 듯한 느낌이 든 적도 있었지만, 그것은 지적이고 개념적인 것에 지나지 않았다." 그래서 네흘류도프는 자신의 동포를 위해서 선을 행하는 것을 열렬히 희구하고 있음에도 불구하고, 그것을 행할 방법을 모른다는 결론에 도달하지 않을 수 없었다. 그 주변의 농부 등은 하나같이 이 주인의 그리스도교적인 감정에 대해서 의문을 품기 시작했다. 그리고 그는 지주의 덕과 복음서의 덕을 결합시키려 했으나 결국 실패로 끝났다. 이 『지주의 아침』의 주인공의 생활은 동시에 톨스토이의 생활이지 않으면 안 된다. 그는 야스나야 폴랴나의 소작인들과의 관계에서 이 네흘류도프의 실패와 아주 유사한 실패를 경험한 후에, 농부의 병적인 질투를 견디지 못하고, 전 재산을 버리고서 원시적인 생활을 동경하면서 사관후보생으로 포

---

[i] 한글 번역은 레프 톨스토이 지음, 전재영 옮김, 『알베르뜨 외』, 뿌쉬킨하우스, 2018에 수록되어 있다.
[ii] 한글 번역서는 레프 톨스토이 지음, 최진희 옮김, 『유년 시절·소년 시절·청년 시절』, 펭귄클래식코리아, 2013이다.

병대에 입대했다.

그리고 여기에서 그의 원시적인 철학사상이 길러졌다. "인간은 자연이 사는 것처럼 산다. 그들은 죽고 태어나고 결혼하고, 낳고 싸우고 먹고 마시고 즐기고, 다시 죽지 않으면 안 된다. 그리고 자연이, 태양이나 풀이나 동물이나 나무에게 부과한 불변의 조건 이외에는 인간에게 특별히 한정된 조건 같은 것은 없다. 그들은 다른 법칙을 갖지 않는다. 따라서 그들의 법칙은 항상 자연과 하나 되는 데에 있다." 이와 같은 원시적인 철학은 카자크인 「예로슈카의 숙부」[3]가 되어 나타났다. 이 한 편의 작품은 톨스토이의 창작 중에서 가장 완전무결에 가까운 것으로, 톨스토이 인격의 가장 어두운, 그리고 가장 비밀스런 측면을 엿보기에 충분하다.

얼마 지나지 않아 톨스토이에게는 군인으로서의 영광의 꿈이 깨지는 때가 왔다. 그리고 그는 포병대의 소위로 제대하였다. 제대 후 그는 처음에는 샹테 페테르부르크로 갔고, 이어서 외국으로 건너갔다. 그 무렵 샹테 페테르부르크는 그에게 있어서는 결코 유쾌한 장소가 아니었다. 왜냐하면 그는 그 당시 관리로서의 경력도 없고 이렇다 할 재산도 없었으며, 게다가 작가로서의 명성도 알려지지 않았기 때문이다. 그래서 그는 그곳의 상류사회에는 도무지 진입할 수 없었다.

그러고 나서 마침내 농노가 해방되던 해에 외국에서 귀국하고, 야스나야 폴랴나의 농촌 초등학교에 시골 부자로서의 새로운 생활을 시작하게 되었다. 잠시 동안은 그의 모든 노력은 이 작은 사업에 바쳐졌다. 그러나 그는 결국 그곳에서 영원한 만족을 찾지 못하였다. 그는 그가 이전에 기획했던 많은 일들과 마찬가지로, 점차 시골 부자로서의 생활에 싫증을 느꼈다. 그리고 새로운 회한이 그의 마음속에 용솟음쳐 왔다. 그는 이 때의 심정을 다음과 같이 표현하였다; "나로서는 이러한 순결하고 원시적인 농민 아이들의 마음을 썩게 만

---

[3] 1863년에 출판된 톨스토이의 단편 소설로 영어 제목은 "Cossacks"이다.

든다는 생각이 들지 않을 수 없었다. 나는 어렴풋하기는 하지만, 일종의 모독을 범했다고 생각했다." 그래서 그는 다시 그의 고결한 사업을 버렸다. 그리고 치유하기 어려운 그 자신의 정신적 질병을 치유하기 위해서 모든 것을 포기하고 바시키르의 광야로 갔다. 그리고 돌아오자마자 소피아 안드레예브나 베르스와 결혼했다. 이 결혼 생활은 그의 생활에 일대 혁명을 가져오기 위해 가장 필요한 것이었다. 그는 그때까지의 그 어떤 일보다도 열정을 갖고 이 새로운 생활을 시작했다. 이때 그는 34세였고, 그녀는 18세였다. 결혼 후 얼마 지나지 않아 그들은 야스나야 폴랴나에 은거하여, 그곳에서 20여년 간의 길고 조용한 생활을 보냈다. 그를 불후의 작가로 만든 『전쟁과 평화』와 『안나 카레니나』는 이 무렵에 완성된 것이다.

톨스토이의 청년 시절에서 장년 시절에 이르는 열렬한 사색적 고뇌―그것은 톨스토이 자신의 말에 따르면, 감정의 참신함과 판단력의 명쾌함을 깨고, 거기에 일찍부터 죽음에 대한 병적인 공포도 더해져서, 그 결과 어떤 때는 광신적인 불교도 특유의 회한을 품고, 또 어떤 때는 솔로몬의 절망으로 과업을 포기하고―에 들여야 할 노력의 대부분을 예술적 향락에 소모했다. 생각해 보면 톨스토이의 도덕적 그리고 종교적 발달에 장애가 생긴 주요 원인은 주로 인식의 결핍과 불완전에 있었다.

톨스토이의 생애를 통해서 우리가 항상 느끼는 것은 그가 '고독'하였다는 것이다. 그리고 그 고독은 천재에게 특유한 고독이 아니라, 현세적인―달리 말하면 인간적인 고독이다. 어느 비평가는 말하였다; "톨스토이는 인간으로서 얻을 수 있는 거의 모든 것을 얻었지만, 단 하나 친한 친구만은 얻지 못했다. 그것은 그가 너무나도 위에서 아래를 내려다보고 있었기 때문이다. 그 기나긴 일생을 통해서 톨스토이의 주위에는 단지 친척이나 찬양자나 제자나 비평가가 있을 뿐이었다. 그리고 그 제자의 대부분은 그와는 매우 소원한 관계만 유지하고 있었다. 그리고 친구를 얻지 못하는 경향은 해를 거듭함에 따라 점점 심해졌다. 단 한번 운명의 신이 그를 시험이라도 하듯이 위대한 친구를 그에게 보냈다. 하지만 톨스토이는 이 위대한 친구를 자신의 것으로 삼지 못했다. 그것은 투르게네프이다."

투르게네프(Turgenev, Ivan Sergeyevich, 1818~1883)와 톨스토이의 관계는 러시아문학사에서 가장 흥미로운 심리적인 수수께끼를 형성하고 있다. 뭔지 모를 신비적인 숨겨진 힘이 항상, 그리고 때때로 그 두 사람을 끌어당겼다. 하지만 그 친함이 어느 일정한 거리에 달하면 그들은 다시 서로 이별하지 않으면 안 되었다. 그리고 그들은 영원히 헤어지지도 영원히 결합되지도 못하였다. 투르게네프는 누구보다도 먼저 톨스토이를 국민적인 대문호로 인정한 사람이었다. 톨스토이도 투르게네프를 혐오하면서도, 대부분은 그의 의견을 추종하고 그의 비평에 따랐다.

그러고 나서 톨스토이와 투르게네프는 어느 회견이 동기가 되어 대단히 격렬한 싸움을 하였다. 하지만 그들은 서로 존경한다는 점에 있어서는 조금도 변함이 없었다. 투르게네프는 자신이 죽음에 직면했을 때 다음과 같은 편지를 보냈다; "나는 지금 죽으려고 해. 내가 병이 나을 가능성은 거의 없을 거야. 그러나 나에게 억제하기 힘든 하나의 기쁨이 있어. 그것은 형과 같은 시대에 삶을 살고, 내가 마지막 그리고 진실한 권고를 할 수 있기 때문이야. 형, 바라건대 다시 문학으로 돌아와. 문학자로서의 당신의 재능은 이제 의심할 여지가 없어. 부디 다시 문학으로 돌아와 줘."

톨스토이와 투르게네프의 관계와 마찬가지로 톨스토이와 도스토옙스키의 관계도 주목할 만한 점이 많다.

도스토옙스키는 톨스토이를 평하면서 "모스크바 상층사회 공통의 귀공자"라고 하였다. 사실 톨스토이의 생활이 도스토옙스키가 말하는 '모스크바 상층계급의 귀공자'였음에는 분명하지만, 그것은 그의 생활의 형식에 지나지 않았다. 그에게는 일생을 통해서 정신적인 어두운 고뇌가 계속되고 있었다.

【3. 톨스토이의 예술】

『전쟁과 평화』는 그 양에 있어서는 위고의 『레미제라블』에 다음가는 방대한 책이고, 그 질에 있어서는 수많은 톨스토이 책 중에서 그를 가장 위대하게 만들기에 족한 작품이다. 맨 첫머리에 안드레이 공작의 아내로 사랑스런 입술을 지닌 볼콘스키라는 여성이 등장한다. 그러나 1805년, 이 사랑스런 입술의 소유자는 결국 죽고 만다. 그 후 수년 동안 나폴레옹은 유럽 정복의 위업을 완성하였다. 그는 마침내 러시아의 국경을 넘고 있었다. 그리고 볼콘스키 공작이 소유한 릿시아 고라의 우거(寓居)에서 세상을 떠난 공작부인의 아들은 점점 자라서 미소년이 되고, 늘어뜨린 머리카락이 엄마처럼 머리를 뒤덮게 되었다. 그리고 그 입술은 엄마를 빼닮았다. 이렇게 톨스토이는 이 작품 전체를 통해서 독자로 하여금 공작부인을 떠올리게 한다.

안드레이 공작의 사촌 누이동생 마리아 볼콘스키는 멀리에서도 들릴 정도의 묵직한 걸음걸이를 하는 여자이다. 그리고 마리아가 빨갛게 될 때에는 항상 얼굴에 빨간 반점이 생겼다. 톨스토이는 이 빨간 반점을 묘사하면서 자유롭게 아우스터리츠 전투와 나폴레옹의 승리와 여러 나라 국민들의 대 전쟁과 세계의 운명을 결정한 여러 사건들을 다루고 있다. 나폴레옹이 입성하기 전 모스크바 인민봉기 때 일어난 군중 폭동을 잠재우려고, 로스토프 백작이 국사범 에레스찬긴을 가리켜 "그자야말로 모스크바를 파멸에 빠트린 간첩이다"라고 비난하였다. "에레스찬긴을 죽여라!"라는 목소리가 여기저기에서 일어났다. 에레스찬긴은 군중 속에서 엄숙한 소리로 외쳤다. "우리 위에는 똑같이 신이 계신다." 그러자 한 병사가 이 불쌍한 국사범의 얼굴과 머리를 검으로 내려쳤다. 에레스찬긴은 겁에 질려 큰소리를 내면서 머리를 양손으로 감싼 채 사람들 쪽으로 돌진했다.

어느 톨스토이 비평가는 이렇게 말했다; "이 불쌍한 희생−국사범의 죽음−에 대해서는 전혀 한마디도 없음에도 불구하고, 불과 5쪽에 머리, 발, 손의 형용이 몇 번이나 반복되고 있다. 이 특징은 에레스찬긴의 심적 상태, 군중과의 관계를 충분히 명시하고 있다. 이와 같이 보이는 것보다 보이지 않는 것으로, 외부보다 내부로, 형체적인 것보다 정신적인 것으로 나아가는 것은 톨스토이 특유의 창작방법론이다. 이처럼 종종 반복되는 작품 속 인물의 외적 특징이 그 본질의 가장 깊은 근저와 연결되거나 작품의 동기가 된 사상과 연결되는 경우도 때때로 있다."

톨스토이의 작품에는 인체의 한 부분도, 잊을 수 없는 보편화의 작용을 한다. 가령 나폴레옹과 스페란스키의 손, 즉 권력을 가진 사람들의 손 같은 것이다. 두 나라 황제의 회견 때에 양국 군대가 모이기 전에, 나폴레옹은 한 사람의 러시아 병사의 가슴에 레종 도뇌르 훈장을 달아 주면서 "그 작은 하얀 손에서 장갑을 빼서 그것을 찢고, 그리고 던져 버렸다."고 썼다. 그리고 몇 줄 뒤에는 "나폴레옹은 그 작은 통통한 손을 거둬들였다."고 썼다. 니콜라이 로스토프의 추억 가운데 "그 작은 하얀 손을 지닌 득의양양한 보나 파트"라는 표현이 나온다. 돌 시닌은 말한다; "이 예술가는 영웅의 나체를 전부 보여주고, 인간적 명성이나 인간적 위대함의 공허한 표시를 버리도록 한다. 그는 우리를 되돌려서 우리의 원시로, 동물적 생활로 데려간다. 그는 이 반신(半身)이 우리의 불변의 연약함의 이유, 사도 바울이 말한 것과 같이 썩은 육체, 또는 나폴레옹이 말하는 강자[大砲]가 먹는 음식의 고기와 아무런 구별이 안 되는 동일한 육체를 지니고 있음을 우리에게 말한다."

요약하면, 전 세계의 문학자를 통틀어서 인간의 육체를 언어로 묘사하는 데 있어서 톨스토이에 필적할 만한 사람은 없다. 그는 종종 비난을 받듯이 중복법을 남용하지만, 그것을 통해서 대부분 자신이 원하는 것을 자유롭게 써 내려갔다. 게다가 그는 다른 많은 위대한 경력을 가진 작가들 특유의 장황한 서술이나 인물의 외형 묘사와 같은 문제점은 보여주지 않았다. 그는 항상 간결함과 적확함과 단순함을 존중했다. 그는 대부분의 경우 단 하나의 작은—전혀 아무런 눈치도 채지 못할 정도의—특징을 선택하거나, 그것을 점진적으로 어느 한 곳으로 유인해 내어 이야기의 전개에 적응시키거나 사건의 조직 속에 각각의 동작을 살려 나갔다.

사도 바울은 알렉산드리아 학파의 철학자를 따라서 인간을 세 분류로 나누었다. 첫째는 육체적 인간이고, 둘째는 영적 인간이다. 셋째는 이 양자 사이의 연속된 곳에서 생기는 것으로, 중간적인 여명적인 인간이다. 그것에 의해 육(肉)이 완성되고 영(靈)이 시작되는 것, 바꿔 말하면 절반은 동물적이고 절반은 신적인 것이다.

톨스토이는 이 물질적이지도 정신적이지도 않은 중간 생활을 묘사하는 데 힘썼다. 그리고 그가 이런 경지에서 벗어나려 하면 할수록 그 풍요로운 예술적 재능으로부터 멀어지지 않으면 안 되었다. 예술의 다른 영역에 있어서는, 가령 이탈리아 문예부흥기의 회화 및 고대 그리스인의 조각과 같은 것이, 한층 완전하게 인체를 표현한 예술 작품이다. 현대의 음악 및 일부에 있어서는 문학조차도 톨스토이보다 더 깊게 정신적인 인간의 내부에 육박해 들어온다. 하지만 언제 어디에서든 "영혼적 인간"은 톨스토이의 작품에서와 같이, 사람을 감탄시키지 않을 수 없을 정도의 진실을 가지고 묘사하지 못한다. 이런 의미에서 예술가로서의 톨스토이의 경지는 고금에 독보적이다. 투르게네프는 톨스토이의 『전쟁과 평화』에 대해서 다음과 같이 썼다; "톨스토이의 소설은 실로 놀랄 만하다. 하지만 그 최대의 약점을 말하면, 역사적 측면 및 심리 관찰에서 약간 결여되어 있다는 점이다. 그의 역사는 요술을 사용하거나 보잘 것 없는 미세한 곳만을 묘사하여, 독자의 눈에 모래를 뿌리는 정도이다."

그러나 이 점에 대해서는 크로포트킨이 새로운 질문을 제기한다; "톨스토이의 서사의 광대함과 변화무쌍한 전개는 그의 역사적 소설이라고 할 만한 『전쟁과 평화』가 사실에 있어서 어디까지가 역사적인가 하는 의문이 들게 한다. 쿠투조프, 알렉산더 1세, 나폴레옹, 스페란스키와 같은 유명한 역사적 인물들이 우리 눈앞을 지나가고, 아우스터리츠, 보로디노 전투, 모스크바 대화재(大火災) 및 프랑스군 퇴각과 같은 유명한 역사적 사건이 등장한다. 우리는 여기에서 움직이고 있는, (또는 결코 움직일 수 없는) 역사의 모습을 볼 수 있다." 투르게네프가 "역사적 색채"라고 부른 역사의 정신, 바꿔 말하면 시대의 정신이 본래 어디에 존재하는지를 정하는 것은 완전히 난해한 일이라고 하지 않을 수 없다. 우리는 단지 각 시대가 그 특유의 분위기를 지니고, 각각의 독특한 향기를 발하고 있음을 알고 있다.

보카치오의 『데카메론』을 읽으면 초기 문예부흥 시대에 이탈리아의 분위기에 젖을 수 있고, 미키이치의 『탓도이즈』를 읽으면 19세기 초기의 향기가 난다. 이런 시대적 반영은 인간 생활의 일체에 나타나는 것이다. 그리고 나타나지 않으면 안 된다. 『전쟁과 평화』를 읽을 때, 이 책을 위해 기술된 사건은 모두 우리가 아는 역사적 광채에 의해 채색되고 있음에도 불구하고, 거기에 묘사된 인물은 우리와 동시대라는 관념에서 벗어나기 어렵다.

『전쟁과 평화』가 처음 세상에 나타났을 때 프로베르는 다음과 같이 평했다; "이것은 놀랄 만한 것이다. 그 세밀한 묘사가 얼마나 탁월한가. 제2권까지는 대단히 뛰어난데, 제3권 이후는 약간 떨어진다. 우리는 앞의 2권에서는 단지 자연과 인간만을 보려고 했는데, 제3권에서는 그 작가를 보지 않으면 안되게 된다." 그의 비평은 대체로 정확하다고 할 수 있다.

【4. 『부활』에 나타난 사회비평】

사회비평가로서 그리고 정치비평가로서의 톨스토이의 위치를 알기 위해서는 그의 명저 『부활』을 먼저 읽지 않으면 안 된다. 거기에는 그의 도덕적 열정이 가장 풍부하게 들어 있다. 그리고 그의 사회 비평 및 정치 비평이 논문 형식으로 이론적으로 묘사되는 것이 아니라 소설 형식을 취하고 있는 점에, 사람의 마음에 더 많은 자극을 주는 이유가 있다. 『부활』의 남자 주인공인 젊은 귀족 네플류도프가 여자 주인공 카츄샤를 구하기 위해서 모든 생애를 바쳐서 노력하는 사건 속에서 그는 당시의 러시아 사회조직 및 정치조직의 추악함과 우열함을 단적으로 묘사했다.

즉 재판이라는 것이 불신성함과 동시에 부정확하고, 나아가 허위이자 잔혹한 절차라는 것, 그리고 귀족사회의 부패 타락이 당시의 정치에 드러나서 계급적 통치, 계급적 약탈이 자유롭게 행해지고 있음을 그렸다. 그러나 그의 사회 비평 및 정치 비평에서 표현의 기교에 상관없이 대단한 불철저함과 모순이 존재한다는 사실은 현재의 급진적 사회비평가의 입장에서 보면 부정할 수 없다. 그것은 어느 의미에서는 그가 너무나도 예술가였다는 증거이기도 하다. 톨스토이는 『부활』에서 주인공 네플류도프로 하여금 자신이 소유한 땅을 처분시키고 있다. 그는 먼저 자신의 수입의 대부분을 차지하는 지방에 가서 농민과 소작인을 위해 소작료를 내렸다. 구체적으로 말하면, 그가 소유한 토지의 소작료는 인근의 다른 곳에 비해 30퍼센트나 저렴해졌고, 그로 인해 그의 수입은 반으로 줄지 않으면 안 되었다. 그러나 그는 그것만으로는 결코 만족하지 않았다. 단지 해결을 위한 첫걸음일 뿐이라고 생각하고 있었다. 이어서 그는 두 번째 소유지로 갔다. 그리고 거기에서 직접 주민들의 궁핍을 목격하고 처음으로 토지와 재산을 사유화하는 것이 잘못된 것임을 깨달았다. 당시에 그는 헨리 조지[4]의 토지단일세론을 신봉하고 있었다.(톨스토이의 경제정책은 마지막까지 헨리 조지에서 한 걸음도 벗어나지 않았다.) 그래서 곧바로 그것을 자신의 토지에 응용하기로 결심했다. 즉 모든 토지를 마을 소유로 하고, 각 농부는 거기에서 나오는 수확으로부터 각각 연공(年貢)을 내고, 그 연공을 마을 소유로 해서 조세 및 다른 곳에 충당하는 것이다.

그러나 결국 그는 자신의 토지를 전부 농민을 위해 제공하지 못했다. 그리고 이 모순에 대해 아무런 해결을 하지 못한 채 죽었다.

톨스토이는 『부활』의 주인공 네플류도프가 최후에 도달한 경지에 대해서

---

[4] 헨리 조지(1839~1897)는 미국의 경제학자로, 대표작으로 『진보와 빈곤』(1879)이 있다.

다음과 같은 설명을 하고 있다(네플류도프는 톨스토이 자신이었다.); "그는 성서를 펼쳤다. 그리고 마태복음을 읽었다. 그는 어린아이와 같이 겸손한 자가 천국에 가장 가깝다는 것을 깨달았다. 그리고 유일한 구원의 길은 자신이 신에 대해서 죄를 범하고 있음을 인정하고 결코 다른 사람을 책망하지 않는 데에 있다고 생각했다. 그리고 그날 밤은 완전히 새로운 생명이 네플류도프에게 탄생했다." 그렇다면 그 새로운 삶이란 무엇일까? 그리고 그 새로운 삶이 어떻게 끝날까? 여기에 대해서는 전혀 아무것도 모른다. 그리고 톨스토이도 이것을 해결하지 못한 상태에서 죽었다.

【5. 혁명운동과 톨스토이】

크로포트킨은 톨스토이를 다음과 같이 평가하였다; "톨스토이의 위대한 점은 그가 항상 극도의 성실함과 심오한 통찰력과 풍부한 예술적 재능을 가지고, 현대사회의 온갖 모순과 결함을 가차 없이 묘사했다는 데에 있다. 그런 의미에서 루소 이후에 톨스토이만큼 인간의 양심을 자극한 이는 없다."

　톨스토이의 최대 장점은 심리묘사다. 그리고 그의 묘사의 특징은 반드시 항상 외면에서가 아니라 내면에서 행해진다는 점이다. 가령 『유년시대』 및 『소년시대』에서는 어린이가 어린이의 마음으로, 어린이의 마음을 통해서 표현되고 있지, 결코 어른의 눈에 비친 어린이를 그리고 있는 것은 아니다.

　『청년시대』 및 『카자크』(『예로슈카의 숙부』)에서는 정신적 향상의 요구에 내몰려서 금욕적 노력에 고통 받는 청년을 그리고 있다. 이런 경향은 투르게네프의 소설에도 나타나는데, 이 경향이 점차 러시아의 젊은이들 사이에 헌신적 감정을 생기게 하였다. 그리고 그 헌신적 감정은 그들을 비장한 혁명운동가의 길로 이끌었다.

　1879년 무렵부터 톨스토이의 인생관에 근본적인 변화가 생기기 시작했다.

그는 부유한 귀족으로서 권력 계급의 일원으로 종래의 생활에 커다란 모순을 느끼고, 일개 농민으로 생활하려고 결심하기에 이르렀다. 그러나 이러한 경향은 일찍이 그의 소년 시절부터 싹이 보이기 시작했다. 그것이 가장 명료한 형태로 드러난 것은 1861년부터 1862년에 걸쳐서 그가 교육사업에 종사하던 때부터이다. 당시에 그가 발표한 많은 교육론은 모두 사회문제를 언급하고 있다. 이 무렵부터 그와 투르게네프의 교류가 시작되었다. 투르게네프는 당시에 혁명의 최선봉 헤르첸과 제휴하고, 잡지나 팸플릿을 발행하여 오로지 혁명사상의 보급에 힘쓰고 있었는데, 이에 대해 톨스토이는 별다른 관심을 갖지 않았다. 또한 농노해방을 위해 권력 계급과 싸우고 있던 잡지 『컨템포러리』에 종종 자신의 작품을 게재하였음에도 불구하고, 그 실제 운동에 종사하는 사람들과 별로 친해지지 못했다.

그는 자진해서 농민 자제의 교육을 하거나 농민과 지주의 중재를 하는 가운데, 자신의 입장의 모순을 절감했다. 그리고 이때 곳곳에서 일어나던 민주운동에 참가해야 했던 그는 연애를 핑계로, 또 결혼 후에는 가정생활을 이유로 회피하고 당면한 문제는 언급하지 않았다.

그러나 그로 하여금 이와 같은 입장에 있게 한 것은 단순히 결혼이나 가정생활뿐만은 아니다. 그 주된 이유는 어떤 의미에서는 그의 예술이었다. 그는 『전쟁과 평화』에서 영웅에 대한 민중의 입장을 논하고 있다; "모든 역사적 사업은 영웅의 공정이 아니라 민중의 힘에 의해 이뤄진 것이다." 그는 야스나야 폴리나의 학교에서 국가와 교회가 특권계급의 이익을 유지하기 위해 각고의 노력을 해서 만든 모든 교육법에 반대하고 새롭게 교육법을 제창했다.

그러나 얼마 지나지 않아 그의 내면에는 공산적(共産的) 사상과 사유재산을 주장하는 사상 사이에 엄청난 투쟁이 시작되었다. 이렇게 그는 한편으로는 사유재산에 통렬한 비판을 가함과 동시에, 다른 한편으로는 자본주의와 국가 위에 만들어진 문명을 부정하고, 그의 교육론에 나타났듯이 무정부주의적 사상에 도달하면서도, 공산적 경향과 사유적 경향 사이에서 일종의 조화를 찾으려고 하였다. 그가 한편으로는 반정부적 경향을 강하게 지니고 있음에도 불구하고, 실제 운동에 종사하는 혁명가에 대해서는 동정할 수 없었던 것은 이런 정황을 말해주고 있다.

이 무렵에 러시아의 젊은 청년들 사이에서 "민중 속으로"라는 대운동이 일어났다. 톨스토이는 1881년 모스크바 빈민굴에서 받은 깊은 인상을 바탕으로 『우리는 무엇을 해야 하는가』를 썼다. 하지만 1875년에서 1881년 사이에는 어떤 사건이 그로 하여금 종래의 상활의 공허함을 느끼게 했는지는 불분명하다.

이들 혁명 청년에 대한 재판이 곳곳에서 열렸다. 그리고 이런 재판이 있을 때마다 그들의 싱싱한 변론 속에 넘쳐나는 민중에 대한 애정은 주위 사람들로 하여금 강한 자극을 느끼게 하였다. 톨스토이에 대한 많은 비평들이, 톨스토이가 이 운동의 존재를 몰랐을지 모른다고 말하고 있는데, 그것은 전혀 상상할 수 없는 일이다. 설령 그가 당시의 신문을 전혀 접하지 못했다고 하더라도, 1877년에 출판되어 곧장 엄청난 인기를 끈 투르게네프의 『처녀지』를 통해 알았을 것이다.

크로포트킨은 이 일에 대해서 다음과 같이 논하였다; "톨스토이가 이때 20대의 젊은 청년이었다면 아마도 모든 장애를 물리치고서라도 어떤 형태로든 이 운동에 참가했을 것이 분명하다. 우리 중의 젊은 남녀 사이에는 '민중의 힘에 의해 교육받은 사람은 동시에 민중을 위해 움직이지 않으면 안 된다'는 한마디로 모든 것이 결정되었다. 이 한마디에 의해서 그들은 풍요로운 집을 버리고 용감하게 민중 속으로 들어갔다. 그러나 교육, 습관, 처지, 나이 그리고 아마도 사상의 차이가 톨스토이로 하여금 이와 같은 단순한 태도로 나아가게 하지 못하고, 동일한 결론에 도달할 때까지, 즉 그도 신의 자식의 한 사람으로서 전 인류의 행복을 위해 힘쓰지 않으면 안 된다는 결론에 도달할 때까지 엄청난 고민을 경험했음에 틀림없다." 톨스토이가 1861년 이래로 사회와 국가에 대해서 혁명당과 같은 비판을 하면서도 마침내 그들과 손잡지 못한 것은 올곧은 청년 시기를 지난 그의 나이, 그리고 그의 처지 때문이었다고 보는 것이 지극히 당연하다.

톨스토이는 그리스도교의 정수를 그의 무저항주의 안에서 인정했다. 사상의 변화를 거치고 몇 년 동안은 용감하게 악에 대한 절대적 무저항을 설파했다. 그것은 두말할 필요 없이 "누가 네 오른쪽 뺨을 치거든 왼쪽 뺨마저 돌려대어라"라는 말을 곧이곧대로 해석한 것으로, 언제나 절대적인 굴종과 체념을 의미하는 것이었다. 그러나 그는 얼마 지나지 않아 이와 같은 절대적 무저항은 악을 돕는 원인으로, 그가 저주한 국가 및 교육의 교훈과 일치하고, 단지 그 폭력을 조장하는 것임을 깨달았다.

그는 어느 날 기차 안에서 어느 주지사가 채찍을 손에 든 많은 병사의 진두에 서서, 지주를 위해 만들어진 무정하고 냉혹한 법률을 강행하기 위해, 농민을 학대하러 가는 장면과 마주쳤다는 이야기를 하였다. 그때 그의 이른바 "자유주의의 한 부인"이 민중 앞에서 큰 소리로 지사와 채찍 든 사관 등을 비난하면서, 그들에게 수치심을 주었다고 쓰고 있다.

하지만 마침내 그 포악한 처형이 시작되었을 때, 농민들은 실로 그리스도교인다운 체념을 하고서, 떨리는 손으로 십자가를 자르고, 그대로 지상에 누워서 [심장의] 고동이 멈출 때까지 맞고 있는데도 불구하고, 사관들은 그리스도교적인 인내에 의해 꿈쩍도 하지 않았다. 만약에 젊은 톨스토이가 이 광경을 목격했다고 하면 그는 어떤 행위를 하였을까? 아마도 이 사관들과 싸우고 농민을 향해 반역을 선전했음에 틀림없다. 아니 적어도 이와 같은 잔학을 참는 것은, 즉 이러한 잔학에 무저항주의로 응하는 것은 단지 악을 시인하고 원조하는 것이라고 인정하였음에 틀림없다.

그래서 그는 복음서의 해석을 수정하여 "폭력으로 악에 저항하지 말라"고 했다. 이렇게 해서 그 이후의 톨스토이의 저작은 마침내 악에 대한 열렬한 반항이 되어 나타났다. 그는 교회를 부정함과 동시에 현재의 노예 상태를 구하는 유일한 수단 방법으로 국가에 극도로 반항하였다.

"관직에 나가면 안 된다." "군대에 가면 안 된다." "기업에 종사하면 안 된다." "재판에 호소하면 안 된다." 톨스토이는 이와 같은 소극적 태도로는 그어떤 혁명적 수단보다도 문화에 진정으로 공헌하는 바가 없다고 믿었다. 그러나 동시에 다른 한편으로 근대 노예제도 폐지의 첫걸음으로 토지의 국유 또는 시유(市有)를 강력하게 주장했다. 이와 같이 톨스토이는 스스로 무정부주의를 외치면서 현대사회에 대한 반항을 지속해 나갔다. 크로포트킨은 말한다; "톨스토이는 문제의 해결자로서가 아니라 문제의 제공자로서, 사회적 양심의 자극자로서 가장 위대한 자였다." 이것은 아마도 백만 마디 말을 나열한다고 해도 접할 수 없을 정도의 최적의 톨스토이 평일 것이다.

【6. 톨스토이의 사회개조사상】

지금까지 톨스토이의 사상과 예술에 대해서 말했다. 마지막으로 사회개조가로서의—이런 개념을 적용하는 것은 톨스토이에게는 심히 폐를 끼치는 것임에 분명하겠지만—톨스토이의 입장을 알기 위해서, 그의 책 『우리 시대의 노예제도』에서 일부를 발췌하기로 한다.

(노예제도란 무엇인가?) 오늘날 노예제도를 성립시키고 있는 것은 대체 무엇인가? 만약에 우리가 러시아, 아메리카 그리고 전 유럽의 모든 노동자들에게 '그들로 하여금 당신들이 각자의 직업을 선택하게 한 동인(動因)은 무엇인가?'라고 묻는다면, 그들은 모두 이렇게 대답할 것이다. '그것은 필경 우리가 토지를 소유하지 못한 데 원인이 있다. 만약에 우리가 얼마간의 토지를 가지고 있었다면 우리는 그것으로 생활하기를 바랐음에 틀림없다.' 헨리 조지가 입안한 바에 따르면, 우리는 토지 소유자의 권리로부터 토지를 몰수할 수 있다. 만약에 노동자가 토지 노예제에서 벗어나려고 토지 경작을 중지하고, 토지 이외의

것으로 생활하기 위해서 수공업을 시작하고, 그 제조품을 자신이 원하는 물품과 교환하려 한다면, 한편으로는 세금이 부과되고 다른 한편으로는 자본가가 더 나은 생산기관을 가지고 동일한 물품을 생산하여 그들의 제품에 대항하기 때문에, 그는 어쩔 수 없이 일시적이든 아니면 영구적이든 자본가의 노예가 되지 않을 수 없게 된다. 설령 그가 자본가를 위해 노동하고, 자본가와 자유로운 그리고 임의의 관계를 맺을 수 있고, 그 자유를 무리하게 매도하는 일 없이 끝난다고 하더라도, 자본가는 결코 이 관계로 만족하는 자는 아니다. 따라서 노동자는 항상 세금이나 토지, 또는 자본가의 다른 요구를 만족시키기 위해서 필요한 물품을 가지고 그들을 지배하는 계급의 노예가 되지 않으면 안 된다.

(조세, 토지, 재산) 토지가 그것을 경작하지 않는 다른 사람의 소유라는 것이 인정되고 있을 때, 사람들은 그 토지를 사용해서는 안 된다는 것은 올바른 일일까? 이 법률이 제정된 것은 다음과 같은 이유에서이다. 즉 농업이 활성화되기 위해서는 토지를 재산으로 하는 것이 근본조건이고, 나아가서 그 토지가 상속되는 사유재산이 아니라고 한다면, 사람들은 그들이 점령하고 있던 토지로부터 서로 추방하거나, 다른 사람이 그가 경작하고 있는 토지에서 노동하거나 그것을 개량하거나 하는 일이 없어질지도 모르기 때문이다. 이것이 과연 진실일까? 이에 대한 해답은 역사를 보아도, 또는 오늘날의 사실을 보아도 쉽게 발견할 수 있다. 역사가 보여주는 바에 따르면, 토지 사유는 경작자의 보유권을 한층 확실하게 하려는 바람에서 발생한 것이 아니라, 어느 승리자가 공유지를 약탈하고, 그 승리자 즉 정복자에게 봉사한 사람들에게 분배한 결과 발생한 것이다.

따라서 토지 사유는 결코 농업노동자를 고무시키거나 격려하기 위해 제정된 것이 아니다. 또한 현재의 사실에 의하면, '토지 사유는 토지에 노동하고 있는 자로 하여금 그들이 경작하고 있는 토지가 박탈당하는 일이 없다고 믿게 하기 위해서이다'라는 잘못된 견해가 포함되어 있다. 그러나 실제 사실은 이것과 완전히 반대의 현상을 보여주고 있다.

농업노동자의 전부 혹은 대다수는 지금 다른 사람의 토지를 경작하는 사람들의 지위에 있고, 토지를 경작하지 않는 사람들의 뜻대로 그 토지에서 추방되고 있다. 그래서 오늘날의 토지 사유권은 농부가 토지에 들인 노동의 결과를 향유할 권리를 보호하지 않고, 오히려 그가 노동을 한 토지로부터 농업노동자를 쫓아내고, 그것을 노동하지 않는 사람들에게 건네주는 하나의 방법이 되고 있다. 이와 같이 토지사유권 제도는 결코 농업을 개선하는 수단이 아니라, 반대로 농업을 쇠퇴시키는 수단이다.

조세에 대해서는, 사람들이 세금을 내지 않으면 안 되는 이유는, 그들이 침묵하고는 있지만, 사실상 협력하여 채택한 것으로, 공공의 필요와 일반의 이익을 위해 사용되기 때문이라고 말해지고 있다. 그런데 이것은 과연 옳은 생각일까?

이 의문에 대한 대답은 과거의 역사와 현재의 사실 속에 존재한다. 역사가 보여주는 바에 따르면, 세금 제도는 결코 공동의 동의를 거쳐 제정되는 것이 아니다. 반대로 항상 권력의 소유자들이 공공의 필요를 위해서가 아니라 그들 자신을 위해서 세금을 부과했다는 사실로부터 발생한 것에 지나지 않는다. 그리고 이것과 동일한 일이 현재에도 행해지고 있다. 요컨대 세금이란 그것을 거둘 수 있는 권력을 가진 자가 걷는 것이다. 그리고 만약 오늘날 세금이나 의무라고 일컬어지는 공물(貢物)의 일부가 공공의 목적에 사용되고 있다고 해도, 그것은 대다수의 사람들에 있어서는 유용하다기보다는 오히려 유해한 것이다. 가령 러시아에서는 농민의 모든 수입의 3분의 1은 세금으로 징수되고 있다. 그리고 불과 국가 세입의 50분의 1만이 그들이 최대로 필요로 하는 교육을 위해 사용되고 있다. 그것도 그 교육비조차 그들을 이롭게 하기보다는 오히려 손상시키는데 가까운 교육을 위해 쓰이고 있다.

그리고 다른 50분의 49의 용도로 말하면, 가령 군대의 설비나 전략적 견지에서 계획된 철도나 요새나 감옥의 건설이나 재판소의 유지와 같이, 인민의 생활에는 불필요한, 아니 유해한 목적을 위해 소비되고 있다.

이것과 똑같은 일이 페르시아, 터키, 인도에서뿐만 아니라 모든 그리스도교 국가, 입헌국 및 공화국에서 행해지고 있다. 세금은 그 지불자의 동의, 부동의에 상관 없이 인민의 대다수로부터 징수되고, 그 징수금은 결코 공동이익을 위해 사용되고 있는 것이 아니다. 단지 지배 계급이 그들 자신에게 필요하다고 생각하는 일에 사용되고 있다. 가령 쿠바 전쟁(1898, 미국과 쿠바 간 전쟁-역자 주)이라든가 필리핀 전쟁(1899-1902, 미국과 필리핀 간 전쟁-역자 주)이라든가 또는 트란스발의 부(富)의 약탈 및 보호(1899~1902년 영국과 트란스발 공화국이 벌인 보어전쟁을 지칭하는 것으로 보임-역자 주) 등에 사용되고 있다. 따라서 사람들이 조세를 지불하지 않으면 안 되는 이유는, 세금 제도가 일반인들의 승인을 거친 것이기 때문이라거나, 그 세금이 공통의 선을 위해 사용되지 않으면 안 되기 때문이라는 식의 설명은 마치 토지 사유제는 농업을 활성화시키기 위해 제정된 것이라는 설명과 마찬가지로, 결코 옳은 것이 아니다.

그렇다면 '사람들은 그들의 요구를 만족시키는데 필요한 물품을, 만약에 그것이 다른 사람의 재산인 경우에는 사용해서는 안 된다'라는 말은 옳은 것일까? 일반적으로 물품의 소유권은 노동자로 하여금 그의 노동의 성과가 누구에게도 뺏기지 않는다고 믿게 하기 위해 설정된 것이라고 주장되고 있다. 이에 대한 시비(是非)는 현재 우리 사회에서 행해지고 있는 것을 일별하기만 해도 알 수 있다.

우리 사회에서는 물품의 소유권의 어떤 결과로서, 그 권리에 의한 방어를 목적으로 하는 일이 발생하고 있다. 즉 노동자에 의해 생산된, 그리고 끊임없이 생산되고 있는 모든 물품은, 그것이 생산자가 아닌 사람들에 의해 소유되고 있다. 바꿔 말하면 그것은 생산되자마자 항상 약탈되고 있다.

따라서 소유권이 노동자로 하여금 그들의 노동의 결과를 누릴 수 있는 가능성을 보증한다는 주장은 토지소유권에 관한 주장보다도 한층 더 진실에 부합하지 않는다는 사실은 명백하다. 즉 처음에는 노동의 성과가 부정의와 폭력을 통해 노동자로부터 약탈된다.

다음에는 법률이 들어와서 약탈한 노동의 결과를 자본가의 절대 소유로 천명한다. 가령 공장의 소유권의 경우에도, 사기 수단의 연속 또는 노동자를 이용해서 성립된 것이든 아니든 상관없이, 노동의 결과로 생긴 것이고 따라서 신성한 것으로 여겨지고 있다.

폭리와 강제의 연속으로 인해 상인[자본가]의 소유물이 되고, 한편으로는 농민이 지었음에도 불구하고 수십만 부셀의 곡물은 토지를 사람들로부터 탈취한 조부나 증조부로부터 그 토지를 상속해 온 자의 소유라고 생각되고 있다. 법률은 제분공장주의 재산도 자본가의 재산도 지주의 재산도 공장노동자의 재산도 평등하게 옹호하는 것이라고 말한다. 그런데 자본가와 노동자에 대한 평등이라는 것은, 한쪽은 무기가 압수되었고, 다른 한쪽은 무기를 소유하고 있는 두 사람의 전사에 대해서, 그들의 전투는 불편부당(不偏不黨)의 규칙을 가지고 임한다고 하는 식의 평등과 마찬가지이다. 이것은 노예제도를 당연하다고 여기는 것과 마찬가지로 진리가 아니다. 이러한 법률들은 모두 노예제도의 형식을 새롭게 설정해서, 옛날 형식으로 치환했을 뿐이다. 이전의 사람들은 어떤 사람들이 다른 사람들을 매매하고 소유하고 또는 노동을 시킬 수 있는 법률을 제정했기 때문에 노예제도가 존재한 것이다. 그것과 마찬가지로 오늘날 사람들은 '다른 사람의 소유로 여겨지는 토지를 사용해서는 안 된다.' 또는 '요구되는 세금을 지불하지 않으면 안 된다.' 또는 '다른 사람의 소유로 여겨지는 물품을 사용해서는 안 된다'는 등의 법률이 설정되었기 때문에 현재의 노예제도가 존재하고 있는 것이다.

(입법권의 기초) 이론적으로는 입법권이란 인민 전체의 의지의 공표라고 한다. 그러나 이 법률을 지키려고 하는 사람보다는, 항상 이 법률을 파괴하는 자 혹은 파괴하려는 자가 더 많은 점으로 보면, 입법권은 인민 전체의 의지의 공표가 아니라고 할 수 있다. (중략) 입법의 주안이 되는 바는 모두 조직적인 폭력

을 휘두르는 사람들이 강제적으로 다른 사람을 복종시키고 마음대로 행사하는 권력을 지닌다는 사실에 존재한다. 따라서 모든 사람에게 이해될 수 있는 정확한 입법권의 정의는 다음과 같은 것이다; "법률이란 조직적 폭력 수단을 가지고 통치하는 사람들이, 그것에 따르지 않는 자를 (억압하기-역자 주) 위해서 만든 것이다. 그리고 그 법률에 따라 그것에 따르지 않는 자는 태형에 처하거나 자유를 뺏기거나 또는 죽음을 선고받는다."

조성환
◈ 인류세 시대의 한국철학의 방향에 대해 고민하고 있다
◈ 최한기의 기학(氣學)을 에너지철학으로 재해석하는
작업을 하고 있다 ◈ 『인류세의 철학』을 번역하였고
『키워드로 읽는 한국철학』을 출간하였다
◈ 〈다른백년〉에 연재한 『K-사상사: 기후변화 시대 철학의
전환』이 4월에 단행본으로 출간되었다

편집 후기

1919년 3월 1일 거룩한 거족적인 만세운동의 뜨거운 열기를 안고 창간된 〈개벽〉은 일제의 탄압을 가장 많이 받았던 만큼 우리 민족의 관심과 사랑을 한 몸에 받은 잡지였다. 당시 어떤 모임에서 누군가 『개벽』지를 옆에 끼고 나오면, 단연 그 사람을 중심으로 세상 돌아가는 얘기가 펼쳐졌다고 한다(네이버 백과사전). 수많은 희생을 감수한 동학도는 『개벽』의 글자 수만큼 다시 살아난 것이다.

근현대정치사상 연구에 몰두했던 시절의 나에게 있어 '개벽'은 이 땅에 사는 민중의 힘과 의지를 표현하는, 여전히 가슴 뭉클하고 뜨거운 단어다. 이것이 내가, 『개벽신문』에 이어 『다시개벽』을 응원하고 지지하는 이유다. 일제강점기 『개벽』을 잇는 잡지가 다시 우리 땅에서 살아났다고 하는 것은 너무나 소중하고 고마운 일이다.

그런데 오늘날 '개벽'의 이미지는 좀 달라졌나보다. "도를 아시냐"고 자꾸 물어오는 종교를 포함하여, 무언가 이성적인 인간이라면 용납하기 어려운, 미심쩍은 종교들과 연관 지어지는 모양이다. 바야흐로 영성의 수난시대니 그럴 만도 하다. 오방색, 신천지, JMS, 천공의 등장은 영성과 종교의 이미지를 오염시키고 훼손했다. 내가 조금이라도 영성과 관련된 신비스런 이야기를 할라치면 인상부터 쓰고 손사래를 치는 사람들이 적지 않다.

지난 편집회의의 논의 주제 중 하나는 이러한 고민이 반영된 것으로, 우리가 '다시개벽'이라는 이름을 계속 쓸 것인가 하는 것이었다. 동학과 관련된 잡지라는 것을 부각시키면 어떨까 하는 토론이 이어졌다. 난 문득, 『개벽신문』이 『다시개벽』의 모습으로 나를 찾아온 그 첫 기억이 떠올랐다. 눈 밝은 아낙네, 동네 아저씨, 구한말 지식인이 읽을 것 같은 모습이 『개벽신문』의 이미지였다면, 『다시개벽』은 무언가 꿈틀거리고 압도하고 다소 무섭기도 한 이미지로, 좀 별난 사람들이 읽을 것 같은 모습이었다. 디자인을 전공한 지인에게 물어보니 눈에 확 뜨이는 표지라고 하면서 '나쁘지 않다'고 한다. 단 호불호가 갈릴 수 있다고 했다. 평소 '귀여워야 살아남는다'고 믿는 내게는, 조금 '불호'로 다가 왔음을 고백한다.

"전 현재성, 대중성, 이런 거 믿지 않습니다!" "지금 젊은이들은 개벽을 소수 종교와 연관 짓지 않습니다!" 반짝이는 눈, 동그란 얼굴의 아기 곰 같은 홍박승진 편집장이 상기된 얼굴로, 작심한 듯 단호하게, 그리고 조용히 말했다. '근대화의 욕망을 폭파하는 것이 학문적 목표이자 다시개벽을 하는 이유'이며, 이것이 대중성, 현재성을 의심하는 자신의 '발작 버튼'과 맞닿아있다고 하는 그의 진심이 뜨겁게 전달되었다. 난 그때 '개벽'이라는 이름이 우리 민족에게 얼마나 소중한 것인지 다시 깨달아졌다. 제호를 바꿔 보려던 그날의 회의는 그의 열정과 진심에 압도되어 일단 유보되었다.

창덕궁이 보이는 카페 창문에 어두움이 짙어지면서 우리는 약간 상기되고 들뜬 마음으로 자리에서 일어났다. 뜨겁고 치열했지만 신나고 즐겁고 따뜻했던, 이상한 회의였다. 홍박승진 편집장님을 포함하여 개벽의 꿈을 이어가는 박길수, 조성환, 우석영 선생님의 진심과 우애 때문이리라. 이런 분들과 함께 하게 되어 참 좋다는 생각이 들었다. (이나미)

정기구독 안내

『다시개벽』을 함께 만드는
동사(同事)가 되어 주십시오.

정기구독 혜택

1. 10% 할인된 가격으로 구독할 수 있습니다.
2. 구독 기간 중 가격이 오르더라도 추가 부담이 없습니다.
   (기본 배송비 무료, 해외/제주/도서/산간 지역은 배송비 추가)
3. 다양한 이벤트와 혜택의 우선 대상이 됩니다.

정기구독료

1. 낱권 정가 15,000원(제1호~제5호는 각 12,000원)
2. 정기구독료
   1년(4개호) 55,000원
   2년(8개호) 110,000원
   3년(12개호) 165,000원

정기구독 신청 방법

전화   02.735.7173(도서출판 모시는사람들)
이메일   sichunju@hanmail.net
인터넷   https://forms.gle/j6jnPMzuEww8qzDd7
           (오른쪽의 QR코드를 통해 정기구독 신청)
위의 방법으로 신청 후 아래 계좌로 구독료를 입금해 주시면 정기구독 회원이 됩니다.

계좌정보

국민은행 817201-04-074493
예금주: 박길수(도서출판모시는사람들)

책을 만드는 사람들

발행인	박길수
편집인	조성환
편집장	홍박승진
편집위원	성민교 안마노 우석영 이나미 이원진 조성환 홍박승진
편집자문위원	가타오카 류 김용휘 김인환 박맹수 박치완
	방민호 손유경 안상수 이우진 차은정
편집	소경희 조영준
아트디렉터	안마노
멋지음	이주향
마케팅 관리	위현정

다시개벽 제11호

발행일	2023년 6월 30일
등록번호	종로 바00222
등록일자	2020.07.28
펴낸이	박길수
펴낸곳	도서출판 모시는사람들
	서울시 종로구 삼일대로 457 (경운동 수운회관) 1207호
인쇄	피오디북 (031.955.8100)
배본	문화유통북스 (031.937.6100)

한국학 3부작의 대미
^{大 尾}

『한국학 코드』 출간!!

한민족의 3대 경전
천부경 삼일신고 참전계경의 진가

『천부경 : 삼일신고 · 참전계경』
天符經 三一神誥 參佺戒經

최민자 | 904쪽 | 45,000원

한국 상고사의 원형을 복원하고
한국학의 패러다임을 재구축한다

『한국학강의』
메타버스 시대를 여는 지혜의 보고

최민자 | 768쪽 | 33,000원

생명세를 여는 마스터 알고리즘
답은 한국학 코드에 있다

『한국학 코드』
생명세, 지구와 인류의 미래를 말하다

최민자 | 928쪽 | 48,000원

도서출판 모시는사람들

WEB http://www.mosinsaram.com/ EMAIL sichunju@hanmail.net
TEL 02-735-7173 FAX 02-730-7173 ADDR 03147 서울시 종로구 삼일대로 457 (경운동 수운회관) 1207호